沈みゆく南十字星（右 南十字星、左 ケンタウルス座α、β星）

シンガポール日本人墓地

光明寺慰霊塔

静かに眠る英国兵墓地　『紀和町史』下巻より

スリメダンモニュメント

東京本社6F にあった石原廣一郎記念室

創設者３兄弟とスタッフ　中央黒服が石原廣一郎、左端が長弟新三郎、右から三人目が末弟高田儀三郎　1920（大正９）年シンガポール植物園で

左から新三郎、廣一郎、儀三郎の３兄弟
1968（昭和43）年11月５日

終わりなき挑戦

家木裕隆
IEKI Hirotaka

文芸社

序にかえて

私の生家の父は明治二十一年（一八八八）一月、和歌山県新宮市の生まれである。作家の佐藤春夫は新宮中学で四年下だが、家が近いのでよく付き合っていたらしい。父は春夫のサンマの詩が好きでよく口ずさんでいた。新宮はいつまでも父の故里だった。

昭和十八年（一九四三）の秋、最初の学徒出陣があった。昭和十九年の正月、その秋には学徒出陣で出征する私のすぐ上の兄に、一度父の生家を見せてやろうということで、父母と兄と中学三年生の私の四人で那智と新宮を巡る小さな旅に出た。

熊野速玉《はやたま》神社のすぐ前の生家を数十年ぶりで見た父は、「ちっとも変わっていない」と喜んでいた。

那智神社にもお参りしようとしたが、戦争の末期で国鉄の駅からのバスが日に二、三本しかない。折悪しく出たところで次はもう夕方になる。せっかく来たのだから歩いてお参りすることにした。

歩きくたびれた頃、ふと路傍に目をやると「石原産業那智……」と墨書した会社があった。父に聞くと南方にも進出している大きな鉱山会社だという。

なぜあの墨書が目に入ったのだろう。多分それが不思議なご縁というものだろうか。

父は大阪商船に勤め、大連に長くいた。大正十年生まれの姉の出生地は関東洲大連市須磨町、十三年生まれの兄は同市播磨町である。父は埠頭で二つ年下の石原廣一郎《ひろいちろう》氏とすれ違ったことがあったかもしれない。

那智で石原の名を目にしてから三十七年後、昭和五十六年に私は石原産業の役員にしていただいた。銀行では海外勤務、国際部などの勤務が多かったので、プ銀（インドネシアのプルダニア銀行。最終節で詳述）事務室の板坂氏以外は石原産業にはお馴染みの方はいなかったが、旧制中学の同級生で石田昭二、位田哲の二君がいることを知っていたので会うのを楽しみにしていた。四日市にいた位田君には工場見学の時すぐ会えて嬉しかったが、少しやんちゃだった石田君は大河内賞を頂くほどの業績を上げられた後、亡くなられたことを知り暗然とした。

紀州鉱山を見学に行った時、新宮にいた私の祖父が板屋に山林を持っていたことを思い出し、訪ねてみると、なんと板屋の社宅から五分余りの所にその山林があった。また不思議なご縁を感じた。ただ、その山林には目の高さぐらいのところから音叉《おんさ》のようにU字形に枝分かれしている木もあって、手入れ不十分のようで、恥ずかしい思いをした。

入社してすぐ、第一回スイスフラン建て転換社債発行をお手伝いして、経験を生かすことができたが、各部門を勉強しているうちにだんだん理科系の仕事に強く惹かれ始めた。

もともと私は論理によって正しい答えが幾通りもありうる文科よりも、正しい答えは一つしかない理科が好きだったが、旧制高校時の試験の前の夜、理科系は一夜漬けで悲鳴を上げているのに、文科系は悠然とセンター（河原町界隈）へ出かけて行くのを見て何か釈然としなかった。

結局大学は法学部へ入り、一回生でほとんど全単位を取って、あとは京大オーケストラに専念し、演奏よりも先輩と現役の対立融和に苦労する総務（キャプテン）までやらされた。銀行に勤めてからは横文字の金融にどっぷり浸かって忘れていたが、石原産業へ入ってからやっと自分は理科好きだったことに気がつき、猛然と勉強し始めた。

仕事も農薬開発を希望し、部下の方々にも根掘り葉掘り質問し、有機化合物の名称から合成法に至るまで技術開発本部の中西一弥氏に長い、長い時間をかけて教えていただき、大変なご迷惑をおかけしたと反省している。これはほんの一例で、他にも私の恩師は数え切れないほどおられる。

趣味の方でも資源開発の原正巳氏宅には毎年正月、お宅にお邪魔し、ご夫人のピアノ、原氏のチェロ、私のバイオリンで、ベートーベンの「大公トリオ」など思う存分演奏させていただいた。

また駒谷郁夫氏にはネパールでのヒマラヤ観測の好時期や、カナダのイエローナイフでのオーロラ撮影のノウハウを教えていただき、おかげで一生の宝となる数々の写真を撮ることができた。

石原には、どうしてこんなに大勢私の恩師がおられるのだろうと感嘆したことがある。ただ何よりも残念なのは、何十人、何百人とおられる私の恩師・師友の中から、だんだんと至福の国へと旅立って行かれる方が増えてきたことである。

遅ればせながらご迷惑をかけたお詫びと、心からのお礼を申し上げたい。

銀行出身の者としては異例の農薬開発本部や地球環境本部、特許部などの仕事を十八年も勉強させていただき、ただただ感謝している。退任して二十年余り、まだまだ勉強し残したことがたくさんある。趣味の天文・宇宙物理なども入れると一日が三十六時間あればよいのにと思う時もある。

九十歳も半ばとなってから、私の探求の的はなぜか創業者石原廣一郎氏に集中してきた。昭和十一年の「二・二六事件」と時を同じうした「普選」のとき、なぜ彼ほどの有名人が「見事落選」したのか、巣鴨の三年でなぜ立場を異にした東条英機と親しく語り合うようになったのか、なぜ巣鴨から出てあれだけの時間と費用をかけて物故者の墓を巡礼したのか等々である。

徹底した資料収集で、疑問には納得できる答えが出た。そしてこの四、五人分の人生を生きた「大人物」に、ますます惹かれるようになってきた。

同じ時代の齋藤瀏《りゅう》も、広田弘毅も、結局石原廣一郎と同様、真っ直ぐな道を生きた人である。その人たちの生きざまも少し盛り込みたくなった。

物語は随分長くなってしまったが、どうか読者の皆様もしばらくの間、激動の大正、昭和の時代を彼らと共に生きていただきたい。

そしてこんな時代があったということを決して忘れないでいただきたい。

令和六年三月

家木裕隆

目次

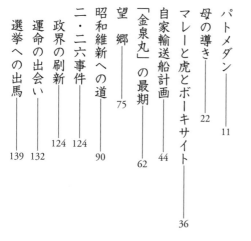

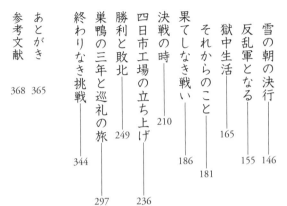

パトメダン

密林の中は薄暗い。巨木は根を張り、道らしい道もない。時々野猿の群れが鋭い声を上げて頭上の枝を跳び回る。

突然大きな羽音を立てて鳥が飛び立った。三人はぎょっとして立ち止まる。

時に虎も出没するというマレー半島の密林である。

パトメダンの岸から密林に分け入ってから、二時間は経った。歩きくたびれた足が重い。

……今度も駄目か……

思わず溜め息が出た。

もう三年前になるだろうか。大正五年（一九一六）、初めてシンガポールに上陸した時、石原廣一郎《ひろいちろう》は植物園の道路に敷きつめられた褐色のバラストに、目が釘付けになった。まがうことなき鉄鉱石である。こんな大量の鉱石を惜し気もなく一面に敷くのは、どこか近くに鉄鉱石を産出する鉱山があるからに違いない。

あれからマレー半島の鉱石産地と思われる山を幾つも幾つも探し回った。

どこにもなかった。

前方の空が明るくなってきた。森が途切れて灌木《かんぼく》地帯になっている。暗さに慣れた目に青空が眩《まぶ》しい。汗がどっと噴き出てきた。

「石原さん、一休みしようや」

田所久吾は足元の岩に腰を下ろした。東条次も汗を拭きながら座った。

廣一郎が座ろうとした岩はつやつやと黒光りしていた。

はっと気がついた。廣一郎は腰にしたハンマーを抜いて思い切り岩に叩きつけた。断面は独特の金属光沢に輝いている。

「鉄鉱石だ！」

三人は歓声を上げて駆け回り、溶岩のようにごつごつした岩を手当たり次第割ってみた。全部鉄鉱石である。故郷の京都の吉田山ぐらいの小高い山の頂近くの断崖には鉄鉱石の大露頭があった。埋蔵量何千万トンあるか分からないほどの大鉱山である。

気がつけば日はもう西に傾いている。急いで持てるだけの鉱石見本を荷造りして下山した。

シンパンキリ川を下って昨夜宿を借りた村長の家に着いたのは午後十時であった。

狭いベランダの片隅に横になると、大きな安堵と深い喜びが込み上げてきた。

ふと気がついた。ここの地名「パトメダン」は、現地語で「石の原」という意味である。

偶然とは思えない。

あの岩山に何万年、何億年眠っていたあの鉱石たちは、石原廣一郎の来るのを待っていたのかもしれない。そう思うと何が何でもこの鉱山の開発を成功させたかった。勇気が湧いてきた。


それにしても心配も多い。果たしてこの若輩に開発の資金を出してくれる人がいるだろうか。現地の開発許可は下りるだろうか。帰りを待っている故国の両親はどう言うだろうか。また心配をかけることになるなと思うと涙が流れてくる。喜びと不安をこもごも感じながら、今は御殿のように思える小屋で廣一郎は眠りに就いた。

大正八年（一九一九）八月、運命の夏の日であった。


石原廣一郎の家は京都南部の吉祥院にある。菅原道真の生まれた地で、道真を祀《まつ》る吉祥院天満宮の宮司を務める石原家の分家である。一〇〇アール（一町歩）ほどの土地を持つ自作農であった。

明治二十三年（一八九〇）、廣一郎はこの家の長男として生まれた。次弟新三郎、末弟儀三郎がいたが、当時の民法では長男が家督を相続し財産も継承するから、通常次男、三男たちは家を出て働きに行くか、養子として他家を継ぐことになる。廣一郎は十八歳で桂農林学校を卒業し、明治四十年（一九〇七）、京都府農林技手となった。

次弟新三郎は廣一郎の助言もあって、当時英国の保護領であったマレー半島のジョホール王国にある日本人経営ゴム栽培会社に就職した。明治四十四年（一九一一）に農林学校を出たばかりの十九歳の時のことである。

新三郎はここで四年間経験を積んで、自らゴム園を設立することを決意し、家族の協力を得るため帰国した。儀三郎は一も二もなく賛成し、今通っている京都商業学校を中退してでも行きたいと言うが、跡取りである廣一郎は、老いつつある両親を残して男兄弟三人とも渡航してしまうのは心残りがあった。とりあえず大正四年（一九一五）の秋、新三郎と儀三郎を先発させた。


廣一郎は京都府農林技手として桂川の治水や巨椋池《おぐらいけ》の干拓などに業績を上げ、上司からも高く評価されていたが、役所では高等文官試験に合格していないといつまで経っても判任官どまりである。何とか高等文官試験だけはとりたいと思うが、農林学校卒業の学歴では高文予備試験を受けられない。そこで立命館大学の予科専門部に入学、昼は役所で働き、夜は大学の教室で勉学に励んだ。

高文予備試験には英語の科目がある。廣一郎は英語は大の苦手で自信がない。せっかく入学したのだからと大正二年（一九一三）、立命館は卒業したが、それやこれで役所での仕事に限界を感じ始めていたところであった。新三郎と儀三郎の出発は廣一郎の決意を固めさせた。

翌大正五年（一九一六）の正月、廣一郎は意を決して父長太郎に、

「家内と子供は残して行きますから、ぜひ南方行きを許していただきたい」と懇願した。

廣一郎の妻トミは隣同士の宗家・石原彦次郎の次女で、一つ年下の幼馴染みである。実は結婚式をあげる前にもう身ごもっていたが、その長女正枝は今はもう三歳になっている。母サキとの折り合いもよく、トミたちが残ってくれれば寂しい思いをさせることはない。

「サキと相談してみる」と返事を保留した父は、翌日思いがけない返事をした。

「サキといろいろ話し合ったが、お前の南方行きは承知した。いずれこの日が来ると思っていた。男の子三人とも行ってしまうのは何とも寂しい限りだが、みんなで力を合わせてやりたいことをやるがいい。

ただお前には嫁と子供がいる。夫婦は別れ別れで暮らすものではない。トミと正枝も連れて行くがいい。サキは寂しいのは辛抱すると言っている。新しい仕事をするには金も要るだろう。いずれはお前のものになる財産だ。田畑二、三反も売れば四、五千円くらいにはなるだろう。それを持って行け」

何から何まで行き届いた父の言葉に廣一郎は礼の言葉もなかった。ただ涙ながらに頭を下げるばかりだった。

大正五年（一九一六）二月十一日、二十七歳の廣一郎は二十六歳の妻トミ、三歳の長女正枝と、志を同じうする近所の青年山下留吉、平塚太三郎と五人で日本郵船の「常陸丸」の三等船客として神戸港を出帆した。途中、航海は平穏で、上海、香港に寄港し二週間でシンガポールに到着した。

この二年前、大正三年（一九一四）に始まった第一次世界大戦では、日本は日露戦争以来日英同盟で緊密な関係にあった英国に協力して参戦、ドイツの租借地、中国の青島を占領したほか、赤道以北のドイツ領南洋群島を占領していた。

シンガポール港にもインド洋の警備に当たっている日本の巡洋艦、駆逐艦が海軍旗を掲げて停泊、日本の船も十数隻日章旗を掲げて荷役をしており、まるで日本にいるような心強さだった。弟新三郎、儀三郎の出迎えを受け、トミも正枝もほっとしている。初めて見る熱帯の夕日の美しさは言葉にならないほどだった。

翌日は市内見物である。大きな植物園の道路一面に敷かれたバラストが鉄鉱石と一目で気がついたのは、廣一郎が地質鉱物を学んでいたからである。あとから思えば大きな幸運であった。

しかし今はゴム栽培に来たのだ。まず新三郎が買い付けたゴム園へ行かねばならない。早速その夜、八〇トンのボロ船で一同はマレー半島のバトパハへ向かった。マレー、中国、インドの人々が雑居する船は異臭ふんぷん、トミと正枝には耐えがたいものであったに違いない。

バトパハはマレー海峡に面した小さな港町であるが、この周辺ではゴムを栽培する日本人が多く、一応小さいながら日本人クラブもある。その日はここで泊まったが、屋根の隙間から空が見える。隣で横になっている妻の顔を見ると、男の俺でもこんなに心細いのに、女のトミはどんなにかつらいだろうと思う。こんなことでどうすると自らを奮い立たせるが、出発の時、トミも連れて行けと強くすすめてくれた母の思いが今になって身にしみてきた。

新三郎が買収したゴム園用地は、バトパハから一〇キロほど山奥へ入ったパンチョールにある。兄弟三人と同行してきた山下、平塚の男五人でまず山から木を伐り出し、丸木柱に椰子《やし》の葉で屋根を葺《ふ》いて掘っ立て小屋を建てた。二〇エーカーの土地を開墾して、一年間かかって何とかゴムの木を植え付けることができた。トミは女手一つでみんなの賄いを切り盛りした。大正六年（一九一七）はこうして暮れた。

ゴム園は植え付けが済んでもゴム液の採取までに三年はかかる。その間、除草ぐらいしか仕事はないが、収入もない。知己を求めているうちにジョホール州の英国人顧問官と親しくなり、日本からの水道管の輸入の商談を進めることができた。

しかし大正七年（一九一八）、第一次世界大戦が終結し、経済は混乱し、商談は成立せず、ゴムの市況も暴落するという最悪の事態になった。

これより前、貿易商をも営むため、シンガポールに「石原洋行」を設立していたが、慣れない商売はうまく行かない上に、時々思い立っては鉄鉱石調査のためマレー半島の各地を飛び回るため出費はかさむ一方であった。この上はと涙をのんで手放したゴム園の売却代金一万円余りも見る見る底をついてしまい、更に一万数千円の借金が積み重なってしまった。

廣一郎は覚悟を決めた。一人だけで帰国し、恥を忍んで父長太郎に実情を包み隠さず話し、最後となるであろう資金を出してもらうよう頼むことにした。

吉祥院の村からは山下、平塚もシンガポールへ来ている。事業がうまく行っていないことは村の人たちはうすうす知っているだろう。父にはもう既に二回にわたって田畑を処分して金策をつけてもらっている。今父に資金を出してもらうということは、家の全財産を処分してもらうことになる。……長太郎はんとこも跡取り息子の酔狂で身上終わりか……などと口さがない人は言うかもしれない。それでも俺はマレーに眠る鉄鉱石を掘り出して日本の国に貢献したい……帰国の船の中で廣一郎は固く誓った。

父は短い期間ですべての田畑を処分し資金を用意してくれた。

シンガポールへ出発の日、父に別れを告げるとき廣一郎は深々と頭を下げた。これが石原家が工面できるすべての金であることは父子とも骨身にしみるほど分かっている。しかし父長太郎は何も言わなかった。廣一郎も何も言わなかった。言葉が出てこなかった。

「これからはどうするつもりだ」

一言だけ父は尋ねた。

「鉱山開発だけに全力を尽くします。それがお国のためだと思います」

廣一郎は言葉少なに答えた。

父は大きくうなずいた。

「無理はするな。身体に十分気をつけろ」

「はい」

父と子はそれだけで分かり合えていた。

大正七年（一九一八）が暮れようとしていた。

シンガポールに戻っても事態はなかなか進展しなかった。マレー半島の西海岸をはじめとして東海岸、中部の山岳地帯まで、水牛の群れに追われたり、虎や象の足跡に脅かされながら、ただひたすらに鉄鉱石を探して歩き回ったが、それらしい鉱山は見つからなかった。

翌大正八年（一九一九）八月、バトパハの日本人クラブで耳寄りな話を聞いた。個人ゴム園主・田所久吾と話しているうちに「シンパンキリ上流に鉄鉱山があるという噂《うわさ》を聞いたことがある」と言い、この辺りの事情に詳しい東条次を紹介してくれた。

東の案内で一行はサンパン（屋根のある小さな丸木舟）を雇い、二人のマレー人に漕いでもらって、岸辺には鰐《わに》が甲羅を干しているバトパハ川の支流シンパンキリ川を遡ること十数時間、二日がかりで目的地パトメダンに着いた。

そして、あのすばらしい鉱山を発見したのである。

現地の人が信仰する猿の姿をした女神ハヌマンは、パトメダン（石の原）に石原廣一郎の熱望した宝の山を用意して待っていてくれたのだろうか。

母の導き

パトメダンの鉱山を発見してからの石原廣一郎の行動は早かった。シンガポールに帰ってすぐ、大正八年（一九一九）八月二十七日、パトメダンのあるマレー半島のジョホール州政府に試掘権の許可申請を出した。

第一次世界大戦の時、商談は成立しなかったが水道管の輸入に尽力した廣一郎の誠意を高官たちは覚えていてくれたのか、申請はすぐ受理された。ただ大戦は終わったとはいえ鉄は軍需物資である。許可はすぐ下りるかどうかは分からない。鉱石の品質も確認する必要がある。採算は取れるのだろうか。採掘をどういう企業形態でやるかも決めねばならない。そして何よりも必要なものは資金である。


廣一郎は鉱石見本をまとめ、妻トミと正枝を連れて早急に帰国することにした。新三郎と儀三郎には、現地での輸送道路などの整備を進めてもらわなければならない。

大正八年（一九一九）十一月二日、廣一郎らはシンガポールを出発、十六日に神戸港に着いた。夕方には京都吉祥院のわが家に帰った。

約四年ぶりに元気な廣一郎とトミ、そして大きくなった孫の顔を見て母サキは涙を流して喜んだ。

廣一郎は鉱石見本を取り出した。

「お母さん、これを見てください。このすばらしい鉄鉱石の発見でようやく事業の見込みが立ってきました。長い間お金の無心ばかりでご心配をおかけして申し訳ありませんでした。これで石原は日本に貢献する大事業になります」

廣一郎の自信あふれる言葉を聞いて、サキはまた泣き出した。

長い、長い苦労話は尽きることがなかったが、さすがに疲れがどっと出て、廣一郎は十二時過ぎに床に就いた。

翌朝のことである。

「大変です！　起きてください！　起きてください！」

繰り返して呼ぶ妻トミの緊迫した声に、廣一郎は飛び起きた。

「大変です！　お母さんが倒れられました！」

廣一郎が寝間着のまま表へ飛び出そうとした時、サキは長太郎に抱き抱えられて帰ってきた。

「お母さん！　お母さん！　……お母さん！」

何度呼んでも返事はない。

駆けつけた医師の応急手当ても空しく、十数時間昏睡状態のまま母サキは翌十一月十八日、五十五歳の生涯を終えた。脳卒中だった。


廣一郎は男泣きに泣いた。

涙は止まらなかった。思わず叫んでいた。

「俺は何という親不孝者だろう……跡取りに生まれながら家を飛び出して、お金の無心ばかりして、母親にも心配のかけ通しだった……ご先祖様が残していただいた田畑まで……挙句の果てはまだお金が要ると心配をかけて……ああ、俺は何という親不孝者だろう……」


「お前は親不孝者ではない！」

耳元で低いが力強い声がした。

父長太郎だった。

「サキはゆうべお前の話を聞いてあんなに泣いて喜んでいたではないか！　今朝も隣へ行って四年ぶりに孫の顔が見られたと……マレーで宝の山を見つけたと……それはそれは嬉しそうに長いこと話しているうちに倒れたのだ」

長太郎の声も湿ってきた。寝かせてあるサキの顔を、膝をにじらせて覗《のぞ》き込んだ。

「廣一郎、見てみろ。サキは喜んで笑っておるぞ」

廣一郎も覗き込んだ。

喜びに満ちて、今にも笑い出しそうな安らかな寝顔だった。

……私はいつもお前といるよ……

そう語りかけているようだった。


悲しみに沈んでいるときではなかった。

東京に資金を援助してもよいという人がいるので、十八日には上京する予定だったが、事情を話し、せめて初七日を済ませてからと延期を伝えていた。

その初七日の日、立命館大学の同窓生から、大学総長の中川小十郎先生が台湾からの帰途、京都に立ち寄られるので歓迎会にぜひ出席しろとの誘いがあった。

初七日の法事を済ませた廣一郎は、円山の料亭で中川小十郎と会った。

中川小十郎は台湾銀行の頭取でもあった。貫禄に圧倒されそうになる。

会食の席上、廣一郎がマレー半島の大鉄鉱山の開発について熱っぽく話すのを興味深げに耳を傾けてくれた。

そして言った。

「これは日本にとっても重要な事業だ。心から成功を祈る。ところで今、貴君の言われた資金を出してもよいという人はいかがかと思う。私も四、五日のうちに上京するので、今月末に私のところに来られたい。もっと具体的な話を進めよう」

夢のような話であった。一瞬、母が語りかけてくれる声を聞いたような気がした。

大正八年（一九一九）十一月末、上京した廣一郎は早速台湾銀行の中川小十郎を訪ねた。頭取室へ通された廣一郎はその立派さに驚いた。

「やあ、よく来た、石原君」

すぐに現れた中川は変わらぬ温顔ながら、人の心を見抜くような銀行幹部の威厳があった。

「京都ではああいう宴会の席上だったから詳しい話はできなかったが、君の熱意と諦めぬ信念には感動した。日本の生きる道は南進しかない。私としてはできる限り支援をしてあげたい」

中川はここで言葉を切った。

「ただ、率直に言わせてもらうと君はまだ三十歳、若さとひたむきな勇気はあるが、いかんせん経験に乏しい。そこで私の信頼する人物を君の協力者、あるいは助言者として選んだ。すぐに会って話してみるがいい。君とは話も合うだろうし、きっと力になってくれると思う」

中川が紹介してくれたのは台湾の財閥、林熊徴だった。

二人はすぐに意気投合して、二か月後の大正九年（一九二〇）一月、廣一郎は林の保証で台湾銀行から一〇〇万円の資金を借り入れることができた。現在の物価でいえば一〇億円以上に相当する。

予想以上の成果であった。

現地では資金調達成功の報に沸いていた。しかもほとんど時を同じうして同年の大正九年（一九二〇）一月末、ジョホール州政府から出願中のパトメダン鉱山の試掘許可が下りた。

これより少し前、大正八年（一九一九）の暮れ、細面で小柄な青年が官営八幡《やわた》製鉄所の長官を訪ねてきた。秘書は長官の白仁《しらに》武《たけし》に報告した。

「石原廣一郎と名乗る若い男が長官を訪ねて来ております。長官、ご存じですか？」

「いや」

白仁長官は首を振った。

「何でも鉄鉱石のことでお話ししたいとのことですが……紹介状も何も持っておりません。

いかがいたしましょう」

　長官は少し考えた。実はこの頃、優良な鉄鉱石が不足していたのである。すぐ言った。

「会ってみよう」

　廣一郎は長官室へ通された。その豪華さに緊張していた。

「やあ、お待たせした。まあ楽にしたまえ」

　白仁長官は温顔に優しい笑みを浮かべていた。

　ほっとした廣一郎はマレー半島での長く苦しい探鉱の結果、パトメダンに大鉱区を見つけたことを熱っぽく一気に話した。

「これがその鉱石見本です」

　廣一郎が渡した見本を長官はじっと見つめていた。振り返ると秘書に言った。

「田上技師にすぐ来るように言ってくれたまえ」

　間もなく入ってきた田上禎吉技師も、鉱石を見るなり言った。

「これはいい。どこの鉱石ですか？」

「マレー半島だそうだ。早急に現地調査に行ってくれるか。年が明けたらすぐにでも」

　当時日本の使用している製鉄原料鉱石は年間一〇〇万トン余りで、そのうち内地二〇〇〇トン、朝鮮二〇万トン、中国五〇万トンなどだったが、中国からの輸入は政治問題がからみ、四〇〇〇万円もの巨額の借款を供与しているのに供給が不安定で政府を悩ませていた。

これに対し、欧米列強の鉄鉱石使用量はアメリカ二五〇〇万トン、フランス一五〇〇万トン、イギリス、ドイツが各一〇〇〇万トンといずれも日本を大きく上回っており、第一次世界大戦後列強の仲間入りを目指している日本にとっては安定した鉄鉱石の確保が急務だった。大正九年（一九二〇）には巨大戦艦「長門」の建造が呉《くれ》海軍工廠《こうしょう》で始まり、鉄はいくらあっても足りないという状況であった。

八幡製鉄所の田上技師は翌大正九年（一九二〇）初め現地を調査し、同年二月パトメダン鉱石の輸入をぜひ進めるべきという報告書を白仁長官に提出した。長官は直ちに大正十年五万トン、大正十一年一〇万トン、十二年以降一〇万トン以上という大量の長期納入契約を結んでくれた。無名の青年といってよい石原廣一郎の熱意と国を思う情熱を高く評価した思い切った決断であった。

帰国後僅か三か月で融資の約束も取りつけ、引き取り先との契約も締結し、現地の試掘許可も下りてすべてがトントン拍子に進んでいるかに見えた時、思わぬ障害が生じた。

世界大戦の終結とともに軍需景気に沸いていた日本経済は、深刻な不況に襲われていた。

台湾銀行の大口取引先が相次いで経営不振に陥ったため、貸出全般を見直している折から、悪いことに今まで援助してくれていた台湾の林熊徴までが経営不振のため「残念ながらこれ以上の協力はできない」と通告してきた。廣一郎への融資も第一回の五万円が実行されたままで、第二回以後の貸出は全く目途が立たなくなってしまった。

現地では従業員の給料支払いにも困るほどで、鉱山への道路の伐木作業も休止せざるを得なくなった。

東京で金策に走り回る廣一郎も生活費、交通費にも事欠く有様で、もはやこれまでかと思うことさえあった。台湾銀行にも融資を申し込んだが、担保か保証がなければいくら頭取の知人でも融資はしてくれない。

その時思い出した。

大正八年十一月、亡くなった母の初七日を済ませて上京する直前、紹介してくれる人があって、川崎造船所の松方幸次郎社長に会う機会があった。鉄鉱石の見本を見せて詳しく説明すると、松方社長は大いに興味を示し、

「その鉱山権を私に譲らないか。それだけの鉱山を立ち上げるのは大変だよ」

と言ってくれた。廣一郎は、

「確かにおっしゃるとおりかもしれませんが、私はせっかく見つけさせていただいたこの鉱山を苦労は多くても自分の手で開発し、日本に不足している重要な資源、鉄鉱石を自分

の手で祖国に供給したいと強く念願しております」

と答えた。

松方社長は、

「よく分かった。だが困ったことがあったらいつでも相談に来い」

と温かい言葉をかけてくれたのだった。それをふと思い出したのである。

早速、神戸の川崎造船所に松方社長を訪ねた。

今までの経過を話し、廣一郎は単刀直入に、

「台湾銀行からの融資の保証をお願いできませんでしょうか。鉱山の権利は折半するという条件で経営にもご協力いただけないでしょうか」

と懇願した。

長い話を松方社長は時々大きくうなずきながら聞いてくれた。そして言った。

「若い君がこんな短期間によくそこまで漕ぎつけたものだ。保証はしよう。しかしこんな時期だ。私の個人保証だけでは台湾銀行はとてもそれだけの金は出すまい。そうだ、川崎造船所の株を二万五〇〇〇株貸してあげよう。それで銀行が承知するなら経営にも協力してあげよう」

温かい言葉に胸が熱くなった。また母の面影が浮かんだ。

僅か三十分の会談であった。

台湾銀行から総額七五万円の借入ができた。大正九年（一九二〇）九月二日、第二回分として三〇万円の融資が実行された。

久しぶりにマレーに戻った廣一郎は目を疑った。

大正九年（一九二〇）十月、一年ぶりに見るパトメダンは、もうすっかり立派な鉱山になっていた。

一年前の鉱山発見の時には、サンパンで熱帯樹林の枝をかいくぐりながらバトパハから二日もかかったシンパンキリ川の水路も、今はすっかり整備されてモーターボートで四時間ほどで鉱山現場に着けるようになっていた。鬱蒼《うっそう》と茂っていた密林もすっかり伐採されて、今すぐにでも鉱石の採掘、運搬ができそうだ。

よくもこれだけの仕事が弟新三郎、儀三郎以下十数人の日本人と三〇〇名の現地労務者の手で、短期間のうちにできたものだとただ感じ入るばかりだった。

ただひとつ気がかりなことがある。

この鉱山の鉱石を日本に輸送するには、まず鉱山からシンパンキリ川をはしけで約四〇キロ下りバトパハまで運び、それからマラッカ海峡を約一三〇キロ南下し、シンガポールでやっと本船に積み替えて日本に送ることになる。当然運賃も高くなる。もしバトパハ河口港で直接本船に積み込むことができれば、マラッカ海峡一三〇キロ輸送のはしけ代が節約でき、価格競争力が大きく改善される。

廣一郎は早速シンガポールに行き、日本総領事に事情を話して協力を要請した。だが総領事は、第一次世界大戦直後の微妙な国際情勢の中で、政府がこうした交渉に関わることには消極的だった。

業を煮やした廣一郎は直接ジョホール州政府と交渉し、事態を打開することにした。

ジョホールバルにあるジョホール州政府とは、数年前の水道管輸入の商談以来、高官との人脈もある。廣一郎はバトパハ河口を外航船が直接入港し、荷役ができる開港場に指定するよう熱っぽく説いた。

「バトパハを開港場とすれば、スリメダン鉱山を早急に開発する。これによりゴムの相場暴落で大打撃を受けている町は活性化し、失業者も職を得て、町も繁栄するに違いない。鉄鉱石の輸出により輸出税だけでも政府の歳入は大きく増加する。本格的に稼働すれば年間三〇万から五〇万ドルの税収入が期待される。早急に開港をお願いしたい」

当時ジョホール州政府の歳入は年間三〇〇万ドル程度であったから、政府首脳も大いに心を動かされた。第一次大戦中は英国はマレーの開発には全く手が回らなかった。戦後のゴムをはじめとする産業の不況、失業者の増加、公務員の給料支払い遅滞など、大きな問題が山積していた。

開港については一部の英国官憲からの反対意見も出たが、大正九年（一九二〇）十二月、親日家であるジョホール州イブラヒム国王出席の御前会議で決定され、十二月二十七日付官報で告示された。

鉱山開発はこれに力を得て大きく進展し、鉱石も集積したのでいよいよ大正十年（一九二一）一月、第一回の積み出しを行うべく、折からの雨期で連日の悪天候の中、必死の作業を続けた。

大正十年一月五日、七〇〇〇トンの「夕張丸」が日章旗を翻してバトパハ港に入港した。現地人は見たこともない大型船見物に思い思いに丸木船を仕立てて集まって、港は大賑わいとなった。

雨と軌道の浸水のため、荷役は大幅に遅れたが、「夕張丸」は十五日間停泊して三〇〇〇トンの鉱石を積み取り、日本へ向け出港して行った。夕暮れのマラッカ海峡を南下して行く船を、廣一郎たちは船影が見えなくなるまで見送った。さまざまな思いが込み上げてきて言葉にならなかった。

大正十年（一九二一）九月、廣一郎はバトパハクラブにジョホール州の官民有力者を招いて創業一周年の晩餐会を開いた。ちょうど第一船以来八万トンの鉱石を日本へ積み出したところである。

ジョホール州英人顧問官アハン氏が立って、

「創業僅か一か年で、これほどの大事業を成功させられた石原氏に深甚なる敬意を表する。政府の財政に大きな貢献をされるとともに、地域の活性化、雇用の創設に寄与された功績は極めて大きい」

と謝意を表された。

次にジョホール州王族のウンタ・マホマット氏が立ち、

「日本人の諸氏がかねてより、大ゴム園の開発によりジョホール王国の産業発展に多大の貢献をされておられる折から、今また石原氏が大鉱山の開発に成功され、今後の更なる発展が大きく期待される。ここに石原氏の事業の前途を祝するため、現在の『パトメダン（石の野原）』という名称を『スリメダン（光の野原）』に改称し、事業の成功と将来の輝かしい発展を心から祈念する」

と丁重な祝辞を述べられた。

この日からこの鉱山は「スリメダン」と呼ばれることになる。

マレーと虎とボーキサイト

マレーにはモンスーン・シーズンがある。毎年十月頃から翌年三月頃まで、日本の梅雨と台風を一緒にしたような猛烈な風と雨が毎日のように襲ってくる。湿気と肌寒さに悩まされる季節でもある。スリメダンの次に開発した東岸の山の中にあるケママン鉱山では鉱石出荷もできず、食料や通信さえも何日も届かないことがある。

ケママン鉱山近くの昼なお暗い密林には虎が棲息していて、夜などその咆哮の声が聞こえ、何とも無気味であった。そのうち虎は時々集落の家畜を襲うようになり、鉱山近くにも出没し始めた。坑夫たちが怖がって仕事にならない。何とかしなければと地元の人々と相談して、町のコーヒー店主が飼っていた山羊を囮《おとり》に虎を生け捕りすることにしたが、店主は長年飼っていた山羊に愛着があるのでなかなか承知してくれない。町全体のためだからと皆が頼み込んで、ようやく不承不承ながら納得してもらった。

まず一つの檻《おり》に強力な罠を仕掛け、扉を開けたまま隅に山羊をつないでおく。山羊は不安がって鳴き続ける。

三日目の夜、山羊が鳴き止んだ。

猛獣用の銃を握りしめ恐る恐る近づいてみると、人の気配を感じた虎はウオーッ、ウオーッと耳をつんざく咆哮を続ける。震えながらも意を決して檻のそばまで行く。

いた。

大虎である。頭から尾の先までなら五メートル近い牡虎《おすとら》が罠にかかっている。人が近づくと今にも飛びかからんばかりに大きな目で睨みつけ、牙をむき出して雷のような大声で咆《ほ》える。その迫力に全員足がすくんで近寄る者もない。

勇気を奮い起こして罠の檻の扉と飼育用の檻の扉を密着させ、それぞれの扉を開け放してから、鐘と太鼓を打ち鳴らし、爆竹とともに大声を上げて追い立てると、さすがの虎も驚いて飼育用の檻へ飛び込んだ。すかさず扉を閉め頑丈な鍵をかけてようやく虎を生け捕りにした。

囮になってくれた山羊は、幸い罠にかかった虎の前足が届かず無事であったが、あまりの恐怖に声も立てられぬようになっていた。飼い主に返すと殊の外喜ばれたが、数日間は草も食べられず弱りきっていたそうである。

しかし問題はそれからであった。虎は新鮮な肉しか食べない。毎日山に入って小動物や大型の鳥を捕獲するのが大変な仕事になった。でも初めは人間が近づくとウオーッと威嚇していた虎が、餌を持ってきたのだと分かるとだんだん咆えなくなった。こうなると愛情が湧いてくる。しかし餌探しに時間がかかって、これではどちらが主人か分からぬという苦情も出る。
殺して肉を食べようか、いやそれよりも皮は高く売れるぞなど勝手な議論をしているうちに、雨期も十二月となり毎日毎日大雨が降り続き、ケママン鉱山周辺も六十年ぶりといわれる大洪水となった。事務所も社宅もじりじりと浸水し、天井近くまで達したので全員退避することになった。

その時ふと見れば、一面の濁水の中に虎の檻だけがポツンと残り、胸まで水に浸かった虎が悲しそうな表情でこちらを見ている。せっかく慣れ親しんだ虎をどうするか、危急の中で議論したが、虎を連れて退避するわけにも行かず、そうかといって飢えた虎を放てばどんな大事故が起こるかも分からない。結局、この非常事態だから仕方がないという意見が通り、見殺しにすることになった。

急造の丸太の小舟が事務所を離れる時、所員たちはありったけの大声で、
「おーい、頑張れよー、きっと迎えに来るからなー」と叫んだ。もちろん人間の言葉が通ずるはずもないが、虎は見えなくなるまでじっとこちらを見ていた。

水が引いたあと見回ると、虎は一キロほど下流で大きな腹をして死んでいた。その皮も腐乱して何の価値もなかった。
「こうなるならもっと早く殺してやればよかった」

所員の一人が呟いたが後の祭りだった。

この大洪水の後始末に追われ、ケママン所員が大正十五年（一九二六）十二月二十五日の大正天皇の崩御（即日「昭和」と改元）を知ったのは、年も明けた昭和二年の正月の中頃だった。

徳川義親《よしちか》という侯爵がいた。狩猟家で「虎狩りの殿様」と呼ばれた。元越前藩主・松平春嶽《しゅんがく》の五男として生まれ、尾張徳川家・徳川義禮《よしあきら》の養子となって尾張徳川家十九代となり、侯爵を継いだ。前にもケママン鉱山を訪れたこともあるが、この時は日程の都合で虎狩りはできなかった。

少し後のことになるが、昭和六年（一九三一）三月、橋本欣五郎ら「桜会」の幹部が陸軍中堅将校をまとめ、右翼の大川周明らの支援を得て、三月二十日にクーデターを起こし、浜口雄幸《おさち》内閣を倒し、宇垣一成《かずしげ》内閣を樹立しようとしたいわゆる「三月事件」の直前、三月十八日に徳川義親侯が大川周明を強く説得し、事件は未遂に終わった。徳川侯は第二次大戦で日本がシンガポールを占領中に軍政顧問を委嘱されたこともある。

昭和四年、二度目の虎狩りでマレーのジョホール州に来られたとき、かねて親交のあるジョホール国王イブラヒム殿下が虎狩りに招待し、一日で虎一頭、象五頭を仕止め、新聞にも大きく報道された。

その夜、徳川侯のために盛大な歓迎会が開かれたが、石原廣一郎もこの宴会に招待され、徳川侯に紹介された。徳川侯はスリメダンの鉱山に大いに興味を持ち、一日を割いて鉱山の視察に来られ廣一郎との親交を深めた。


虎狩りはもう一日行われたが、この日は成果がなかった。

その夜の徳川侯の歓迎会はバトパハの知事官舎で行われ、一同和やかな談笑に時を過ごしていたが、イブラヒム殿下は廣一郎にこんなことを言い出された。

「この地域は貴君のおかげで鉄鉱山が開発され、経済的にも次第に発展して来たので非常に感謝している。この州には鉄の他にボーキサイトもあるはずだから、これを事業化されてはどうか」

廣一郎もかねてからアルミの原料であるボーキサイトに興味を持っていたが、そこまで手が回らなかったのが実状であった。

「それは誠にありがたいお言葉で、ぜひ検討させていただきたいと存じます。しかし誠にお恥ずかしいことながら、ボーキサイトの鉱石を見たことがありません。殿下はいかがですか」

と廣一郎はお答えした。

殿下は微笑しながら、

「実は私も見たことはない。しかし州のどこかにあると聞いているので調査してみられたらどうか。もし見つかればすぐ採掘許可を出してあげよう」

と、いつもながら好意的なお言葉であった。

灯台下暗しとはこのことである。ボーキサイト鉱石の見本を入手してよくよく見れば、バトパハの社宅建設の際、敷地の埋め立てに使用した石とそっくりである。それどころかバトパハと他の都市を結ぶ国道の盛り土に使われた土石とも同じものであることも分かった。

早速詳細調査にあたったところ、バトパハ郊外の政府土木局所有の土石採取場ブケ・パセル地区がこの周辺で最もボーキサイトの豊富な場所と判明した。

すぐに政府に採掘権許可申請の手続きをとった。

それだけではない。今まで十年間、鉄鉱山として操業してきたスリメダン鉱山は吉田山ほどの山の頂上から西方にかけては鉄鉱石の採掘で知り尽くしているが、頂上から東側の今までラテライト層と思い込んで放置していた地域（のちに「東山鉱山」と呼ばれる）が、実はボーキサイトの鉱床であることが分かった。

何という幸運であろう。

廣一郎は天の恵みと感謝しながら、十年以上も足許《もと》に眠っている宝の山に気がつかなかった自分たちの無知を恥ずかしく思った。

間もなくブケ・バセルのボーキサイトの採掘権が許可されたが、あいにく官営土石採取場となっているこの官有地には現地人が住んでいたので、立ち退いてもらわなければ建設も進められない。

この時にも廣一郎をよく知っているジョホール州鉱山局長ゼームソン氏が、政府措置として強制立ち退きを命じてくれたので建設も順調に進んだ。


プケ・バセルからの日本向けボーキサイト積み出しは昭和十一年に、スリメダン東山鉱山からの積み出しは少し遅れて昭和十三年に開始された。

昭和十六年までの出荷総量は累計約二八万トンに上った。


第二次世界大戦直前のこの時期、航空機の戦略的な重要性が見直される中、その材料となるアルミ資源の安定的確保に果たした役割は限りなく大きい。

石原廣一郎はこれからの航空機の戦略的な重要性を知っていた。一時はアルミ精錬事業の立ち上げを考えて、当時大手の日本電工（今の昭和電工）の長野県大町工場の見学に出かけたこともある。

しかし日本電工の十年にわたる苦労と犠牲の話を聞いて、国家非常のとき、日本人同士で利を争うべきでないと判断し、アルミ精錬事業への進出を断念し、ボーキサイト原鉱を日本電工に供給することにしたのである。

この原鉱は今までの明礬石《みょうばんせき》に含有するアルミナ分よりずっと品位が高く、日本電工もまた大きなメリットを得ることになった。

実はこの頃ボーキサイト鉱石を調査したとき、マレー半島の最南端、ブケ・ラサップ地区にボーキサイトの大鉱床を発見し、早速採掘権の許可を申請したが、英国東洋艦隊司令部からこの地区は海軍の重要根拠地に指定されており、一切の権利を民間に付与するわけにはいかないという意見が出て不許可になった。

昭和十六年（一九四一）十二月十日、マレー半島沖で、シンガポールから出撃してきた英国東洋艦隊の主力戦艦「プリンス・オブ・ウェールズ」と「レパルス」を、仏印南部から出撃した日本の航空部隊が撃沈し、航空機の戦略的優位を世界に示したのはこの約五年後のことである。

自家輸送船計画

スリメダン鉱山の鉱石の増産は順調に進んでいた。大正十年度には一三万トン、十一年度は二〇万トン、十二年度は二四万トンと、いずれも予定の二倍以上の出鉱を達成し、十三年度は三〇万トンを目指していた。品質もよく、八幡製鉄所の評価も高かった。

しかし、ここに大きな問題が生じ始めていた。初年度の日本着の納入価格はトンあたり二五円であったが、第一次世界大戦後の不況により十一年には半値の一二円五〇銭に引き下げられていた。この価格でも辛うじて採算はとれていたが、運賃市況の変動は激しく、これ以上運賃が高騰すれば、鉱山運営は不可能となる。

廣一郎は考えた。そして今や日本の製鉄業の死命を制するといってよいこの重要な鉱山の存続のためには、自社で鉱石輸送専門の船腹を保有するのが最良の方途という結論に達した。しかしそのためには膨大な資金が必要である。

大正十三年一月、帰国した廣一郎は早速、八幡製鉄所の白仁長官を訪ねた。

「スリメダン鉱山の開発は順調に進み、埋蔵量も豊富なので、将来日本の製鉄業はこの鉱石なしでは考えられない。ただ運賃が乱高下する海上輸送に頼らざるを得ないので、鉱石の安定供給が船会社に主導権を握られているようでは、国策上も大きな問題がある。

大戦後の今、海運業も不況で船価も安くなっているので、製鉄所か鉱山会社が安い船を

スリメダン鉱山の採掘現場　1921年（大正10）

数隻買って、その船で鉱石を自家輸送すれば原価の引き下げと同時に、配船も融通がきき、安定供給が確保できる。

今なら船齢十年前後の七、八〇〇〇トン級の船がトンあたり七〇〇〇円程度で購入できる。これで計算すればマレー～八幡間でトンあたり三円五〇銭ぐらいの運賃で輸送が可能となる。したがって製鉄所渡しの原料費は一一円程度で長期安定供給ができることとなる。ぜひご尽力いただきたい」

白仁長官は時々大きくうなずきながらじっと聞いておられたが、廣一郎が言い終わると即座に答えられた。

「それはよい考えだ。今まで依存していた中国の鉱山は鉱石の出荷が不安定な上に、いろいろな条件を持ち出してくるので困っていたところだ。すぐに資金面でも協力できないか検討してみよう」
と極めて好意的な返答をされた。

驚いたことにその翌日、長官から呼び出しがあった。

「自家輸送はぜひ実現させよう。ただ八幡製鉄所は官営だから、船を持つには議会の承認が必要となる。ここは一つ石原君の会社で船を持ったらどうか。君の今までの実績と事業そのものが国策に沿ったものだから、政府の低利資金借り入れの対象となるはずだ。中川台湾銀行頭取と相談されたらどうか」

廣一郎は胸が躍った。

すぐに上京し台湾銀行の中川頭取を訪ねて、鉄鉱石の自家輸送計画と白仁長官の意向を話し、協力を乞うた。中川頭取もこの計画に賛同されたので、大正十三年（一九二四）三月、政府低利資金三〇〇万円の借入を申請した。

白仁長官と中川頭取の助言もあって、三か月ほどすると大蔵大臣から認可の通知があった。

しかし悪いことに、時の清浦内閣が瓦解して加藤高明内閣が誕生、大蔵大臣に浜口雄幸が就任すると、厳しい緊縮財政を実施し、経済の立て直しを図ったため、この案件の貸出実行は無期延期となってしまった。

石原の事業はこれまでの三年間、当初台湾銀行から借りた七五万円だけでやりくりし、資金的には無理に無理を重ねてきたので、もしもこの低利資金が借りられなくなると、倒産を余儀なくされ、中川頭取、松方氏にも大きな迷惑をかけることになる。

廣一郎は連日必死で大蔵省に日参して、この資金は日本の製鉄業の存続に絶対欠かせないもので、国の政策としてもぜひ必要なものであることを説いて回った。

その甲斐あって一か月後、大蔵省の津島寿一国庫課長から、

「三〇〇万円は無理だが、二五〇万円であらためて申請すれば認可しよう」

との内示を得た。

他の案件は見送られ、この不況の中、資金繰りがつかず倒産した会社もあった。石原だけが低利の政府資金融資を受けられたのは、大戦後の軍事力強化という日本の基本的政策に沿ったものであり、中川頭取、白仁長官の強力な支援があったからであるが、廣一郎はこの幸運にまた亡き母の面影を思い浮かべ、深い感謝の念を捧げるばかりだった。


この二五〇万円の融資は大きな転機となった。

船舶の購入には一〇四万円を引き当てた。まず大正十三年六月、「金泉丸」（七〇六〇重量トン）、「銀泉丸」（六六九〇重量トン）と、続いて同年十月「馬来丸」（六九六〇重量トン）と大型の輸送船三隻を購入し、強力な自家輸送船団を確保した。入港してきた煙突一本、二本マストの「金泉丸」の巨体を仰ぎ見て、……とうとうここまで来られたか……と廣一郎は言葉にならない深い感慨を覚えた。

この「金泉丸」は、のちに不思議な運命を辿《たど》ることになる。

次いで七五万円を台湾銀行に返済し、当初からの借入は完済となり、中川頭取、松方氏の信頼に応えることができた。

更に残った資金でスリメダン鉱山の増産設備に二一万円を投ずるとともに、かねてから調査を進めていたマレー半島東岸のケママン鉱山を五〇万円で買収した。この鉱山はマンガン鉱石も産出する。戦略物資供給の体制が更に充実された。

スリメダン鉱山の稼働は順調で、毎年予定量の二倍の出鉱を達成しつつあるが、将来更に増加が予想される日本の鉄鉱石の需要を満たすにはまだまだ十分ではないので、勝手知ったマレー半島からの輸入を更に充実させるのが狙いであった。

スリメダン鉱山の開発を経験した幹部職員の奮闘もあって、一年足らずでケママン鉱山は鉄鉱石の積み出しが可能となり、翌大正十四年（一九二五）六月には自家用船「銀泉丸」に鉄鉱石を満載、日本向け第一船が出港した。

鉱石の自家輸送は予期以上の成果を上げていた。当時八幡製鉄所渡しの鉄鉱石はトンあたり九円で納入していたが、それでもトンあたり一円の利益が出ていた。

マレー半島での生産量もどんどん増加し、大正十年（一九二一）には一三万トンであったのが、十二年（一九二三）には二四万トン、十四年（一九二五）には三〇万トン、昭和二年（一九二七）には五八万トン、昭和四年（一九二九）には九六万トン、六年以後は毎年一〇〇万トンから一二〇万トンを第二次大戦末期まで内地へ供給し続け、ずっと日本の製鉄業を支えた。

廣一郎は大蔵省から低利資金の融資で購入した、「金泉丸」「銀泉丸」「馬来丸」三隻の運航実績を検討してみると、今まで一トン五円程度であった鉱石輸送運賃が、自家船なら三円五〇銭で済むことが再確認された。

更に自家船ならば世界的な運賃市況の上下を心配することなく、安定した価格で鉄鉱石、マンガン鉱石（ケママンからはマンガン鉱石も産出した）、ボーキサイトを必要な時期に運ぶことができる。

廣一郎は他の会社が驚くほどの早さで自家用船団の拡大を推進した。

さきに大正九年（一九二〇）九月十日、大阪市西区川口町に資本金一〇万円で「合資会社南洋鉱業公司」を設立していたが、大正十四年（一九二五）八月、シンガポールに現地法人として「合資会社石原産業公司」を設立、自家用船団の増強に伴い昭和四年（一九二九）八月に商号を「石原産業海運合資会社」と改めた。

この前後の船団の増強ぶりは次のとおりである。

大正十三年購入	「金泉丸」	七、〇六〇重量トン
	「銀泉丸」	六、六九〇
	「馬来丸」	六、九六〇
昭和四年購入	「南光丸」	七、八〇〇
	「南進丸」	八、〇二五
	「昌元丸」	六、八〇〇
	「昌仁丸」	六、八一〇
昭和五年購入	「えりい丸」	八、七四六

「ぼすとん丸」　八、七一七
昭和六年購入　「びくとりあ丸」　八、七八四
「まるた丸」　八、七二七
「みらん丸」　八、七八四
昭和七年購入　「くらいど丸」　八、七七二
「はあぶる丸」　八、七八四

同年、三菱長崎造船所で「名古屋丸」八、六五七重量トン
　新造（客室定員　特別室二名、一等三三名、二等二六名）
播磨造船所で「浄宝縷丸」八、七七二重量トン
　新造（客室定員「名古屋丸」に同じ）
この両船は、世界的にも最新の噴霧炭燃焼装置を持った優秀船である。

こうして昭和七年（一九三二）末には石原産業海運は合計一六隻、一二万八〇〇〇トンの船団を保有し、産出する鉱石のほぼ全量を自家船で輸送することが可能となった。

名古屋丸

名古屋丸の模型

金泉丸

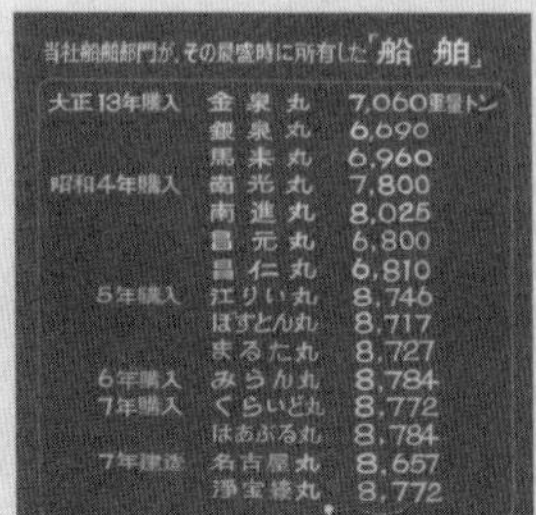

当社船舶部門が、その最盛時に所有した「船 舶」

大正13年購入	金泉丸	7,060重量トン
	銀泉丸	6,690
	馬来丸	6,960
昭和4年購入	南光丸	7,800
	南進丸	8,025
	昌元丸	6,800
	昌仁丸	6,810
5年購入	江りい丸	8,746
	ぼすとん丸	8,717
	まるた丸	8,727
6年購入	みらん丸	8,784
7年購入	くらいど丸	8,772
	はあぶる丸	8,784
7年建造	名古屋丸	8,657
	浄宝縷丸	8,772

当社船舶部門が、その最盛時に所有した「船舶」

浄宝縷丸

しかし、ここに海運会社の宿命ともいうべき大きな問題があった。

マレーから日本までの復航路は鉱石という積み荷が常に確保されているが、日本からマレーまでの往航路はもし積み荷がなければ高い燃料を焚いて空気を運ぶことになり、採算が著しく悪くなる。

かねてから廣一郎は考えていた。

マレーのすぐ西のスマトラに始まり、ジャワ、ボルネオ（現在のカリマンタン）の南部、セレベス（スラウェシ）、ニューギニアの西半分など広大な地域はオランダの植民地で、蘭《らん》領東印度（蘭印《らんいん》）と呼ばれていた。第二次大戦後独立を果たしてインドネシアとなった、東南アジア随一の巨大な市場である。

しかしオランダの植民地であったため、例えば昭和五年の蘭印の輸入総額六億二〇〇〇万円のうち日本からの輸入は僅か六六〇〇万円に過ぎず、大衆の消費財のほとんどは欧州各国からの輸入品であった。

これらの貨物の輸送も日本〜蘭印の貿易でみると、大阪商船（台湾総督府の命令航路）

が四〇〇〇トン級の船が二隻と臨時配船が二隻でシェア三〇パーセント、南洋郵船が六、七〇〇〇トン級の船四隻と臨時配船が一隻でシェア二〇パーセントに過ぎず、この航路は九五〇〇トン〜万トン級七隻を配船するオランダ汽船会社の「ジャワ・チャイナ・ジャパンライン」（シェア五〇パーセント）に支配されていた。

マレーからの鉱石積み取りに向かう船の往航を、少し遠回りになるが日本から蘭印へ輸出する貨物の輸送にあてれば一石二鳥である。


廣一郎は決意した。


昭和六年（一九三一）初め、廣一郎は時の大蔵大臣、井上準之助を訪ねて単刀直入に切り出した。

「ご承知のように当社はマレーから鉄鉱石を輸入して八幡製鉄にお納めしているが、その輸送船の往航船腹を蘭印への輸出貨物の輸送に利用したい。この輸出増進だけで日本の一億円の貿易赤字を解消することができる。

もちろん競争激化で一時相当の損失を生じるかもしれないが、わが社の総力をあげて持ちこたえ、長期的に必ず成果を上げたいと思う。ぜひお認めいただきたい」

これに対し井上蔵相からは、

「そうお願いできたら願ったり叶ったりだ。ぜひやっていただきたい。政府もできるだけの協力を惜しまない。また最善の便宜供与を約束する」

と極めて好意的な回答があった。

残念なことに井上準之助はこの翌年、昭和七年（一九三二）二月九日、この決定の成果を見ることなく、血盟団の凶弾に斃《たお》れてしまう。

廣一郎は保有船のうち精鋭八隻、約七万トンをジャワ航路に投入することを決め、昭和六年（一九三一）三月二十一日、晴れの第一船として「びくとりあ丸」を神戸港から出帆させた。

こうして激しい貨物争奪戦、運賃競争の幕が切って落とされたのである。

まず運賃は雑貨類一二円、乗船客一等二一〇円であったものを、雑貨類九円六〇銭、一等船客は一五〇円まで引き下げると、他社はあらゆる手段を講じて航路運営を妨げてきた。競争は日を追って激化し、半年後には五割引き下げまで現れた。

石原の真の目的は日本の輸出増進であり、日本～蘭印航路への参入であったから、運賃の低下による損失は意に介せず、競争を続けた。

成果はすぐに表れた。

蘭印航路開始前の昭和五年（一九三〇）には僅か六六〇〇万円に過ぎなかった日本から蘭印への輸出額が、一年余り経った昭和七年（一九三二）には一億円を超え、昭和八年（一九三三）には一億五七〇〇万円に達し、日本の国際収支改善にも大きく寄与した。

これに対し蘭印は日本からの輸入増加で、欧州諸国からの輸入は昭和五年の五億五〇〇〇万円から昭和八年には九〇〇〇万円まで激減した。これは長年の植民地支配で、現地人が望んでいる良いものを安く、早くという商売の基本を忘れていた蘭印側の大きな油断であった。

更に日本側は商社、海運、倉庫など関係する多くの業者が緊密な連携のもとに、安い賃金の現地の人々でも買える価格で品質のよい商品を売り込み、できるだけ早く納品するため、海運会社は最新鋭の汽船に高品質の石炭を投入して船の速度を上げ、倉庫会社は通関の手続きを早く済ませるよう協力するなど万全の協力体制を確立したから、競争の結果は目に見えていた。

昭和九年（一九三四）には日本〜蘭印間の海運実績では石原が三二パーセント、大阪商船と南洋郵船合わせて三七パーセントに達し、長い間七割以上の実績を誇っていたオランダ船のシェアは僅か三一パーセントに転落した。

オランダ政府はこれを非常事態と見なし、昭和八年（一九三三）九月には蘭印非常時輸入制限令を公布する一方で、翌昭和九年（一九三四）一月八日、全面的な通商関係調整のため日蘭通商会議を提案してきた。

この会議では当然、海運問題も重要な議題となることが予想される。オランダ側としてもセメント、ビール、繊維製品など多くの商品の蘭印への輸入急増が大きな問題であるが、一方蘭印から砂糖などの日本への輸出を強く望んでいて、日本としてもオランダとの関係を全面的に悪化させたくないという政治的事情があった。

これより先、昭和六年（一九三一）九月十八日、柳条溝で南満州鉄道の線路の爆破により「満州事変」が起こり、翌昭和七年（一九三二）三月一日、満州国建国が宣言されるが、国際連盟はこれを認めず、昭和八年（一九三三）二月二十四日、日本軍の満州撤退勧告案を四十二対一で採択。これを不服とした松岡洋右《ようすけ》首席全権は退場、日本は国際連盟を脱退した。日本は国際社会での孤立化が次第に深まる中、貿易面では許容できる範囲での妥協・譲歩もまた必要となっていた。

廣一郎は広汎な政治的折衝の過程で、海運問題が譲歩の手段の一つとなることを一番恐れていた。海運問題は日蘭通商会議の政治交渉から切り離し、民間当事者間の討議協定によって解決すべきだと強硬に主張し続けた。

長い交渉の結果この主張が容れられ、昭和十年（一九三五）一月二十五日、双方の関係船会社が神戸で民間海運会商を開くことになった。

会議は冒頭から難航した。日本側は会議に使用する用語は開催国の国語、すなわち日本語たるべしとの動議を提出した。これに対しオランダ側は会議用語は英語とするべきと強く主張する。

双方ともその主張を固持して譲らず、本会議を開けないまま一か月が経過し、ついに本会議を一度も開くことなく、海運会商は決裂した。

驚いたのは日本の政府である。時の外務大臣広田弘毅《こうき》は、日蘭通商会議を国際連盟脱退後の孤立化からの脱却のきっかけの一つと考えていた節がある。海運会商の決裂後間もなく、貴族院議長近衛文磨《このえふみまろ》公を動かして廣一郎の説得に乗り出したが、廣一郎は自説を主張するばかりで不調に終わった。

二、三日経って広田外相から廣一郎に公式の呼び出し状がきた。

広田外相はかつて昭和二年四月、オランダ公使に任命された時、赴任の経路について大いに迷ったと伝えられている。通常はシベリア鉄道経由で行くところだが、当時日本では「熱帯を制する者は世界を制する」といわれていた。広田は米国・英国は駐在の経験があるが、南方はよく知らなかった。特にスマトラ、ジャワ、ボルネオ、セレベスなどの当時の蘭領東印度には強い関心をもっていた。

結局は革命後のソ連を自分の目で見ておくことが大事と考えてシベリヤ鉄道経由で赴任したが、信頼できる部下の吉田丹一郎をオランダに帯同することにして、特命事項として赴任の際に蘭領東印度（今のインドネシア）をよく視察して報告するように命じたほどである。

広田外相は三年のオランダ在勤期間中に国際的な友人、知己も出来、今回の日蘭通商会議は何とかしてまとめたいと考えていた。

廣一郎は外務省の大臣室に広田外相を訪問した。挨拶しても外相は苦虫を噛み潰したような渋面でニコリともしない。早速外相は日蘭海運会商のことを切り出してきた。廣一郎は歯に衣を着せぬ自分の意見を繰り返す。何回かの堂々巡りの後、外相はきっぱりと言った。

「これは政府の基本方針であるからよく聞いていただきたい。政府は今回の日蘭通商会議を何とか円満にまとめ上げたいと考えている。ここは一つ会議用語にしてもオランダのいうとおり英語を使用することに同意し、実質的な討議を進行させ、この会商をまとめ上げてもらいたい」

聞いているうちに廣一郎は持ち前の反骨心がむらむらと込み上げてきた。

「政府の方針と言われるが、今の政府がいつまで続くとお思いか。今ここでオランダ側に譲歩すれば、数年前のようにオランダが一方的に優位な状態に戻ってしまうに違いない。危急存亡の状態に立つのは南方に発展の実績を持つ日本の生産業者、貿易業者、海運業者、銀行、保険会社、倉庫業者などで、その打撃は計り知れないものがある。まして日本の貿易収支に及ぼす甚大な影響については大臣の方がよくご存じのはずである。この会商についてはまとまらない方がよいと考える」

ここまで来ると洗練された外交官である広田外相も満面朱を注いで、

「政府の命令に君は従わないというのか」と大喝した。

廣一郎は逆に落ち着いて、

「そんなことを申しておるのではありません。これだけお話ししても私の真意を分かっていただけないようですので失礼させていただきます」と席を立った。

一つだけ切り札があった。

当時の海運法規では、公海や外国領土内にある日本船舶には原則として日本政府の行政権は及ばないという基本的考え方に立って立法制定されていた。したがってこの海運会商問題についても蘭領東印度との貿易につき、日本政府の意に反する取り決めや運航をしても、これを取り締まる法規が現存しないということになる。

しかしそこは老練の広田外相、早速新しい法案の制定にとりかかっていた。

法案の骨子は、公海あるいは外国領土内にあっても船舶の国籍が日本で、乗り組み員が日本人である場合は日本の法規が適用されると定められていた。

法案は「航路統制法」として翌年議会にかけられ成立したが、審議中は「航路統制法案、別名石原統制法案」という陰口も流れ、大いに話題となった。

日本と蘭領東印度との貿易は石原がジャワ航路から手を引いた結果、廣一郎の予言どおり数年前のオランダ絶対優位の姿に戻ってしまった。

広田弘毅と石原廣一郎が戦後、巣鴨の戦犯拘置所で再会することになるとは、この時点では誰も知らない。

「金泉丸」の最期

昭和の初め、世界経済は不況のどん底にあった。中でも海運業界はその影響を受けて運賃も低迷し、当時一〇万トン以上の社船を保有していた石原産業海運合資会社は、マレーからの鉱石輸入だけでは採算が取れなくなっていた。

特に東南アジア航路での運賃の値下げ競争は激しく、ついにせっかく手に入れた「金泉丸」「銀泉丸」「馬来丸」も、神戸の沖に繋留《けいりゅう》せざるを得なくなっていた。

ある時、廣一郎は繋船となっている「金泉丸」を見に行った。錨を下ろしたままで波間に浮いている七〇〇〇トンの船は、機関室には蜘蛛の巣が張り、照明も薄暗く、まるで幽霊屋敷のような惨めな姿をしていた。

低利資金の融資を受けて購入し、全社の希望と期待を集め日章旗を翻して入港してきた雄姿を思い出すと、涙が出そうになってきた。

「金泉丸」は一九〇五年、英国で進水した時は「トロメオ号」と呼ばれ、一本煙突、二本マストの優美な船体はまだまだ健在で、早くまた白波を蹴立てて大洋を航海したいと訴えているように見えた。

ちょうどその頃、山下汽船から裸傭船《はだかようせん》（乗組員なしで船だけを貸し出すこと）の引き合いがあった。

裸傭船の場合は保有会社からは誰も乗り込まないのが普通であるが、この時は人手不足のため、石原から無線技師長、水夫長、一等火夫の三人が乗り込んだ。

「金泉丸」はオーストラリアへ小麦を積み取りに行くことになった。


昭和八年（一九三三）三月八日、「金泉丸」は豪州航路を終えてニューカッスルを出港、北方に針路をとって日本へ急いでいた。

最初の三日間は平穏な航海が続いた。四日目の三月十一日、晴れてはいたが蒸し暑く、東からのうねりの上を飛魚《とびうお》が慌ただしく飛び交っていた。その日も暮れようとする頃、異様に赤い夕焼けの水平線には無気味な雲の峰が立ち並び、うねりも急に大きくなってきた。東風が強まり、甲板には大きな波が打ち上げてきた。気圧計は驚くほど急激に下降を続けている。

船は今、大きな台風の圏内に入りつつあることは明らかであった。

三月十二日の未明、船を呑み込まんばかりの怒濤が船橋を襲い、後部船員室の天窓と扉の修理を急いでいた一等航海士と大工は甲板に叩きつけられ、共に重傷を負って動けなくなってしまった。

風はますます吹き募り、船は絶え間なく襲う大波に木の葉のように揺れ、歩くことも立っていることもままならない。船長は船橋の柱に身体を縛りつけ、辛うじて倒れるのをこらえつつ大声で指令を下していた。

機関を全開にして一刻も早く台風の圏内を抜け出そうとする「金泉丸」の風と波との死闘は十二日いっぱい続いた。

夕方になって突然風が凪いだ。台風の目に入ったのである。暮れゆく空は何ともいえぬ不気味な禍々《まがまが》しい赤色に染まっていた。不規則な波が前後左右から船を揺さぶっていた。息をつく暇もなく再び風が強まった。怒濤は凄まじい轟音とともに繰り返し繰り返し船に襲いかかってくる。

そのうち煙突をも呑み込まんとするひときわ巨大な波が船体を襲い、機関室の天窓と通風筒を木っ端微塵に打ち砕いた。海水は滝のように機関室に流れ込み、見る見るうちに機関士の胸ぐらいまで浸水し始めた。必死の排水作業も次々と襲う大波には敵《かな》わない。とうとう機関は停止し、船は航行不能となった。

三月十三日午前八時、船長の決断で救難信号が発せられた。

「SOS！　SOS！　直ちに救助を依頼す。本船は金泉丸。現在位置は北緯二〇度五三分、東経一五四分なり」

すぐに応信がきた。ノルウェーの「タリーランド号」であった。

「われ貴船より二八〇浬《かいり》の水域にあり。時速十四浬、約二十時間を要すべし」

……二十時間……

全員の落胆は大きかった。とてもそれまでこの船が浮いているとは誰も思わなかった。

機関は停止し、船体は大きく傾いてきている。なおも排水に努めたが効果はなかった。船長の命で救命艇の用意とともに俄作《にわかづく》りの筏《いかだ》も急いで組まれ始めた。

午後八時、船長は断腸の思いで決断を下した。

「われら全員金泉丸を去る」

無線技師長にそう打電を命じるとともに、全員を集めて今までの苦労に感謝し、この上は即刻退船するよう命じた。

「救命艇用意！」

号令とともに第一号艇を下ろそうとした瞬間、寄せてきた大波に救命艇は船体に激突し、乗船者ともどもあっという間に波間に沈んでしまった。

「救命艇は切り離せ！　波が来たらそれに乗って浮かせろ！」

船長は叫ぶ。

「船長！　それは無茶です！　沈んでしまいます！」

二等航海士は大声で反論する。

「やってみなければ分からん！　運を天に任せろ！　どうせ船と一緒に沈むのだ！」

船長は繰り返し叫ぶ。

船の傾きで一つの救命艇はもう海面すれすれのところまできていた。甲板を越えて打ち寄せる波の高まった時を見計らってロープを切ると、救命艇はあっという間に波とともに流れ去った。

「よし！　全員何かを持って海へ飛び込め！　最後まで諦めるな！」

そう叫ぶ船長は、依然として自分の身体を船橋に縛りつけたまま動こうとしない。二等航海士が駆け寄って下船を勧め、縛った縄を解こうとしたが、船長はその手を振り払い、「早く行け！」と一喝した。

船長の決意を知った二等航海士は、今はこれまでと手近にあった椅子を持って荒れ狂う海に身を投じた。同じように飛び込んでようやく海面に浮かび上がった船員が叫んだ。

「救命艇が浮いています！　それ、あそこに！」

何という幸運か、波にさらわれた救命艇がそう遠くないところに波に激しく揺られながら辛うじて浮いていた。

死に物狂いで救命艇に泳ぎ着くと、既に無線技師長と舵手《だしゅ》が乗り込んでいて助け上げてくれた。

「金泉丸」はまだ浮いていた。しかし信じられないほどの角度まで傾いている。

その時、呼子の笛の音が波間にかすかに響き渡っているのが聞こえた。

……最後まで諦めるな！　生きるのだ！　……

船長の最後のメッセージであった。

しばらく続いた呼子はぷっつりと途絶えた。


「金泉丸」は沈んだ。


終わりの見えない苦しい戦いが始まっていた。

救命艇には波間に漂流していた船員が一人、二人と泳ぎ着き、合計一三人になった。石原から乗り込んでいた無線技師長、水夫長、一等火夫は三人とも救命艇に泳ぎ着いていた。だが救命艇には帆も櫂もない。幸い風も波も少しずつ治まってきたが、ただ波のまにまに漂流するしかない。

若干の水と缶詰があったが、一三人の生命をできるだけ長く維持するためには、一日の消費量は極めて限られている。

更に厄介なことがあった。救命艇が荒れ狂う海に落ちた衝撃で、底から少しずつ浸水してくる。底にたまるこのアカ（海水）を交代で絶えず汲み取って捨てないと艇は沈んでしまう。疲れ果てた身体で飢えと渇きに耐えながらの作業がいつまで続くだろうか。

石原産業の本社には、三月十三日「金泉丸」遭難のニュースは既に伝えられていた。SOSの後、「海水が機関室に浸入、沈没は免れず」との無電連絡があった。そのままプッツリと消息を絶ってしまった。

廣一郎は胸塞がる思いだった。

繋船中の「金泉丸」の惨めな姿を見て、「何とかもう一度波を蹴立てて大洋を航行させてやりたい」という思いでの雇船起用がこんな結果になろうとは夢にも考えていなかった。

それにも増して三人の社員の安否が心配である。

……私の下した命令で大切な三人の命が失われてしまうのだろうか……

そう思うと、情けないことだが仕事も手につかなかった。

その頃、本社によく出入りしている背の低い紋付袴の易者がいた。名は橋川見竜という。藁をもつかむ心地で、石原から派遣した乗組員三名の消息を占ってもらうことにした。

話を詳しく聞いた易者は、身を清めて易を立てた。

しばらく精神を集中していた易者は、はっきりとした口調で言い切った。

「四六名の船員のうち、生存者は一三名。石原の社員は三名ともその生存者の中におられます」

自信に満ちたその言葉を聞いて一同ほっとした。

しかし遭難から二日経っても三日経っても何の知らせもなかった。

……当たるも八卦、当たらぬも八卦というではないか……

一同の不安はまた高まってきた。しかしどうすることもできない。

救命艇の一三人は、疲労と飢えがもう極限に達していた。浸水は少しずつ増え、絶えずアカを汲み出さないと沈没のおそれがあった。交代で重い桶《おけ》で汲み出すのだが、何度か汲み出しただけでもう動けなくなる者さえ出てきた。

艇長となった二等航海士は、ともすれば自暴自棄になりそうな皆を励まし、時には念仏を唱えさせたりして神仏の加護を祈り、心の支えとした。その艇長ですらいつ救助してくれる船に出会えるか、自信はなかった。

ＳＯＳにいち早く応答してくれたノルウェーの「タリーランド号」は二十時間経っても現れなかった。おそらく近くまで来ていても、小さな救助艇を見つけられなかったのかもしれない。

ただ、この辺りは日濠《にちごう》航路にあたっており、船の往来は比較的多い。それを頼りにして一日でも一時間でも頑張るしかなかった。

驟雨《しゅうう》が来た。皆大口を開いて上を向き、渇ききった咽喉をうるおした。服に浸み込んだ雨水も絞って飲んだ。水も食べ物も底を尽きかけていた。


三日経った三月十六日の午前八時頃、水平線を見張っていた一人が叫んだ。

「艇長！　煙が見えます！」

二等航海士は苦笑しながら答えた。

「艇長か。なるほど今は俺が艇長だな。また見間違いではないだろうな」

それまで何度も流れる雲を煙と見誤って糠喜びをした。実際に水平線に船の煙を見たこともあるが、はるか彼方で信号を送ることもできなかった。

「艇長、船です！　間違いありません！　真っ直ぐこちらへ来ます！」

確かに船だった。マストが見え、船体もはっきりしてきた。一直線にこちらへ近づいて来る。

……タリーランド号か。いやタリーランド号ならもっと早く来ていたはずだ……

一抹の疑念もあったが、今はただ助かったという喜びで全員旗を押し立て、手を振り、声を限りに叫んだ。

しかし無情にも船は救命艇から二、三浬のところで針路を変え、遠ざかって行く。

救命艇には気づかなかったのだ。

あまりのことに一同気が狂ったように泣き叫んだ。

「なぜだ！　なぜ我々の声が聞こえなかったのだ！」

「なぜ救命艇が見えなかったのだ！」

「こんなひどいことがあるか！」

涙を流しながら悲嘆にくれる一同に、艇長も慰める言葉もなかった。

「もうアカを汲む力も無くなった。いっそ皆で死んだ方がましだ」

自暴自棄になる者も出てきた。

「この辺りは豪州航路の船がよく通るところだ。最後まで希望を捨てるな」

艇長の説得に、アカ汲みだけは辛うじて続けられた。


歓喜と失望を同時に経験した三月十六日も暮れようとしていた。

見張り番をしていた老練な水夫長が突然叫んだ。

「艇長、灯《あか》りが見えます！」

二等航海士は水夫長の指さす方角に目を凝らした。

間違いなく船の灯である。緑灯も見える。

救命衣とシャツなどをつなぎ合わせた小さな帆をいっぱいに張り、少しでもその船の前方に近づくよう必死の努力をするとともに、全員声を限りに助けを呼びながらヒョーヒョーと口笛を吹き鳴らし続けた。

その船は豪州へ向かう日本郵船の「日出丸」であった。

元来船員は夜、口笛を吹くと船幽霊を招き寄せるといって忌み嫌っている。「日出丸」の船長は特に口笛が嫌いで船内では口笛を厳禁していた。

その夜、読書していた船長の耳にかすかに口笛の音が聞こえた。不機嫌になった船長は立ち上がって甲板に出た。

確かに口笛だった。

船内では口笛を吹く者はいないはずである。

その時、船長ははっと気がついた。

二、三日前、この辺りで日本の船が遭難したのを思い出したのである。たしか名は「金泉丸」といった。

直ちに機関のストップを命じ、見張りの士官と共に、夜の闇が濃くなって行く海上を双眼鏡で隈なく見渡した。

見えた！

波間に小さな急造の帆を張ったボートが今にも沈みそうな姿で揺られ、見え隠れしていた。

長声の汽笛が響き渡った。

見つけたという信号を送ったのである。

救命艇の一三人は狂喜乱舞した。二等航海士の統率力のおかげで希望の少ない漂流を三日間以上続けられたのである。

もう大丈夫と僅かに残った缶詰をみんなで分けて食べ、残り少ない水も分けて飲んだ。

「日出丸」は微速で救命艇に近づき救助しようとしたが、風波は高く衝突の危険もある。「日出丸」を風上に回して救助を開始したのは、発見してから小一時間後であった。

全員の救助を確認してから二等航海士が最後に「日出丸」の甲板に上がった時、疲労と安心のためその場に倒れ込みそうになった。

「おい！　しっかりしろ！」

叫びながら抱きとめてくれた「日出丸」の二等航海士は、何という偶然であろうか、永年の親友N君であった。

救助の報は直ちに石原の本社に伝えられた。

「一三名救助。石原派遣の無線技師長、水夫長、一等火夫の三名は無事」

易者の占いは見事に的中していた。

（雑誌「科学と日本」昭和八年七月号所載）

全社員が喜びに沸き返る中、社長の石原廣一郎は、自分の判断でかけがえのない貴重な社員の命を危険にさらしていたことをあらためて反省していた。

……今回は天運に恵まれて助かったが、自分の命令一つで多くの社員の命が失われることがあるのだ……

……自分がもし「金泉丸」の船長であったら、船と運命を共にする覚悟ができただろうか……

……自分がもし二等航海士で救命艇の指揮を執っていたら、乗組員をあれほど見事に統率できただろうか……

ずっしりと重いものが自分の肩にかかっていることを、廣一郎はあらためて思い知らされたのであった。

望郷

シンガポールに勤務していた人が真夏に日本へ帰国すると、暑気あたりで体調を崩すという。

もちろんシンガポールは赤道直下で暑いことは暑いが、総じて海洋性気候で、雨期などは日本よりは涼しくて過ごしやすい。すっきり晴れると日本の初秋を思わせる爽やかな日もある。

昭和九年（一九三四）十二月五日もそうした晴れわたった日だった。

この日急死した石原産業シンガポール支配人・西村吉夫については、驚くほど記録が少ない。

当時英領だったシンガポール中央警察署の外国人登録課に勤務していた英《はなぶさ》広氏の証言がある。英は通常一階の外人登録課で勤務しているが、用事があれば二階の特高課のプリスビ・チャンド警部のところへ行き、通訳その他の仕事を手伝っていた。

この日は少し離れたところで昼食を取っていて、帰ったのが午後一時半頃になったので、別に呼ばれていなかったが、いつもの癖で二階南側のチャンド警部の事務室を覗いてみた。警部の事務室の片側には書記の机があり、衝立《ついたて》で囲んで作った待ち合わせのためのベンチが置いてあった。

一人の人物が座っていた。

石原の支配人で日本人会会長でもある西村吉夫であることは、チラッと見ただけで分かった。

チャンド警部は英《はなぶさ》通訳の入ってきた気配を感じたのか、机の上の書類から目を離さずに、

「英さん、こちらへ」と、いつもより厳しい声で呼んだ。あるいは英が昼食から帰るのを待っていたのかもしれない。

英は西村支配人と目礼を交わしてからチャンド警部の机の前に行くと、警部は西村支配人に向かって日本語で、

「どうぞこちらにお掛けください」

と自分の机の前の椅子の一つを指し示した。警部は日本語を少しだけ話す。

西村氏は机を挟んで警部と正対して座り、英通訳はその左側に椅子を持ってきて座った。

警部は鋭い目付きで西村支配人を直視しながら問い掛けた。

「あの旅券はどこにありますか?」

西村支配人は黙して答えない。ただじっと警部の顔を見返している。チャンド警部も瞬きもしないで西村支配人の顔を見つめている。ただならぬ気配である。

真剣勝負のような緊迫した長い時間が続いた。

異変は突然起きた。

西村支配人と並んで座ってその横顔を見つめていた英《はなぶさ》通訳は、支配人の頬の辺りが時々ピクピク痙攣《けいれん》するのに気がついた。

声をかけようとした時、西村支配人は突然ぐったり頽《くずお》れて警部の机に凭《もた》れかかった。

「西村さん！　西村さん！」

驚いて英は抱き上げて耳元で大声で呼んだが反応はない。チャンド警部も慌てて立ってきて西村支配人を支えながら名を呼ぶが、全く答えない。

警部はすぐに委嘱医の安藤ドクターを呼ぶよう英《はなぶさ》通訳に命じた。

早速電話したが、あいにく安藤ドクターは不在だった。

警部は「それなら同仁病院だ！」と怒鳴るように叫ぶ。

幸い電話してから十分もしないうちに、同仁病院の青木博士が看護婦と共に駆けつけてくれた。

挨拶もそこそこに西村支配人に駆け寄って脈を取った。

無言で脈をとる青木博士の表情は暗い。沈痛な面持ちで首を横に振った。

「もう駄目です。……一応心臓に直接注射してみますが……」

と言ってカンフルらしいものを注射した。

何の反応もなかった。

その時、ドアを蹴破らんばかりの勢いで安藤ドクターが入ってきた。

床に横たわっていた西村支配人を見て一瞬のうちに事態を悟った。

大声で叫んだ。

〝Mr.Chandu, you killed Mr.Nishimura!〟

警部の顔を睨みつけた安藤ドクターの顔は引き攣《つ》り、両眼には深い恨みと悲しみを湛《たた》えていた。

あとで考えると、警部はあらかじめこうした事態に備えて、英《はなぶさ》通訳を取り調べに立ち合わせたのかもしれない。

石原産業で西村支配人の秘書を務め、信頼の篤かった木下知男氏の証言がある。

事件の前の日、昭和九年十二月四日、木下秘書は西村支配人に別室に呼ばれた。

「実は昨夜、カトン（シンガポール島東部の地名）の例の所へ総領事がこっそり出かけて、打ち合わせを済ませて外へ出たら、武装警官に捕まり、何やかや根掘り葉掘り聞かれたそうだ。用心しろとの連絡があったから僕ももちろん用心するが、君も気をつけてくれ。これからのことはまた打ち合わせする」

と言われた。

木下秘書は事態の急迫を直感して、これは何か起こるなと思ったが、手の打ちようもないので、平常どおり執務を続けた。

午後になってから市内のホテルから西村支配人に電話があった。見ていると受話器を耳に当てている西村支配人の顔色が一瞬さっと変わった。

あとで聞くと中央警察署から来たインスペクター（警部）が、ある日本人宿泊者の旅券を預かって帰ったとのことである。

その旅券の名義人は石原産業の職員であることを証明しているから、何かあった時はマレー・シンガポール地区責任者である西村支配人の責任事項となる。事態の進展いかんによっては支配人をのっぴきならぬ立場に追い込む魔の旅券となりかねないのである。

その夜、木下秘書は西村支配人の社宅に呼ばれ、当面の問題の処理について話し合ったが、総領事との話については事の核心に触れるようなことは何一つ話してもらえなかった。木下秘書もあえて訊かなかった。


翌日、十二月五日の朝、支配人はいつもより遅れて出勤してきた。

木下秘書と目を合わすと……話がある。別室で……と目顔で合図された。

別室で待っていると支配人が入ってきた。

疲れているように見えるが、何か吹っ切れたような表情だった。

「昨夜呼び出しを受けて警察へ行ってきた。ちょっとした取り調べだったがね」

淡々とした口調だった。

木下秘書は思い切って聞いてみた。

「旅券のことですか?」

「そうだ」

「どうお答えになったのですか?」

「今回の旅券に関する限り、私がすべて責任を負うと答えたよ。相手はそれで納得したのか分からんが、昨夜は『またお出で願うことになるかも』と言いながら無事帰宅させてくれたよ」

言い終えてから支配人は少し改まった口調で言った。

「この件については君もいろいろ訊かれるかもしれないが、『何も知らない』で押し通せばよい。どんなことがあっても君には迷惑はかけない。今日までよく私を助けてくれた。君の協力にあらためて感謝する」

……まるで別れの言葉ではないか……と気になりながら、木下秘書は自分の席に戻った。


午前十時半頃のことだった。

警察から支配人に電話がかかってきて、

「ご足労だが今日午後一時にもう一度警察に来てほしい」とのことである。

支配人の都合と意向を確かめると「行くと返事しておいてくれ」とのことだったので、警察にその旨電話した。

西村支配人はすぐに立ち上がって「ちょっと総領事に会ってくる」と言い残すと、すぐ近くの総領事館に急ぎ足で向かった。

午前十一時頃、その日正午、日本へ向け出港予定の日本船から臨時仮設船用電話を通じて電話がかかってきた。

「西村支配人に出帆前にぜひ連絡しておきたいことがある。今すぐに埠頭横づけの本船まで来てくれ。今すぐだ」

早口のその電話はそのまま切れた。

その声と横柄な物の言い方からすると、木下秘書も面識のある、問題の中心人物である。


木下秘書はリフトも待たず階段を駆け下りて総領事館に飛び込んだ。西村支配人は総領事の個室で密談中だった。

木下秘書のただならぬ表情を見ると、「大丈夫ですから」と総領事に一言断って横に座らせてくれた。

電話のことを報告すると、二人ともしばらく黙ってじーっと考えていたが、この際支配人自身が動くのは避けた方がよいということになった。

幸い木下秘書も面識のある相手なので、念のため支配人の名刺紹介状を持って岩壁横づけの本船まで車を走らせた。


もう正午少し前で荷役も済み、甲板上の片付けもほとんど済んでいたが、事情を話して船室に走り込もうとした時、白人のインスペクター（警部）が入り口の外側に立っているのに気がついた。

……やはり支配人が来なくてよかった……と思いながら、時間もないので警部に軽く目礼して船室へ入った。

電話の主の怒鳴り声がしていた。

木下秘書の顔を見るとちょっと失望の色を見せたが、先客がいるので少し待つように手で合図し、また怒鳴り始めた。先客は日本人のよく利用するホテルの主人だった。

「本人の留守中に本人に無断で旅券を警察に渡す奴があるか！　貴様それでも日本人か！」

「ホテルとしましては警察から要求されればそうするしかないのです。ホテルの立場もどうかご理解願います」

同じやり取りの繰り返しが際限なく続く。

もう時間がない。業を煮やした木下秘書が一歩前に出ると、

「そうだったな。君との話がまだ残っていたな」

ようやく気がついた客はホテルの主人を怒鳴りつけた。

「もういい。貴様となんか言葉を交わすのは口の汚れだ！　何年か先には必ず軍艦旗の下に俺自身が立って堂々と御挨拶にお伺いする。覚えておけ！　貴様なんかにもう用はない。帰れ！」

ホテルの主人が去ると客はようやく少し落ち着いて木下秘書に椅子を勧め、急に声をひそめた。

船室の入り口に立っている警部を目で示して、

「あいつは日本語が分かるから筆談でいこう。西村さんに会えたらと思っていたが、それも身勝手な注文だったことに気がついた。帰ったらこれを渡してもらいたい。ほんとにいろいろ世話になった。『くれぐれも自重を』と伝えてもらいたい。君も用心を……」

と一枚の紙片を警部の隙を狙って木下秘書の手に握らせた。

出帆の時刻になったので木下秘書は急いで会社へ戻り、事の次第を支配人に報告し、預かった紙片を渡した。紙片に目を通した支配人は一言「ご苦労だった」と言っただけだった。

支配人の警察へ出頭する時間も迫っていたので、木下秘書は簡単な食事を済ませ、事務所へ帰ると支配人はもう出ようとしていたところで、支配人用の鍵と例の紙片を木下秘書に握らせ、

「すぐ帰ってくる。心配するな」

と言い残して、いつもと変わらぬしっかりした足取りで事務所を出ていった。

これが木下秘書の聞いた西村支配人の最後の声だった。

その日の午後、木下秘書は忙しかった。事務所の賃貸契約更新のことで顧問弁護士と打ち合わせを済ませ、午後二時半頃事務所へ帰ってきて階下でリフトを待っていると、所員の荒井金治郎にばったり会った。

顔が真っ青である。木下秘書の顔を見るなり、

「西村さんが……」

と言いかけて、周りの人を憚《はばか》って急に口を噤《つぐ》んだ。

最悪の事態を直感した。

一、二歩離れてから荒井所員は小声で言う。
「これから警察へ行くところだ。一緒に来てくれないか」

否も応もない。

車に乗り込んでからはっと気がついた。

西村支配人から公用鍵と一緒に預かった例の紙片だ。

とても警察に持って行けるようなものではない。

警察はもうすぐそこだ。

咄嗟《とっさ》にポケットから取り出すと、できるだけ細かく破り、丸めながら何回かに分けて飲み込んだ。

〈まるでカンニングのバレた学生だな〉

と心の中で苦笑いした時、ちょうど車は警察の玄関に滑り込んだ。

おかげで少しは心も落ち着いて、どんな事態にも対処する覚悟ができていた。


取調室の前まで来ると、なんと昼前岸壁の本船で会ったインスペクターが入り口に立っている。木下秘書の顔を見るとニタリと意味ありげに笑った。

取調室に入ろうとすると急に厳しい顔になって、木下秘書の左腕をムズとつかんだ。物凄い力である。

「君の名は?」

「住所は?」

「職業は?」

「西村さんとの関係は?　血族関係はあるのか?」

矢継ぎ早の質問で、答えをいちいち手帳に書き留めている。事実のままを答えるとやっと入れてくれた。

西村支配人は、部屋の中央の畳三畳ほどの大机の下に半身を入れた形で床の上に横たわっていた。苦しんだ様子もなく、眠っているようだった。

早速遺体の引き取りを申し入れたが、死因の調査のため解剖が必要なのでという理由で断られた。とりあえず支配人社宅へ引き揚げ、急を聞いて駆けつけたスリメダンの木村昇、バトパハの松川一夫らと共に当面の善後策、遺体の迎え入れなどの準備を進めた。

一番の問題は内地への情況報告だった。これ以上の疑惑を避けるため電信連絡は暗号使用を避けることとしたから、詳しい事情は電信では伝えられない。

幸いジャワ航路の社船がかなり頻繁にシンガポールに寄港するので、本船が入港するたびに船長に事務所へ来てもらって口頭で事情を話し、それを神戸帰港の際、口頭で本社に報告してもらうという手の込んだ方法で急場を凌《しの》いだ。

翌昭和十年（一九三五）一月、支配人の後任として前川浩通が内地から着任したのを機に、木下秘書は帰国して詳細な事情を報告することにした。

あの事件以来、ずっと尾行がつき、いつ逮捕されるか分からないような不安があったためでもある。南方勤務六年になっていたから、定期異動の一環で帰国することになっても不自然ではない。

三月九日、木下秘書は深い悲しみを抱きながら社船「まるた丸」でシンガポールを離れた。

西村支配人と親しかった田島健（のちの石原産業専務）は、支配人の急死の前夜の打ち合わせの後、

「……人間というものは一旦本気になって死ぬことを決めると、案外気分も落ち着いて怖いものなしになるものだね……」と支配人がしんみりと洩らしたのが忘れられないと語っていたという。

西村支配人はシンガポール日本人会会長の現職にあったので、葬儀は日本人会葬で行われたが、シンガポールでもかつて見たことがないほど盛大なものであった。

その墓はシンガポールの日本人墓地にある。大都会の中とは思われないほど緑は深く、

花は咲き乱れ、静寂に包まれている。

墓地には図南《となん》の志を抱いて渡航し、ある時は労働者として、ある時は創業者として、またある時は勝者として、ある時は敗者として、そしてある時は復興の担い手として、シンガポールに住み、この地を愛した幾多の日本人が深い望郷の思いを抱いて眠っている。

戦前、戦後に亡くなられた石原産業の物故従業員三二二柱の慰霊碑も、この墓地に建てられている。

晴れた夜には全天でも最も美しい部分にある南十字星が、明るいケンタウルス座のα、βの二つ星と並んで、志を遂げて世を去った者も、志半ばに斃《たお》れた者も、等しく慰めるように静かに見守っている。

昭和維新への道

齋藤瀏《りゅう》という変わった軍人がいた。

明治十二年（一八七九）四月十六日、長野県北安曇郡七貴村で、元松本藩で小姓組に勤めていた三宅政明の末子として生まれた。兄三人、姉三人がいたので、四男「三宅瀏」として届けられている。

父・政明は維新のとき、まずは幕府側に立って戦う姿勢を見せ、幕府が帰順するならそれから恭順すべきという、いわゆる主戦派の先鋒であったが、重臣や藩主は初めから恭順と決めたので、政明は武士を辞め、帰農することとした。

この時、夫婦と子供七人のほか祖父母もいたので、一一人の大家族で松本を出て北安曇郡七貴村へ移った。

西に穂高連峰を望み、梓川《あずさがわ》も近い水明の地である。

政明はなぜか鍬《くわ》を使わず、古い太刀を振るって、「えいっ、えいっ」と畑の固い土を掘り起こした。

「文字をよく見ろ。『士（さむらい）』より『土』の方が安定している」

というのが口癖だった。

村の人々は驚いて初めは敬遠したが、やがてその人柄と学識を知り、のちには村長や小学校長も務めるほど人望を得た。

農閑期には村の若者を集め、漢籍や古文の読み書き、習字を教えた。旅芸人が来ると何日も泊めてやるという性格であったから、次第に家計も苦しくなっていた。


明治二十二年（一八八九）秋、満十歳の時、瀏は丁稚《でっち》奉公に出ることになった。当時の学制でいえば尋常小学校三年を修了し、高等小学校に上がったところであった。

叔父に連れられて日の出とともに七貴村を出た瀏は、糸魚川街道を北へ北へと歩くこと十二里、白馬山麓の北城村の「横澤本衛」という造り酒屋に着いたのは日のとっぷり暮れた頃だった。子供の足では大変な強行軍であったが、瀏は音を上げなかった。

横澤本衛での丁稚の仕事は、朝早く起きて家中の掃除をするほか、帳場格子の中で酒の量り売りもしなければならない。客が来ない時は机に向かって正座することになる。今まで山野を駆け回っていた腕白坊主にとっては、これが一番苦手だった。

時々年下の主家の息子が遊びにきた。絵本を読んでやったり、宿題を見てやったりするうちに奥様の目に留まり、

「この子は学問がよくできるから今に偉くなるだろう。仕事の合間に学校へ行かせてやろ

うか」

といぅことになった。早朝の雑巾がけと帰ってからの屋敷内の全部のランプの掃除をするのが最低の義務、という約束で高等小学校に通えることになった。

白馬山麓の冬は厳しい。雪が四、五尺も積もると学校通いも大変である。子供たちは絶対一人歩きはせず、深い雪の中に落ち込んでしまった時はお互いに助け合って登校する。

瀏は三年間通った高等小学校を、村でも評判になるほどよい成績で卒業した。店の仕事もよく手伝ったので気に入られ、主人はまるで自分の子のように自慢の種にしていた。


瀏が高等小学校を卒業してから一年、満十四歳になった明治二十六年（一八九三）春、主人から思いがけない話があった。

「松本に晩翠塾《ばんすいじゅく》という有名な塾がある。そこへ入って学び、中学へ行ってみる気はないか」

もとより瀏にはもっと学びたいという強い願望がある。しかし奉公人の分際でそんなことはとても言い出せない。主人はそれをよく分かってくれていたのだ。

瀏は何度も頭を下げて礼を言いながら涙が止まらなかった。

中学の入学はもう日が迫っている。四月初旬、まだ白馬連山の残雪が深い頃、瀏は主人の横澤本衛に連れられて、四年を過ごした北城村をあとにした。店の人、高等小学校の友人、教師、村人たちが大勢見送りに来てくれた。

七貴村から丸一日、十二里を歩き通した四年前と違って、生まれて初めて乗る人力車で、しかも途中は大町で一泊するというゆったりした旅であった。

松本へ着くと横澤は早速瀏の着物、袴、靴を買い揃え、身支度を済ませた瀏を晩翠塾へ連れて行き、入塾の手続きを済ませ、そのまま北城へ帰って行った。

費用の一切は瀏の知らないところで済まされていた。


晩翠塾の塾主は齋藤順といった。齋藤家は松本藩の医家であったが、後を継いだ長男が跡継ぎのないまま亡くなり、次男の順は漢学者となったので医家としては途絶えていた。

順は地元の中学の教師をしていたが、漢籍はもとより地理、歴史、博物（動物、植物、鉱物）、習字など多くの資格を持っていて、晩翠塾の塾主として信望を集めていた。


塾に入り、中学に進んでから瀏は次第に頭角を現した。塾生で最年少であったせいか、塾主の順とその妻てるには気に入られ、順が近くの山へ植物や出土品の採取に行く際にはいつも伴をさせられたので、博物は得意の科目となった。漢籍は実父に幼い頃から教えられていたから素養がある。中学での成績はよかった。

しかし瀏の胸にはもっと強い思いがだんだん芽ばえてきていた。

中学二年を終え、三年に進む時、瀏は思い切って塾主に胸の内を打ち明けた。

「先生、私は陸軍幼年学校を受験したいのです」

陸軍幼年学校というのは明治二十年（一八八七）六月、陸軍士官学校と共にできた陸軍の幹部を養成するための教育機関である。東京に中央幼年学校があり、のちに仙台、名古屋、大阪、広島、熊本に地方幼年学校ができた。中央学校は十四歳から二年、地方は十三歳から三年の修学で士官学校へ進める。卒業すれば陸軍士官に任官される。

各校五〇名程度しか入学できない相当な狭き門であったが、学費についてはかなりの国庫負担が認められたので、裕福でない家庭の子息にとっては憧れの的であった。

瀏が幼年学校を志望したのは、いつまでも他人の好意に甘えるのは心苦しいという気持ちがあったからである。


塾主というより父に近い目で瀏を見守ってきた齋藤順は、内心では瀏がもっと違う道に進むことを期待していた。しかし瀏の強い決意を知ると受験を許してくれた。

瀏は早速役所へ行き、入学試験の手続きを調べ、願書を書き終えて塾主の部屋へ行った。部屋には塾主と妻のてるが並んで正座していた。

何か緊張した雰囲気だった。順は言った。

「お前の気持ちはよく分かった。受けるからには合格するように頑張ってもらいたい。ついては相談したいことがある」

順はすっかり老人めいて丸くなってきた背筋を伸ばして、思いがけない話を持ち出してきた。

「知ってのとおり私たちには子供がない。もう六十近くなってきたので後々のことを考えなければならないと思っている。そこでちょうどいい機会だから、もしお前さえよければ齋藤家の養子になってくれないか」

瀏は一瞬驚いた。しかし順のことも妻のてるのことも、かねてから実の父母のように慕っていた。

すぐにきっぱりと言った。

「私でよければ……」

てるは瀏を抱き寄せていつまでも放さなかった。涙をぽろぽろこぼしている。

瀏の目頭も熱くなった。

順は早速七貴村の瀏の実父、三宅政明に速達郵便で了解を求めた。

日を置かず実父からは、

「本人が承知ならば異存はないのでよろしく」と返事があった。

こうして瀏は齋藤瀏となった。

明治二十九年（一八九六）四月十六日、奇しくも満十七歳の誕生日に瀏は朝早く晩翠塾の門を出た。養母てるは門の前で瀏の姿が見えなくなるまで手を振っていた。

試験会場は長野市である。この頃は中央幼年学校しかなく、全国主要都市に試験会場は分散されていたが、同じ県内とはいえ松本から長野までは遠い。篠ノ井線はまだ開通しておらず、松本平から徒歩で約十六里、幾つかの峠を越えて善光寺平へ下り、信越線屋代駅からようやく長野行き列車に乗るという大変な旅だった。またしても強行軍だったが、志に燃えた瀏は疲れを忘れて、日のとっぷり暮れた長野の町に入った。

長野の宿で疲れを癒やした瀏は、早速翌日、中央幼年学校の入学試験を受けた。

最初の試験は体格検査である。受験生はほとんどが中学四、五年修了者で、三年生になりたてというのは瀏のほかもう一人いるだけだったが、ありがたいことに実父譲りの体格は背も体重も十分標準を超えており、二、三歳上の受験生に引けをとらないどころか、山野を駆け回って鍛えた骨太で厚い胸は図抜けていた。

問題は教科だった。受験二度目、三度目という人が多く、試験の合間の休憩時間の話を聞いても皆自信たっぷりで、大人の会話をしている。瀏はだんだん気弱になってきた。

しかしここまで来ればもう全力を尽くすしかないと開き直った。

試験は終わった。

自分では数学以外は大体できたと思ったが、幾何・代数については、受験直前に塾主に紹介してもらった教師に特別に教えてもらったが、所詮一夜漬けであまり自信がなかった。

発表までの間、瀏は今までどおり松本中学へ通っていた。三年生になっていた。

八月の暑中休暇のさなか、官報で中央幼年学校合格者の発表があった。

齋藤瀏の名があった。

齋藤家はもちろん、実家の三宅家、前の奉公先の横澤家も心から喜んでくれた。

齋藤瀏は松本中学を中途退学し、九月に東京へ出て陸軍中央幼年学校へ入学した。

幼年学校を出ると半年ほどの隊付勤務があって、すぐに上等兵から伍長、軍曹へ昇進する。

初めに配属された隊が原隊となる。軍曹で陸軍士官学校へ入校し、士官候補生となって約二年の訓練を積んでから、卒業前に曹長となって再び原隊に戻り、少尉に任官するのが普通である。

明治三十三年（一九〇〇）十一月、齋藤瀏は陸軍士官学校を卒業した。陸士第十二期で、同期に杉山元（のちに陸相、元帥）、小磯国昭（のちに首相、大将）、香椎浩平（のちに中将）らがいた。

陸士を卒業した瀏は近衛師団歩兵第一連隊に配属され、見習士官となり、半年後の三十四年六月に少尉に任官した。名誉ある連隊で瀏がいかに高く評価されていたかが分かる。

当時国際情勢は緊迫の度を加えていた。日清戦争で勝利した日本は遼東半島を獲得したが、露独仏の三国干渉で返還せざるを得なくなっていた。ロシアはその遼東半島の旅順を租借して軍港と要塞を建設し、更にモスクワからウラジオストックまでの約九三〇〇キロのシベリア鉄道をほとんど完成させ、満州に駐留軍を続々と送り込んでいた。

ロシアに対抗すべく、明治三十五年（一九〇二）一月、日英同盟が締結されたが、依然としてロシアは満州、朝鮮に対する圧力を加え続けていた。もはや限界であった。

明治三十七年（一九〇四）二月四日、御前会議が開かれ、開戦の詔勅が下された。

齋藤瀏は近衛師団第一連隊陸軍中尉に昇進していた。近衛師団に出動命令が下り、二月八日、朝鮮半島西岸を目指して宇品を出港した。

第一連隊は黒木大将の率いる第一軍に編入されていた。平壌を流れる大同江の河口、鎮南浦へ上陸したのは三月二十五日で、北進して鴨緑江を渡ったのは五月一日であった。ロシア軍との激しい戦闘が始まった。両軍とも莫大な死傷者を出す激戦の末、ロシア軍の戦略的撤退に助けられ、日本軍は九月七日、ようやくこの地方の中心都市遼陽に入城した。日本軍の死傷者二万三〇〇〇人、ロシア側もほぼ同数の損害で辛勝であった。

ちょうどこの頃、九月二日にかねて病気療養中の父・齋藤順が亡くなった。瀏がそれを知ったのはずっと後である。母てるが葬儀万端を済ませてから知らせてきた。生命を懸けて戦っている瀏の心を乱すまいとの配慮であった。

六月に大連に上陸した乃木大将率いる第三軍は、旅順の堅固な要塞を攻めあぐね、大きな損害を出していたが、満州軍総参謀長児玉大将の作戦で二〇三高地に砲火を集中し、明治三十八年（一九〇五）一月一日、ようやく旅順要塞を陥落させた。

しかしロシア軍は兵力の増強に努め、奉天周辺に三十二万という大軍を集結させていた。これに対し日本軍は、旅順から乃木軍を急行させても二十五万という劣勢であった。この両軍が激突して世界戦史空前の大会戦となった。（司馬遼太郎『坂の上の雲』による）

この兵数での劣勢を補う大きな武器が到着した。機関銃である。

旅順の要塞攻撃でも日本軍に大きな損害を与えたこの武器は、野戦でも機関銃二挺《ちょう》で守られた陣地が、突撃を繰り返す日本軍の一旅団の半ばを殺傷したこともあったという。

奉天会戦の直前に日本の買い付けた機関銃二五四挺がようやく前線に到着し、ロシアの五六挺を大きく上回った。これが一個連隊に六挺ずつ配分された。しかしまだ十分ではない。

明治三十八年（一九〇五）三月二日、二五〇名の齋藤中隊はこの機関銃に大苦戦を強いられていた。奉天近くの高地にロシア軍は鉄条網を張り巡らせて陣地を構え、日本軍が突撃すると機関銃と小銃の弾丸が嵐のように飛来する。友軍が切ったはずの鉄条網もまだ無傷で、味方の砲兵隊や機関銃隊の掩護《えんご》もない。

何度かの突撃で味方の損害はどんどん増えて、戦場は死屍累々となった。

齋藤中隊長は叫んだ。

「死んだまねをしろ！　じりじり匍匐《ほふく》前進せよ！」

何とかして鉄条網まで辿り着いて、これを切らせたかった。

突撃の命令を下す前に全隊の状況を見渡そうと僅かに半身を上げた瞬間、左脚に激痛が走った。左脚が動かなくなっていた。もう立てない。

左足首に盲管銃創（弾が体内に留まった傷）を負っていた。従卒が血止めの処置をしてくれて、暗くなってから背負われて後方へ退いた。

二月二十七日に始まった奉天大会戦は、日ロ両軍とも一進一退でどちらも大きな損害を出していた。しかしロシア軍の総司令官クロパトキンは、旅順から奉天西方に北上してきた三万四〇〇〇の乃木軍を十万と過大評価し、補給路を断たれることを強く懸念していた。乃木軍に属した秋山好古《よしふる》率いる騎兵第一旅団の巧みな用兵もあって、クロパトキンは三月七日、奉天の北、鉄嶺までの戦略的後退の命令を出した。ロシア軍は初めは整然と後退していたが、日本軍がこれを見て大規模な砲撃を加えたため大混乱に陥り、壊走し始めた。


三月十日、日本軍はようやく奉天を占領した。

日本は太平洋戦争終了まで、この日を「陸軍記念日」としていた。

この会戦による日本軍の死傷は大きく、五万以上にのぼった。ロシア軍の損害は捕虜三万を含めて十六、七万といわれる。（『坂の上の雲』）

齋藤瀏はこの奉天会戦の勝利を病院で聞いた。喜びと寂しさが交錯していた。

間もなく瀏は松葉杖を突いて病院船で下関へ帰った。

五月二十七日の日本海海戦の大勝利を機に、日本はアメリカの仲介で講和条約を結んだ。ロシアの陸軍は満州に大兵力を残しており、脅威は残っていたが、日本の戦費は尽きかけており、国力の限界をよく知る政府は不本意な条件ながら戦争終結を選んだ。

こうして日露戦争は終わった。

瀏はかねてから歌に興味を持っていた。戦地でも『万葉集』を一冊だけ背嚢《はいのう》に忍ばせていて、露営のほのかな明かりの中でも時々読んでいた。帰国してすぐ佐佐木信綱の家を訪れ弟子入りした。

もう一つ、瀏が「生きて帰ったら……」と心に決めていたことがある。陸軍大学校への入学である。

将来陸軍の中枢となる人材、特に参謀を養成する大学で、合格率一割という難関であった。

陸大の受験資格は陸軍士官学校卒業生で、隊付勤務二年以上で三十歳未満の大尉、中尉に限るというのが原則である。瀏はちょうどこの資格を満たしていた。

明治三十九年（一九〇六）十一月、齋藤瀏はこの陸軍大学校に合格した。日露戦争後最初の入学で、陸士で同期だった杉山元（のちに元帥）、畑俊六（元帥）、小磯国昭（大将）より早かった。

明治四十二年（一九〇九）十二月、陸軍大学校を卒業した瀏は教育総監部へ配属され、二課の参謀として幼年学校の教官などを務めた。

大尉となって仙台の青葉城跡にある第二師団司令部を訪ねた時、瀏はふと口ずさんだ。

残月や五四郡をかためたる城あとにしてきくほととぎす

この歌を佐佐木信綱が主宰する『心の花』に発表したところ、なんと和歌を愛しておられる明治天皇のお目にとまり、御歌所長の高崎正風から人を通じて佐佐木信綱に、

「残月や……と詠んでいるが、これはやり残した戦のことであろうか」

とのご下問があったという。

齋藤瀏はただただ恐懼《きょうく》感激するばかりであったが、顧みれば先の戦いに参加しながら大会戦途中に負傷し、存分に戦えなかった心残りが歌に滲《にじ》み出ているのを陛下は感じ取っておられるのでは……とあらためて感服した。

陸大受験の少し前、明治三十九年（一九〇六）の春に、瀏は縁あって四国丸亀藩士の娘、村瀬キクと結婚していた。新居は四谷若葉町の一軒家を借り、夫を亡くして松本で一人暮らしていた養母てるを呼び寄せ、同居していた。

明治四十二年（一九〇九）二月十四日、瀏の陸大卒業の十か月前に女の子が生まれた。

父に似てやや丸顔で、目鼻立ちは整い、身体も大柄だった。史《ふみ》と名付けられた。

瀏は満三十歳で一人っ子を授かった。

この後、激動の時代が続く。明治四十三年（一九一〇）八月二十二日の日韓併合条約締結の後、明治四十四年十月、清国で辛亥《しんがい》革命が起き、明治四十五年一月一日、中華民国が成立。孫文が南京で臨時大総統となり、二月十二日、宣統帝が退位して清朝が滅亡した。

同じ明治四十五年（一九一二）七月三十日、明治天皇が崩御された。

自分の歌がお目にとまったことで歌の道への大きな励みになった齋藤瀏は、天皇への特別な思いがあった。この後、二十四年も経った昭和十一年（一九三六）十一月三日の明治節の日、二・二六事件で刑務所に入っていた瀏の詠んだ歌が残されている。

牢《ろう》の内に心せまりて叫びたり大きみかどわが明治のみかど

明治の時代は終わった。

列強と戦う国力もなく、植民地にされかねない弱小国が、長い長い坂を登り始め、二つの強国との戦いを何とか勝ち抜いて、世界に認められ、時には警戒の目で見られるほどの国となった四十五年であった。しかし坂の上には大正、昭和という、更に険しい道が待っていることをどれくらいの人が予知していただろうか。

大正四年（一九一五）七月、齋藤瀏は教育総監部から旭川の第七師団に転勤になった。第七師団は北方ロシアに備えた精強の師団である。少佐参謀、大隊長になっていた。

一人娘の齋藤史は軍人の子弟ばかりが通う北鎮小学校に転校した。皇后陛下のご下賜金を基にして創立された北海道の学習院といわれる名門校で、当時としては珍しく男女共学だった。

同級生に栗原安秀という少年がいた。二人とも六歳だった。官舎が近くで父親同士が陸士の同期だったので、引っ越したその日から出入り御免の親しい友達になった。

史は安秀に女の子のように「クリコ」というあだ名をつけ、安秀は史を「フミ公」と男のようなあだ名で呼んだ。クリコの父、栗原勇も少佐参謀だった。

もう一人、一つ下の学年に坂井直《なおし》が入ってきた。直の父も齋藤瀏と陸士の教官で一緒に働いたことがある。これはそのまま「ナオシ」と呼ばれる。この三人のあだ名は二・二六事件まで変わらなかった。

三人は学校でも家でもいつも一緒だった。小学生の男の子と女の子が遊ぶときはあまり喧嘩《けんか》をすることがない。この年代では女の子の方が早く大人びる。史は父に似て体も大きかったから姉貴風を吹かせていた。

どの職場でもそうだが、特に陸軍では転勤が付き物である。

五年が経って大正九年（一九二〇）八月、齋藤瀏中佐は第三師団指揮下の連隊区司令官に補され、三重県津市へ転勤した。

別れの日が来た。

小学校の校門を出て史が別れを告げると、クリコは怒ったような顔をして横を向いてしまった。涙を見られたくなかったからである。そのままどこまでも一緒に歩き続けたが、史が急に走りだした。クリコはついて来なかった。フミ公は振り返らないで大きな声で叫んだ。

「クリコーッ！」

……好きーっ……と言いたかったが言葉にならなかった。

二人とも十一歳の時の別れだった。

この後も齋藤瀏の転勤が続く。津市で二年、小倉の連隊区司令官で二年勤めた後、大正十三年（一九二四）三月、大佐に昇進して再び旭川の第七師団勤務となり、参謀長として道内、千島列島、樺太《からふと》など北辺の踏査・警戒を統括した。史もまたクリコのいない旭川の地を踏んだ。

二年後の大正十五年（一九二六）、十七歳だった齋藤史の人生を決める大きな出会いがあった。

若山牧水である。有名な歌がある。

幾山河越えさり行かば寂しさのはてなむ国ぞ今日も旅ゆく

この頃、牧水は幾つかの歌集を出し、歌壇の頂点に立つ一人になっていたが、同人誌の発刊などでできた借金を返すため、短冊、色紙、半切《はんせつ》（画仙紙などの半分）などの揮毫《きごう》の旅で全国を回っていた。旭川にも寄りたいのでよろしくという手紙が来た。

瀏は喜んで、

「宿など取らず、官舎で狭いが拙宅で何日でも泊まればよい。揮毫の段取りも任せてほしい」と返事すると、牧水は大いに喜んで十月二日、妻の喜志子を伴って旭川にやって来た。

実はこの前の年、大正十四年の正月、齋藤瀏、妻キクと史は瀏の母てるの納骨式のため松本に帰った時、泊まった浅間温泉で瀏の旧知の太田水穂と一緒になり語り明かした。水穂は郷里長野で教師をしながら歌人として東京でも活躍していたが、水穂の妹、喜志子は若山牧水と知り合い、大正十五年結婚したばかりである。

牧水は講演会や歌会に出席し、多忙な時間を過ごしていたが、ある時史に言った。

「史さん、歌をやるつもりはないんですか」

史はそれまで父が歌を作るのを見て、見よう見まねで歌らしきものを作ったことはあるが、本格的に勉強したことはなかった。

「それはいかんな。あなたが歌をやらんというのはいかん。これからは歌会も一緒に行きましょう」

牧水は強く勧めた。

歌会に出るとなれば、下手でも何でも歌を作らなければならない。

史は厳しい道に一歩を踏み出した。

牧水は旭川を去るとき史に言った。

「史さん、女の人は恋をすると歌がうまくなりますよ」

史がその言葉の意味が本当に分かるようになるのは、もう少し先である。


大正十五年（一九二六）十二月二十五日、かねて御不例が伝えられていた大正天皇が崩御され、摂政裕仁《ひろひと》親王が天皇となられ、激動の昭和の時代が始まった。

昭和元年は一週間で終わり、翌昭和二年（一九二七）三月、齋藤瀏は熊本の第六師団第十一旅団長に補任され、少将に昇進した。旭川から熊本までの家族を連れた長旅であった。

三年前、瀏が小倉から旭川へ転勤する時、小倉高等女学校を卒業していた史は、今は妻のキク以上に瀏の世話を焼くほどになっていた。

熊本駅に着くと着任する旅団長を歓迎する大勢の人が待っているはずである。少将の軍装は佐官のと違って肩章も大きく、全体に金モール、金線で飾られ、派手である。

派手な軍服をいやがる瀏を説得して、史は列車が熊本に近づく前に真新しい少将の服を着せて準備万端を整えた。

熊本駅には驚くほど大勢の人が待っていた。大柄で筋骨のたくましい齋藤瀏が現れると、駅頭は歓声で沸き返った。

真新しい少将の軍装で金色の星の輝く将官の正帽を被った瀏が馬にまたがり、軍楽隊の吹奏とともに師団司令部のある熊本城へと行進する姿は、さながら一幅の絵のようであった。

熱狂した群衆は、

「なんとむしゃんよか（格好よい）将軍たい。まるで清正公の再来ばい」

と口々に叫ぶ。

大手門の前で司令部へ入って行く父の晴れ姿を見送りながら、キクも史も思わず涙ぐんだ。

齋藤瀏、この時四十八歳。後にして思えば軍人としての人生最高の晴れ姿であった。

しかしこの時、中国大陸では恐ろしい事件が起こっていた。

昭和二年（一九二七）三月二十四日、蔣介石《しょうかいせき》率いる国民革命軍（北伐軍）と暴徒が南京の日本領事館を襲撃して来たのである。

国民革命軍は揚子江以南から上海までを制圧していたが、北京には張作霖《ちょうさくりん》などのいわゆる軍閥の幾つかが大きな勢力を持っており、これを討伐しないと中国全土を支配できないという状況にあった。そのためにはまず南京に居留する日、英、米、仏などの外国人租界民間人と、それを保護するため駐留する軍隊と戦火を交えずに通過する必要があった。

蔣介石も指揮下の国民革命軍には、外国人や駐留軍とは無用の紛争を起こさぬよう命令していたはずだが、実際は南京へ入城したのは北伐軍よりも略奪、暴行を目的とした暴徒の数の方がはるかに多く、全く統制はとれていなかった。

各国の領事館はこの状態を予想し、居留民を早いうちに避難させたり、自衛の準備を整えていたが、日本の若槻《わかつき》礼次郎内閣、幣原《しではら》喜重郎外相は、北伐軍を刺激しないよう無抵抗主義を指示していた。それでも一応万一の事態に備えて、居留民を揚子江埠頭に繋留する船に避難させることとし、特に危険度の高い城外の居留民二五人をこの繋留船に乗船させた。

なぜこの時点で、領事館に避難してきた婦女子が大半を占める城内の居留民約一〇〇人も同時に繋留船に乗船させなかったか、全く理解に苦しむ措置である。

領事館の入り口には土嚢《どのう》を積み、海軍の兵一〇名ほどが機関銃を据えて暴徒の乱入に備えていたのに、無抵抗主義を指示する幣原外相の命令を杓子定規《しゃくしじょうぎ》に解釈した森岡領事は、警備隊の責任者・荒木海軍大尉にこの土嚢と機関銃の撤去を強く要請した。蔣介石指揮下の北伐軍ならば、まさか治外法権の領事館に乱入したりするまいという油断があった。

やむなく土嚢などを撤去したところへ、荷車、馬車、人力車など運搬具を集めた暴徒が乱入してきた。阻止しようとした警察署長らが刺されて重傷を負うと、暴徒らは金庫を壊し、戸棚を開け、甚だしいのは居留民のトランクを開けさせ、無抵抗の男女の持ち物を財布、時計、指輪から、着ている衣服を肌着まで残らず奪い取っていった。

領事館内は生き地獄の様相を呈した。

夕方になってようやく略奪が終わって暴兵たちが引き揚げてから、居留民たちは揚子江上の軍艦に収容された。

この事件を煽動《せんどう》したのは、国民党内に潜入していた共産党分子だったといわれている。

領事館の警備を命じられていた荒木海軍大尉は、四日後、停泊中の軍艦「利根」の中で拳銃で自決した。任務を果たせなかった引責自決だが、無抵抗を指示された無念さを訴えたのである。

南京における暴徒の略奪行為は控えめにしか報道されなかったが、真相が判明すると政府の軟弱外交に対する非難が囂々《ごうごう》と捲《ま》き起こった。

時あたかも金融恐慌が起こり始めたところで、既に渡辺銀行などが休業していたが、最も懸念されていた台湾銀行を救済する緊急勅令案が枢密院で否決されると、更に休業する銀行が続出し、昭和二年（一九二七）四月十七日、若槻礼次郎内閣は総辞職した。

後任として立憲政友会総裁田中義一（陸軍大将）が総理となり、大物の高橋是清を大蔵大臣に起用して金融恐慌の早期終息を図るとともに、幣原軟弱外交を転換するため総理自らが外相に就任した。


同じ昭和二年五月、国民党軍が張作霖軍を追って徐州を占領すると、当時山東省にいた二万人近い在留邦人を保護するため、旅順に駐留していた二万の兵を青島に派遣した。ようやく軟弱外交からの転換が見られ始めた。

山東省の省都は済南で、山東半島北側のほぼ根元にあり、黄河の河口にも近い交通の要衝である。北から延びてくる遼東半島と共に渤海《ぼっかい》湾を囲んでいる山東半島は、海路、陸路とも天津や北京を守る防衛線として戦略的にも重要である。半島南側には青島がある。

齋藤瀏少将が着任してから約一年後、昭和三年（一九二八）四月十九日、齋藤の所属する第六師団に青島から済南への鉄道沿線の居留民保護のための出動命令が下った。済南市内の在留邦人は、大部分が国民党軍の侵攻を避けて青島に避難していたが、まだ約二〇〇〇人が残っていた。

兵力は歩兵八個大隊を基幹とした約五〇〇〇人、福田彦助第六師団長、齋藤瀏第十一旅団長が指揮して四月二十五日朝、青島に上陸した。

済南市の治安が悪化しているとの情報があったので、齋藤少将の第十一旅団司令部と第十三連隊第一大隊は同日午後一時、青島から列車に乗って翌二十六日午前二時、済南市に到着した。深夜にもかかわらず多数の居留民が提灯《ちょうちん》に日章旗や鯉のぼりを持って歓声を上げて迎えてくれた。


済南は古代から黄河文明の中心として発展した商業都市で、城壁を巡らした城内と商阜地（商業地）に分かれており、日本人の多くは商阜地に住んでいる。

この時、北方軍は既に戦意を失い、略奪行為をしながら北京へと退却を始めていた。一部は暴民となって残り、市内は無法状態になっている。

五月になって国民党軍約四万が入城してきたが、これは国民党軍は日本側との無用の衝突を避けるため迂回《うかい》してそのまま北方へ進軍するという事前の約束を、一方的に破った行為である。

そのうちに蔣介石率いる本隊も到着し、国民党軍の総数は一〇万に達した。彼らの目的は商阜地にある歓楽街である。

齋藤少将は商阜地にまだ残っている日本人二〇〇〇人に、五月三日までに日本軍の警備する地区に避難するよう指示を出した。

しかしこの指示を無視したか、あるいは甘く見たか、残留する日本人がいた。

齋藤が懸念していた事件が起こった。


五月三日、国民党軍の暴兵三〇人余りが「満州日報」の取次店、吉房長平宅に乱入し略奪を始めた。日本軍一個小隊が突撃して暴兵を追い払ったが、一部は近くの民家に逃げ込んで発砲してきた。日本軍はやむなくこれに応戦して二名を射殺したが、これが引き金となって市内至る所で発砲と略奪が始まった。

国民党軍は日章旗を焼き払い、気勢を上げるとともに、日本人のみならず中国人の民家も襲撃して略奪を始めた。市内は全くの無法状態となった。

齋藤少将は早速装甲車を出動させ鎮圧を図るとともに、第一線部隊にはできる限り平和的手段により相手を商阜地より退去せしめ、戦闘行為は最後の手段とするよう命令した。

しかし、先に発砲してきたのは国民党軍である。

この時済南にいた蔣介石からも停戦の提案があった。齋藤は、

「国民党軍が発砲をやめれば日本軍も直ちに発砲をやめる」という回答をしたが、国民党

軍はいつまで経っても発砲をやめないので、停戦は成立しなかった。もはや蔣介石の指導力も第一線までは行き渡っていなかったのである。

国民党司令部には南京から同行してきた日本の駐在武官佐々木到一中佐がいた。五月三日、停戦勧告を試みるため司令部を車で出た佐々木中佐は国民党軍らしい暴兵に襲われ、車から引きずり出されて殴る蹴るの暴行を受けて瀕死《ひんし》の重傷を負った。

翌四日午前九時、齋藤は福田師団長からの「商阜地内の敵を掃討せよ」との命令を受けた。限られた兵力での難しい作戦であったが、午後五時、特定の幹線道路の確保を目指して機関銃中隊、砲兵、工兵、歩兵、装甲車による総攻撃を開始した。

二時間ほどの攻撃で一応目的を達成したが、機関銃隊は更に前進して取り残されていた日本人居留民六〇人を保護し、午後八時、日本人小学校に入って防御態勢を整えた。

ここでようやく両軍の停戦交渉が始まり、難航したが四日深夜、国民党軍が商阜地からすべて退去すること一点に絞り、ようやく合意した。

この交戦での死傷者は日本側戦死一〇人、負傷者四一人、国民党軍側の死者は約一五〇人といわれる。

ところがこの間に想像を絶するような恐ろしい事件が起こっていた。

商阜地と済南城との間にある歓楽街の日本人居留民一二名の行方が分からないという報

告が入った。捜索中に中国人の市民から通報があり、歓楽街北側の土中を発掘してみると、居留日本人一二名の死体が発見された。

正視することもできないような無残な死体ばかりであった。

虐殺である。

男女とも衣服はすべて剝ぎ取られ、引きずり回されて顔面も骨が露出し、人定もできないような死体もあった。銃創、刺し傷は無数にあり、とても人間の仕業とは思えない残酷な殺し方である。


齋藤瀏は初め話を聞いた時、信じられなかった。

日本の歴史を思い起こしても、こんな虐殺の記録はない。虐殺された者たちの多くは歓楽街に住み、再三の避難勧告にもかかわらず現場に留まっていたという非はあるが、こんな殺され方をするとは夢にも思っていなかったであろう。

……誰がこんなことをしたのか？　……これは人間のすることではない。鬼か、悪魔の所業だ！　……

齋藤は怒りで全身が震えた。

国民党軍の一部が暴徒化したのか、あるいは暴徒の仕業なのか、今も解明されていない。

ただ三日夜、国民党の外交を担当していた特派交渉員一行も襲撃され、殺されていることから、相手の見境もつかない暴徒の仕業である可能性が高い。

邦人虐殺の報が内地に伝えられると、激しい怒りの声が渦巻いた。政府の軟弱外交を厳しく責めるとともに、駐留していた日本軍は一体何をしていたのだと激しく非難する者も多かった。

「断固膺懲《ようちょう》」の指令を受けて、齋藤旅団は五月八日、済南城攻撃を開始した。

まず清朝時代に築かれた外壁の攻略に取りかかったが、先の一二名の遺体に次いで男女九名の遺体が発見され、憤激は更に高まった。

福田師団長は十二時間の期限付きで、蔣介石の謝罪と責任ある高官の処分を求める最後通牒《つうちょう》を出したが、回答がないまま十二時間が経過し、攻撃が開始された。間もなく外壁は占領したが、明朝時代に構築された内壁城内に拠《よ》る国民党軍は依然として退去しない。

八日午後四時、青島から増援に駆けつけた第二十八旅団を中心とする部隊が、大量の榴《りゅう》弾《だん》を内城壁に撃ち込み、城壁を破壊した。反撃は軽微だった。

ここまできても齋藤はまだ慎重だった。北伐軍は北京への進軍が主目的であり、済南にいつまでも居るはずはない。日本軍の目的は居留民の保護であって、北伐軍との全面衝突は望んでいない。ただ不法な行為には断固として対応することを明確に示せばそれでよいのである。

九日、十日は小競り合いがあっただけだった。十一日早朝、城内の様子が静かすぎるのに気がついた齋藤が斥候を送り込んでみると、敵主力の姿は既になかった。

五月十一日正午、福田中将は参謀本部あてに打電した。

「わが師団は本十一日早朝、済南城を占領せり」

済南の戦いは終わった。

蔣介石は国民党の全軍を率い北京を攻めた。僅か二十日余りで大勢は決した。敗れた張作霖大元帥は本拠の満州へ戻って態勢を立て直すべく、六月三日深夜、列車で北京から奉天に向かったが、四日早朝、列車が奉天近くの鉄橋を通過している時、仕掛けられた爆弾が炸裂《さくれつ》し、死亡した。関東軍参謀河本大作の指示によるものと言われている。

この昭和三年六月四日の大事件のため、済南からの日本軍の撤兵は一年遅れて昭和四年四月となった。

一年前、大きな歓声に送られて熊本を出発した第六師団の凱旋《がいせん》は寂しいものだった。

厳しい人事が待っていた。

第六師団長福田彦助中将がまず待命となり、続いて張作霖爆死事件の関連で、関東軍司令官村岡長太郎中将その他の中将クラスが八月一日付で退役することになった。

第六師団長の後任には荒木貞夫中将が赴任してきた。その配下にある第十一旅団長の齋藤瀏少将はそのまま据え置かれたが、いずれ更迭されるのは目に見えていた。

部下の青年将校、下士官たちは憤懣《ふんまん》やるかたなく、荒れに荒れていた。

「済南で日本人居留者がどんな目に遭ったか、分かっているのか！」

「俺たちが命を懸けて戦わなかったら皆殺しにされていたのだぞ！」

「元はといえば政府の軟弱外交のせいだ！」

「世界中に中国の暴徒の恐ろしさをもっと知らせるべきだ！」


こうしたある夜、酒に酔った若い将校たちが一斉に、胸に着けた勲章をもぎ取って市内を流れる白川に投げ込むという、とんでもない事件が起きた。

齋藤は翌朝、全員を集めて川さらいを命じ、勲章をすべて回収した。そして静かに言った。

「よいか、お前たちのしたことは間違っている。勲章を投げ捨てても日本はよくならん。陛下に申し訳ないと思わないのか。もう二度とこんなことはするな」

齋藤瀏少将の目には涙があった。

……旅団長閣下はもっとおつらいのだ……

斎藤の心は十分に伝わった。青年将校たちはもう二度と愚行を繰り返さなかった。

一年近く経った翌昭和五年三月六日、斎藤瀏に待命の辞令が出た。

待命の内示を持ってきた参謀長は、荒木師団長からの言葉を伝えた。

「師団長閣下から、誠にお気の毒であるとのご伝言であります」

師団長主催の送別会の時、勲章を白川に投げ込んだ若手将校が斎藤に言った。

「あの時、こんなことをしても日本はよくならんとお叱りを受けました。旅団長閣下も和歌なんかやってないで日本をよくしてください」

斎藤は笑って答えなかったが、心に何か刺さるものがあった。

昭和五年四月初旬、斎藤瀏一家は東京へ戻った。この時瀏は五十一歳、三十余年の陸軍の生活を終え、なお気力、体力充実し、第二の人生と、多くの友が待っていた。

渋谷道玄坂に当面の住まいとした斎藤瀏の家は、たちまち歌人のサロンになった。川田順、山下陸奥、佐佐木治綱、太田水穂など、当時新進気鋭の歌人たちが集まり、彼らの自由奔放な議論は瀏の屈託を慰めてくれた。

史もまた『アララギ』に参加したが、島木赤彦を中心とした信州歌壇とは馴染めず、独自の道を歩むようになる。

道玄坂の仮住まいは交通は便利だったが、手狭で不便だったので、翌昭和六年春、大森区上池上町の台地に土地を求めて家を建てた。西に富士が見え、南は蒲田・川崎の町並みの向こうに東京湾を望むこの台地からの眺望を瀏は気に入っていた。


上池上に移る少し前、昭和六年の正月、珍しい客があった。

渋谷の借家の表戸をガラリと開けて、大声で叫ぶ。

「おじさん、フミ公、いるかい」

栗原安秀だった。

陸軍少尉の軍服を着て、見違えるような逞《たくま》しい青年将校になっていた。

フミ公、クリコと呼び合って別れた小学六年生の時から九年、二人とも二十一歳になっている。

栗原はあれから名教中学から陸軍士官学校に進み、昭和四年七月に第四十一期生として卒業、十月少尉に任官していた。今は歩兵第一連隊で連隊旗手を務めているという。中学から幼年学校へ進まずに陸軍士官学校を卒業した者が第一連隊へ配属されるだけでも珍しいのに、連隊旗手を務めるというのは異例の抜擢《ばってき》である。

二人だけの時はフミ公、クリコと呼び合うが、思春期の九年の空白は大きかった。栗原はほとんど齋藤と話ばかりしていた。齋藤の処遇についても激しい不満をぶちまけていた。

「麻布第一連隊の若い者たちも皆怒っていますよ」

栗原は何度も繰り返した。

史はお茶など運んだときに、横に座ってじっと話を聞いていることが多くなった。

……クリコも立派な青年将校になったな……と思う。

話し方一つにしてもきっぱりしている。何よりも国を憂える情熱があふれていた。

ただ時々史を見ては、すっと恥ずかしそうに目をそらすことがある。美しく成長した史に女性を意識してしまうからだろう。だんだん乱暴な口を利かなくなった。

その日遅くまで話し込んだ栗原は、

「今度は他の連隊にいる同志たちも連れてきますから」と言って帰った。

その言葉どおり、しばらくしたある日、

「おじさん、連れてきました」と元気のいい声とともに栗原と四人の青年がやって来た。

栗原と陸士同期の中橋基明少尉（近衛歩兵第三連隊）、たまたま所用で上京していた同じく同期の対馬勝雄少尉（弘前歩兵第三十一連隊）、丹生誠忠（この年七月陸士を卒業して十月歩兵第一連隊配属内定）と、最後の一人がなんと旭川でフミ公、クリコでの一年下だったナオシこと坂井直（士官学校生）であった。

五人の客は早速齋藤と車座を組んで、齋藤の処遇に対する不満をはじめとして、政界の堕落や外交の無策、農村の窮乏の放置、陸軍内部の派閥争いへの批判など、厳しい口調で激論を戦わせた。

「このままでは日本が滅びる」

「そうだ、今こそ俺たち若い者が決起する時だ」

この日、夜遅くまで議論してから帰って行く青年将校たちを父娘で見送りながら、齋藤史は父、瀏が久しぶりに高揚しているのを感じて嬉しかった。それと同時に幼い頃からいつも心の中にいたクリコが、どこかを目指して力強く歩き始めているのを感じて少し寂しかった。

栗原家の長男で跡取りである安秀と、齋藤家の一人娘で跡取りである史とは、家の存続を重要視する当時の民法では結婚できないことはよく分かっていた。それでも寂しかった。

一年後、史は瀏の養母てるの姪《めい》の息子、堯夫《たかお》との結婚を決めた。血のつながりはないが、幼い頃からの顔見知りである。医者で背が高く、少し瀏に似た感じの人であった。

二・二六事件

政界の刷新

昭和六年（一九三一）九月十八日、柳条溝の満州鉄道の線路爆破事件が起こり、関東軍が行動を開始し、満州事変が勃発した。政府の不拡大方針にもかかわらず、事変はどんどん拡大し、奉天、吉林、黒竜江のいわゆる東三省が独立し、清朝最後の皇帝・溥儀《ふぎ》を元首とする満州国となった。

この時、石原廣一郎はシンガポールにいた。久しぶりに血沸き、肉躍る思いであった。日本は国土が狭小であるのに、人口は急増し、経済は行き詰まり、農村は疲弊している。それなのに各政党は党利・党略の争いに明け暮れ、思い切った政策も打ち出せないでいた。

……このままでよいのか……

廣一郎はしょっちゅう考えるようになった。

……何か私にできることはないのか。いや、私がやらなければならないことは何か……

何度か迷った挙句、一つの結論が頭に浮かんできた。

……政界の刷新……

幸いスリメダン鉱山の経営は安定している。弟たちも生き生きと動いてくれている。自分がいなくても仕事に何の心配もない。

決意を固めた廣一郎は昭和六年（一九三一）十一月、帰国した。

その足で東京麻布広尾町の徳川義親侯の邸を訪ねた。

先客があったので少し待たされたが、しばらくすると徳川侯が満面の笑みとともに現れた。マレーでの虎狩り以来の挨拶もそこそこに、廣一郎は切り出した。

「満州事変がどう進展するか心配しています。この際政界を刷新して日本を根本的に立て直すべきと思います。そのために私がお役に立つことがあればと考え帰国しました。どうかご指導をお願いいたします」

徳川侯はわが意を得たりと喜んで話し始めた。

「実は私も同じことを考えており、この春以来同憂の士と行動を共にしてきたが、事は容易ではない。今も先客があってお待たせしたが、それは実は陸軍の小磯国昭軍務局長で、満州事変の始末をどうすべきかなど相談に乗っていたところだ。陸軍も派閥があり大変なようだ。政界の刷新についてもいろいろ問題があるので、大川周明博士を紹介するから、三人で意見交換をしてみたらどうだろう」

と好意的な話があった。

この後、徳川侯は最近の情勢について話してくれた。

「大川周明氏は既成政党打破、天皇中心の立憲政治確立、農村・中小企業の救済を旗印として国民啓蒙運動を積極的に進めている。また中堅層の間には北一輝氏の国家改造論に傾倒する者が増えて陸軍部内にも支持者が増加し、参謀本部の橋本欣五郎中佐らによる『桜会』が組織され、過激な動きも見せている。この三月には軍部クーデターで今の浜口雄幸内閣を倒し、宇垣一成陸軍大将を中心とする内閣を樹立しようという計画があったが、私の説得と宇垣大将の躊躇《ちゅうちょ》もあって事なきを得た。(「三月事件」)

ところが九月に満州事変が起こってから再び大川周明氏と『桜会』の橋本中佐が、今度は海軍の霞ケ浦航空隊の藤井少佐らも加わって、十月に『錦旗革命』と称するクーデターを計画していたが、決行二日前になって陸軍首脳部が事のあまりにも重大なのに狼狽《ろうばい》し、先ほど来ていた小磯軍務局長に取り鎮めに当たらせ、関係者を満州方面や北方に転出させて事を内密に収拾した。(「十月事件」)

時局はこんなところまできている。とてもこのままでは捨て置けない。石原さんも参加して、まず大川さんと話し合おうではないか」

聞いて廣一郎は驚いた。しかしすぐ決意した。

「ぜひ大川さんにご紹介ください。私にできることがあれば何でも仰せつけください。そのために帰ってきたのですから」

四、五日して廣一郎は料亭で徳川、大川らと食事を共にしながら、時局についての意見を交換した。今のような政党政治では国を誤るおそれがあるから、一日も早く政界を刷新すべきであるという点では意見は一致したが、大川周明は、
「今のような国民の意識では改革は望めない。結局クーデターのような大きなショックを与えなければ改革は成功しない」

と強く主張する。これに対し廣一郎は、

「クーデターのような実力行使に訴えることは、社会に大混乱を起こし、一歩間違えば国家の行方に取り返しのつかない影響を及ぼすことになる。大川さんの意見には賛成しかねる」

と反論し、結局その日は意見がまとまらなかった。

そのうちに同じ昭和六年（一九三一）の十二月十一日、この年の四月に浜口内閣の後を引き継いだばかりの民政党第二次若槻礼次郎内閣が、閣内不一致で在任僅か八か月で総辞職した。後任として政友会総裁の犬養毅《つよし》内閣が成立した。政界もまた混乱していた。

年が変わって昭和七年（一九三二）一月二十三日、廣一郎は自宅に徳川、大川両氏を招いて、緊急打ち合わせ会を開いた。廣一郎は冒頭切り出した。

「昨年お会いした時、大川さんは現下の国難打開は国民運動などの平和的手段では望めない、クーデターによるほかはないとのお説であったが、私はこんな時に国内で騒ぎを起こすことは避けるべきだと思う。この際は啓蒙運動によって国民思想の覚醒を促すべきでないか」

と強く主張すると、大川も、

「私も強いて事を起こすことを求めているのではないから、啓蒙運動を通じて目的を達成することができるなら決して反対するものではない。しかし啓蒙運動で成果を上げるには莫大な資金が必要だ。その資金が何とかなるなら、君の意見も誠に結構だ」

と賛成してくれた。

徳川侯も、

「目下満州事変のさなかで政府は不拡大方針をとっているが、こんな時、昨年末に陸軍中堅将校が企てた錦旗事件のような騒ぎが再び起これば、事態は容易ならざることになる。この際は国民啓蒙運動で行くべきだ」

と賛同してくれた。

結局、国民啓蒙運動推進のための費用は廣一郎が全部引き受けるということで大川も最終的に同意、国民運動団体を組織して「神武会」と名付けること、会長は大川周明、顧問は徳川義親侯と石原廣一郎がなり、発足は昭和七年（一九三二）二月十一日の紀元節と決定した。

「神武会」の第一回演説会は、全国を第一班東北、第二班北陸、第三班東海道、第四班中国・四国、第五班九州、第六班近畿・名古屋に分け、第一班から第五班までを大川博士が、第六班を徳川侯と石原が担当して、二月十一日一斉に第一声を挙げた。

この演説会は引き続き前後九日間にわたって全国で開催、弁士には三十歳前後の精気あふれる憂国の士を選び、聴衆に力強く呼びかけたので、各地で大盛会で大きな話題を呼んだ。

「神武会」は大川博士を中心として中堅青年層に呼びかけることにしていたが、青年層だけではややもすれば過激に流れやすいおそれもあったので、これと並行して中年層に呼びかけるもう一つの団体を別に組織することを計画した。

そこで徳川侯と石原廣一郎はある日、渋谷松濤町に田中国重陸軍大将を訪ね、「錦旗革命」を計画した陸軍部内の橋本中佐の「桜会」や、一人一殺を標榜する井上日召らの血盟団などの過激な動きを牽制しつつ、この際、真に国を憂える我々中年の者たちが立ち上がり、国民に覚醒を促すとともに、党利党略に走る既成政党に反省を促して、不祥事を未然に防ぎたいと力説し、田中国重大将の出馬を強く要請した。

田中大将は初め文官を志して第五高等学校に入学したが、中途より陸軍士官学校に転校して陸軍軍人となった人で、全生涯を通じて教養ある文化人的性格を持っていた。明治三十九年（一九〇六）から四十四年（一九一一）まで米国大使館付武官、大正五年（一九一六）から八年（一九一九）まで英国大使館付武官として米英両国に滞在した経験を持つ数少ない陸軍軍人であった。米英両国人の友人も多く、昭和十六年（一九四一）、彼が死亡した時には、両国との関係が悪化していた時期であったのに、英国大使館参事官カニンガム夫人が夫の代理として告別式に参列したほどである。

徳川侯と廣一郎の熱意が通じ、新しい組織「明倫会」が発足したのは昭和七年（一九三二）七月である。この会に参加した主な人たちは次のとおりである。

陸軍大将　田中国重
陸軍中将　伊丹松雄、奥平俊蔵、二子石官太郎、菊池武夫、四王天延孝、二宮久二、
　　　　　渡辺良三
陸軍少将　南郷次郎、齋藤瀏、芦沢敬策
華族　　　徳川義親、山田英夫、井上清純
実業家　　石原廣一郎、大倉邦彦、松尾忠二郎、鹿島守之助

運動の母体は「明倫会」とし、主義綱領は大略次のとおりとする。

・国体の尊重、忠君愛国の誠と道義的観念の普及
・既成政党の積弊の打破、国家本位の政治の確立
・退嬰《たいえい》的追従外交を排し、大アジア主義を基調とする自主外交の断行
・行政財政税制の整理を断行し、産業の振興、民族の海外発展により国民生活の安定をはかる。

総裁には田中国重大将を推し、昭和七年（一九三二）七月、日比谷公会堂で盛大な発会式を挙げた。


当時は陸海軍将校らが首相官邸を襲撃し、「話せば分かる」と言った犬養毅首相を「問答無用」と射殺した「五・一五事件」の直後だったため、新しい政治形態への期待から当日は大会場が立錐《りっすい》の余地もないほどの盛況であった。

「明倫会」の結成は国民大衆から大きな支持が寄せられ、地方支部も続々と結成され、入会者も多かった。在郷軍人の入会も目立ったが、田中総裁は発会式で次の方針を明らかにした。

「明倫会会員の選定にあたっては次のことに留意する。
（イ）既成政党員にあらざる者（脱党して入会する者は可）

（ロ）憂国の志あり、相当の地位、あるいは職業、あるいは名望ある者
（ハ）現在会員は在郷軍人が多いので、なるべく各方面の有力者に入会の勧誘をすること
（ニ）在郷軍人会は修養団体として設立されたものであるから、政治に関与すべきでなく、明倫会はその目的達成のため、在郷軍人会を利用する如き行為は絶対に避けること」

運命の出会い

「明倫会」で運命の出会いがあった。齋藤瀏である。

齋藤瀏は〝歌人将軍〟といわれていたが、石原廣一郎が初めて見た瀏は背が高く、がっちりした体格で、いかにも武将らしい風格があった。声は大きく、話し方もきびきびしていたが、何よりも人の話をよく聞くところが歌人らしい感性の片鱗を窺《うかが》わせ、青年将校に慕われる理由がよく分かった。

齋藤瀏は長野県の出身で陸軍幼年学校から士官学校を出て、日露戦争では中隊長として活躍してから陸軍大学も出ている。昭和三年（一九二八）五月、熊本の第六師団第十一旅団長（少将）として中国山東省に出動、暴徒化した国民党北伐軍から日本居留民を保護するため済南城を占領したが、諸外国の反日感情や国内の政争のためにその功績は全く評価されず、予備役に編入された。不満を爆発させた青年将校たちが皆、胸の勲章をもぎ取って白川へ放り込んだのを諭して、川ざらいを命じてすべて拾い上げさせたという話を廣一

郎は聞いていた。

瀏の方も若い頃から南方に雄飛し、独自の信念で自らの道を切り開いてきた廣一郎の生き方に共感を持ち、「明倫会」の幹部の中でもよく話が合って終生の友となった。

瀏は明治十二年（一八七九）生まれで、明治二十三年（一八九〇）生まれの廣一郎より十一歳年上だったが、瀏は気が若いのか、全く年の差を感じさせなかった。


石原廣一郎は齋藤のところへ「おじさん、おじさん」とよく出入りしていた栗原安秀とその仲間の青年将校たちともすぐ親しくなり、純真な彼らを可愛がって時々小遣いを与えるほどの付き合いとなった。

栗原らは齋藤とは何でも話をしているらしく、ある日齋藤と他の話をしているうちにふと言った。

「石原さん、栗原らがお世話になっているらしいが、これからは小遣いは直接渡さないでくれないか。若い者のことだから、酒食に無駄遣いしてしまうおそれもある。今は詳しいことは言えないが、あの子らもちゃんとした目的のために少しまとまった金が要るらしい。もしも毎月決まった金を私に頂けたら、私から渡すようにするから」

何の金かは聞けないが、齋藤が目を光らせてくれているならと、国を思う栗原らを信じて石原は毎月決まった金を齋藤に託することにした。

何度か会ううちに栗原を中心とする青年将校たちは、この金で一軒の家を借り、地方の同志も呼んで討論したり、講師を呼んで勉強したり、資料を作ったりしていて、決して派手な酒宴や料亭遊びには使っていないことが分かった。

「明倫会」の発足から一年余り経った昭和八年（一九三三）十一月十三日、埼玉県川越市で「救国埼玉青年挺身隊《ていしんたい》事件」が発覚した。この時中尉となっていた栗原は、この事件を起こした「救国学生同盟」に若干の資金の援助をしていたが、十四日、川越市で「政友会」の関東大会が開かれる時、総裁鈴木喜三郎以下の暗殺を企てた計画には加わっていなかった。

石原廣一郎から資金の援助を受けるとき、

「この金で昔の志士気どりで遊里で散財したり、軍の派閥争いに加わったり、大局を見ない過激な行動に出ることは絶対許さぬ」

と厳しく釘を刺されていたからである。

齋藤瀏からも同様の注意を受けていたので、栗原はこの事件に関しては優柔不断と見られるほど反対を続けていたため、軍法会議に召喚されたが証拠不十分で不起訴となった。

その時石原廣一郎は、栗原安秀が資金の援助を受ける時言った一言を思い出していた。

「軍の派閥争いのお話があったが、我々も好んで対立するわけではない。できれば一致団結することを願っている。我々隊付将校は相戒めて非難を受けるようなことはせぬ。ただ貴方《あなた》から資金をもらっても貴方の指示どおりに動くとは限らぬ。独自の信念に従うつもりだ。金は溝《どぶ》へ捨てたつもりでおっていただきたい」

廣一郎は初め何という言い草かと呆れたが、もし自分が栗原であれば、きっと同じことを言うだろうと思うとますます栗原が好きになった。

陸軍の派閥争いとは、統制派と皇道派の対立である。

統制派は一言でいえば陸軍大学を出て参謀などを勤め上げ、陸軍の中央を支配するエリート派であるのに対し、皇道派は隊付将校で各地の連隊などで一般の兵と苦楽を共にし、陸軍大学への進学を勧められても断るような現場たたき上げ派である。

統制派の主なメンバーは永田鉄山、東条英機、松井石根、小磯国昭、杉山元、畑俊六、辻政信らで、皇道派は荒木貞夫、本庄繁、真崎甚三郎、山下奉文、牟田口廉也、小畑敏四郎、根本博らである。

とんでもない事件が起こった。

昭和十年（一九三五）八月十二日、統制派の軍務局長・永田鉄山少将が局長室で執務中

に、突然来訪してきた皇道派の相沢三郎中佐に斬殺されたのである。

永田は部下二名と用談中であったが、相沢は無言のまま軍刀を抜いて歩み寄り、避けようとした永田の背中に切りつけ、隣室に逃げようとした永田を追いかけその左背部を強く突き刺した。永田が床に倒れると、更にこめかみに斬りつけた。永田は間もなく失血死した。

相沢は剣道四段を自慢していたが、永田に斬りつけた時、不覚にも自分の左手に骨まで達するほどの傷を負った。目的は達したと思ったのか、相沢はそのまま医務室へ向かって歩き始めた。

急報を受けて犯人逮捕のため走ってきた小坂憲兵曹長らが相沢に出会うのは、かなり時間が経ってからである。あちこち探し歩いている時、長身で容貌魁偉《かいい》な将校が、暑いのに血だらけのマントを着て、左手を胸の高さまで上げたまま渡り廊下を歩いてきた。鬼気迫る雰囲気に呑まれて近寄る者もない。

小坂曹長は勇気を奮い起こして部下と二人、相沢の前に立ち塞がった。

「憲兵ですが……」

言いかけたのを相沢は遮って、

「憲兵？　憲兵などに用はない！」

と怒鳴る。決死の覚悟でのやりとりの後、小坂曹長らはようやく相沢を車に乗せ、東京憲兵隊に連行することができた。

相沢三郎中佐は軍法会議に付せられ、翌昭和十一年七月、二・二六事件の五か月後、死刑を執行された。

相沢が永田を殺害するきっかけとなったのは、凶行のひと月前の、昭和十年（一九三五）七月十六日、教育総監の真崎甚三郎大将の罷免である。この前の年、昭和九年一月、陸軍大臣の荒木貞夫大将が体調を崩して辞任、後任の林銑十郎陸相は、同年三月五日、統制派の永田鉄山を軍務局長に任命した。

永田はここ何年か、陸軍の中枢を握ってきた皇道派を一掃すべく、林と図って真崎教育総監を更迭したのである。

真崎は烈火のごとく怒り、辞任しないと言い張ったが、岡田首相や重臣たちからの働きかけでやむなく辞任した。教育総監の後任には学者肌の渡辺錠太郎が任命された。

昭和十一年（一九三六）一月初めの夜半、栗原安秀中尉が京都吉祥院の石原廣一郎の家を突然訪ねてきた。満州転勤の内命が出て近く出発するので、桃山御陵に参拝した機会にお別れの挨拶に来たという。

話しているうちに、栗原はしきりに国の前途を憂えていた。

「今の内地の政情、国民の意識を見ていると、国の行く末はどうなるのか、気がかりでなりません。石原さんのような同憂の士が立ち上がっていただかないと、今の政党政治ではいつまで経っても同じことです」

「全くそのとおりだ。私も微力ながら何とかしたいと思っている。ただ政治・国民の意識の問題は急に改革はできぬ。君も満州に行っても五年も十年もということはあるまい。あちらでできることもあるだろう。軽挙妄動だけは避けるように」

「分かりました。ところでいろいろ整理しなければならぬことがありますので、いつものことで恐縮ですが、ご餞別など頂ければありがたいのですが」

「正月休みもあるので、今すぐというわけにはゆかぬが、齋藤君のところへ届けさせよう」


帰って行く栗原の後ろ姿を見送りながら、石原はいつもながら若い者と話すのはいいなと思っていた。ただ今日の栗原はいつもと違う、何か思い詰めたような迫力があったのを感じていた。

選挙への出馬

石原廣一郎はずっと考えていた。

立命館大学の中川小十郎先生のおかげで、八幡製鉄に国の根幹をなす鉄の鉱石を納入して相応の財をなし、事業地マレーのジョホール国王の紹介で徳川義親侯の知遇を得、今は同じ中川先生の紹介で西園寺公望公や近衛文麿公にも面会ができる身分となったが、所詮は一介の実業家である。

日本の将来を憂い、政界の刷新を願って徳川侯や大川周明博士らと「神武会」を発足させ、更に田中国重大将を総裁とする「明倫会」を立ち上げたが、果たしてどれだけの成果を上げただろうか？

演説会で正論を述べ、拍手喝采を浴び、聴衆に大きな感動を与えたとしても、一体何がどう変わっただろうか？

演説会や出版物だけで革新を実行してゆくことは限界がある。結局自分が動くしかない。こう思い定めた時、たまたま議会が解散となり、昭和十一年（一九三六）二月二十日、総選挙を行うという告示が出た。

衆議院議員として議会において国政改革を進めることが理想であるが、日本の現状では一朝一夕に思うとおりの改革を進めることは困難であろう。しかし自分がたとえ一歩でも二歩でも前へ歩き始めなければ何も進まない。

石原廣一郎は立候補の決意をした。

立場を明確にするため、考え方の少し違う大川周明とは話し合いの上、「神武会」は一応解散することとした。

「明倫会」についてはまず齋藤瀏に相談した。齋藤は一も二もなく大賛成で、政党活動にあまり積極的でなかった田中国重総裁を説得し、「明倫会」の組織を挙げて応援することを決めてくれた。


石原廣一郎は京都第二区から出馬した。

選挙区は京都市の右京区、伏見区と京都府乙訓郡、久世郡、船井郡、綴喜郡、南北両桑田郡などと広い。定員三名に七名が立候補、激戦となった。

選挙運動開始は一月二十一日、投票日は二月二十日で運動期間はちょうど一か月である。

齋藤瀏は今までの京都での講演会での反響に手ごたえを感じていた。京都市の上京区、中京区、左京区、下京区からなる京都第一区でも「明倫会」から候補者を立てることにして、藪田《やぶた》氏を擁立した。

応援弁士として「明倫会」から奥平俊蔵、安芸善、伊丹松造の各中将、齋藤瀏、中川金蔵、中山健の各少将、橋本欣五郎大佐らが代わる代わる来てくれた。

一月二十一日の西京極小学校と山国村での演説会を皮切りに、一日二か所から四か所、延べ一〇〇回以上の演説会を開いた。応援弁士はいずれも二、三回ずつ演壇に立ってくれた。特に齋藤瀏は二月十日以後は事実上石原専属となり、忙しい日程で各地を回り、積極的に演壇に立ってくれた。彼の偉丈夫ぶりと雄弁は特に好評で注目を集めた。

この年はなぜか雪が多く、北桑田では二尺も積もり、自動車も動かず、徒歩で移動せざるを得ない日もあり、聴衆の集まりも心配されたが、石原の演説会は評判がよく、予想以上の聴衆が歩いて来てくれた。運動期間中に百十余回の演説会をこなしたが、他の候補者と比べていつも集まりがよく、最低四、五〇人を下らず、京都市内の伏見の三つの会場では立錐の余地もないほどの盛況で、聴衆は延べ二万人余りに達した。

この調子では当選はほぼ確実と思われた。運動員もそう信じていた。

二月二十日が投票日であるから、十九日で選挙戦も終わったので、齋藤瀏もこの日の夜行列車で東京へ帰った。選挙運動は午後十二時まで許されているが、少し早めに切り上げて、事務長の北尾半兵衛の肝いりで打ち上げ会で運動員の慰労会を開くことにした。

大いに盛り上がって宴たけなわの時、ある運動員に電話がかかって来て呼び出された。すぐ帰ってきたが少し浮かぬ顔をしている。そっと聞いてみると、娘が同じ第二区の他の候補者の縁者の家に嫁いでいて、そちらの方へ投票してもらえないだろうかと頼まれたという。

「もちろん断りましたけれど……」と言うが、その顔色を見ると、最後の最後まで粘り、地縁・人縁でせめぎ合う、こうした地域での選挙の難しさが廣一郎にも身にしみて感じられた。

いよいよ投票日となった。二月二十日の京都日出新聞（現在の京都新聞）は大見出しで、

〈けふぞ投票日。鉾は全く収められ、審判俎上の二十一候補。
三十六万有権者の〝一票報国〟正しく清く行使せよ。
議会政治確立、政党更正の重大意義を有するこの総選挙に
有権者は如何なる審判を与へんとするか〉

と訴えている。

実はこの選挙のさなか、選挙違反問題が発生、そのせいもあって政友会が大敗するのだが、政友・民政二大政党の間に割って入って新風を吹き込もうとする新政党の動きが注目され、「明倫会」の評判もよかった。

二月二十日の投票日の午後、石原は選挙事務所へ出かけ、北尾事務長はじめ運動員たちと明日の開票の予想を話し合っていた。演説会などの人気から考えれば最高点間違いなしという気楽な予想もあれば、選挙は水物だから油断は禁物という慎重論もあって、要する

に予測はむつかしいということで、議論は盛り上がっていた。

その時、事務所の電話が鳴った。昨日夜行列車で東京へ帰った齋藤瀏からである。

廣一郎が長い間の応援の礼を言うと、

「いやいや、それは当然のことをしたまでで、お礼はいい。それよりも開票前の忙しい時に申し訳ないが、ちょっとお願いがある」

聞きなれた齋藤の声だが、なぜか少し切羽詰まった口調である。

「今朝東京駅に着くと栗原中尉が迎えに来ていて、今銀座で食事をしているところだ。栗原が急に金が必要というので何とかならないだろうか」

「ああ、そのことなら一月に栗原が急に京都の家へ訪ねてきて聞いている。選挙のことですっかり忘れていて申し訳ない。二、三日のうちに上京するから、その時都合する」

「栗原とも相談したが、それまで待てぬと言うから、少しだけでも都合できぬか」

「それならば私の東京の書生の藤門に今夜言い付けておくから、明日正午頃東京の宅へ取りに行ってくれるか」

それで電話を切ったが、齋藤の話し方がちょっと興奮気味であったのが気になった。

廣一郎はその夜、帰宅するとすぐに東京の藤門に電話して、金の用意と齋藤に手渡すことを命じておいた。

思いつめひとつの道に死なむとすこの若人とわれ行かんかな

齋藤瀏のこの頃の作である。

二月二十一日、開票が始まった。

集計が早く進む京都市内の第一区では民政党四名は全員当選、政友会三名は全員落選という、二月二十二日の日出新聞朝刊の見出しによれば「敵味方驚く」大変な結果になった。「明倫会」の藪田氏は票が伸びず、落選した。

第二区は投票所が分散しているため、集計に時間がかかっていたが、石原廣一郎の票は伸び悩んでいた。演説会が好評だった伏見区、右京区の票はある程度入っていたが、郡部の開票が進むにつれ、乙訓郡が地盤の川崎末五郎、船井郡の田中好、久世郡の池本甚四郎の三氏がじりじりと票を伸ばしそれぞれ一万票を突破したのに対し、石原廣一郎の票はその半分くらいのところで低迷していた。

開票の終わった二月二十二日付日出新聞朝刊による各候補者得票数は次のとおりである。

京都府第二区（定員三名）

当選　一六九〇五　川崎末五郎（民政・新）乙訓郡大山崎村
当選　一四二〇八　田中　好（政友・新）船井郡園部町
当選　一三六二九　池本甚四郎（民政・新）久世郡巨椋村
次点　一二六八九　中野種一郎（政友）
　　　七八五三　石原廣一郎
　　　三二〇七　長田桃蔵
　　　一七一七　石川惇三

日出新聞は中見出しで「石原君の落選淋し」と惜しんで、〈全地区に亘ってよく奮戦し、明倫系、農林学校系の応援も相当であったと思はれるが、明倫会といふものがもう一つ一般大衆に親しみがなく、石原氏本人の名も関係者以外には未だ充分に浸み込んでゐなかったためであらう〉と好意的な記事を特に書き加えている。

余談ながら隣の京都府第三区では定員三名のうち、二つの議席を民政に奪われ、最後の一議席を同じ政友の水島彦一郎と争っていた芦田均が、このままでは危ないと見られていた時、残っていた二六〇〇票が芦田の金城湯池であった天田郡のものであったため、一挙に二四五〇票を獲得し、一〇〇〇票余りの差で逆転、当選したと報じられている。当時の地縁人縁の強固さを物語っている。

石原廣一郎にとっては初めての大きな挫折であった。

彼の自伝は幾つもあるが、この選挙についてはどれも「見事落選」と書いている。

よほど悔しかったに違いない。

石原は選挙が済めば二十二、三日には上京するつもりであったが、「見事落選」となった今、逃げたとみられるのがいやだったので、しばらくは毎日事務所へ出て、元気のない事務長や事務員を督励して整理や挨拶回りに努めた。

この時の第十九回総選挙では民政党が全国で二〇五人を獲得、選挙違反などで問題を起こした政友会の一七一人（残り諸派八九人）を大きく上回った。直前の昭和七年（一九三二）の第十八回総選挙の政友会三〇一人、民政党一四六人から見れば大きな転換期であった。政界の混乱も大きかった。

雪の朝の決行

二月二十六日午前六時頃、廣一郎がまだ寝床にいる時、女中に東京から電話だと起こされた。

齋藤瀏からであった。

「いよいよヤリヨッタ。すぐ上京してください。詳細はお会いした上」

すぐ上京の準備をしていると、また東京から電話があった。今度は大川周明である。

「皇道派の青年将校が一部の軍隊を率いて行動を開始し、大臣、大将ら数名を暗殺し、まだ行動中だ。すぐ上京してください」

石原は大急ぎで支度して、京都駅へ駆けつけたのは午前七時過ぎであった。駅の中の切符売り場や改札口は混み合っていたが、幸い七時半の列車の切符が取れたので早速乗り込んだ。

午後四時過ぎに東京駅に着くと、弟の高田儀三郎が迎えに来ていたが、大川周明の秘書の片岡も迎えに来ていて、

「大川先生が至急お会いしたく、山王ホテルでお待ちしている」

と言うので、そちらの自動車でホテルへ直行した。

ホテルに着くと早速大川が別室へ案内して、今朝来の事件の概略を説明してくれた。

今朝五時頃、歩兵第三連隊の安藤輝三大尉、歩兵第一連隊の栗原安秀中尉ら将校十数名に率いられた完全武装の下士官以下兵卒約一四〇〇名が、機関銃も携帯し、トラックに分乗し、次の所を襲撃した。

首相官邸：栗原中尉指揮の歩兵第一連隊約三〇〇名が襲撃。岡田啓介首相を暗殺。（実際は殺害されたのは首相の妹婿である松尾伝蔵大佐で、首相は警察が応戦中に女中部屋の押し入れに隠れ、翌日弔問客に変装して脱出）

内大臣私邸：坂井直《なおし》中尉指揮の歩兵第三連隊約一五〇名が襲撃。齋藤實《まこと》内大臣を暗殺。（この時、齋藤内大臣夫人春子さんは火を吐く機関銃にすがって「殺すなら私を殺してからにして」と夫をかばったが、引き離され、内大臣は四十数発の弾丸を受けて即死した。この殺害方法があまりにも残酷であったと後々まで批判され、事件後の反乱軍に対する同情は大きく減少した）

大蔵大臣私邸：中橋基明中尉指揮の近衛歩兵第三連隊約一〇〇名が襲撃。高橋是清大臣を暗殺。（この場合も銃撃の上、刀で斬りつけたのは必要以上の斬殺だったと大きな非難を受けた）

陸軍省教育総監私邸：高橋太郎少尉指揮の歩兵第三連隊約三〇名が襲撃。渡辺錠太郎教育総監を暗殺。警護に当たっていた憲兵隊二名も殺害。

侍従長官邸：安藤輝三大尉指揮の歩兵第三連隊約一五〇名が襲撃。鈴木貫太郎侍従長に弾丸四発を発射、瀕死の重傷を負った侍従長に止《とど》めを刺そうとした将校に、侍従長の妻たかが「武士の情けです。止めだけは私に任せてください」と叫んだ。これに対し安藤大尉は「閣下に対し敬礼。捧げ銃《つつ》！」と号令をかけ、そのまま引き揚げた。

一命を取り留めた鈴木貫太郎は昭和二十年（一九四五）の終戦の時、総理大臣としてポツダム宣言受諾の聖断を仰ぐことになる。

警視庁：野中四郎大尉、清原康平少尉指揮により約四〇〇名で警視庁を占拠。警視庁は警察力による鎮圧を諦め、陸軍と憲兵隊による制圧を求めて一旦退去し、警視庁の本部は一時神田錦町警察署に移った。

前内大臣牧野伸顕（伯爵）滞在湯河原旅館別邸：河野壽《ひさし》大尉以下別動隊八名が襲撃。護衛の警官隊が応戦中に、牧野伯は村民に背負われて逃げ、難を逃れた。

この日、齋藤瀏は浅いまどろみの中に栗原からの電話を待っていた。五時過ぎ、雨戸を開けてみると一面の雪景色だった。

六時半、電話が鳴った。栗原の声が弾んでいた。

「おじさん、私どもは今払暁決起し、岡田啓介、齋藤實、高橋是清、渡辺錠太郎を斃《たお》し、鈴木貫太郎に重傷を負わせました。牧野伸顕は成否不明。おじさん、すぐに出馬して上層部に折衝して、事態収拾に協力してください」

「やったか！　よしすぐ行く」

「いよいよやったのね、クリコたちが」

瀏の電話の声を聞いて身重の史までが起きてきた。幼馴染みの栗原のことになると綽名《あだな》が飛び出してくる。予定日は六月中旬だというのに、史はじっとしておれなかったのだろう。

妻のキクが箪笥《たんす》から古い軍服を出してくる。かねての打ち合わせどおり、ポケットの蓋の裏側に、使用済みの三銭切手を貼り付ける。これが通行証になる。

史の夫の堯夫が自動車を手配してくれたが、あいにくの雪で大分待たされた。

車が来た。久しぶりに軍帽、指揮刀で身を固めた瀏はやはり貫禄がある。

「史、お腹の子に障るようなことは絶対するな。堯夫君も頼むよ」

齋藤瀏、久方ぶりの出馬である。

首相官邸に着いた。ポケットの蓋の裏の三銭切手を見せるとすぐ入れてくれた。ところが栗原中尉は事態収拾のため陸相官邸へ急行したというので、居合わせた将校が手配してくれた自動車で陸相官邸へ向かった。

実はこの時点ではまだ岡田啓介首相は女中部屋の押し入れに隠れており、翌日、内閣秘書官の迫水久常（岡田の女婿）の気転で、弔問客に変装して脱出するのだが、この時は知る由もない。

齋藤は単身陸相官邸の広間に入って行った。当時の陸軍大臣・川島義之大将は、齋藤が大尉で教育総監部勤務の時、川島は中佐で同じ部におり、顔見知りであったが、なぜか栗原ら青年将校らに取り囲まれておどおどしている。実は決起軍が陸相官邸へ突入した時、川島は寝室に籠もったまま出てこなかったのを、栗原が命を取るようなことはしないと約束したのでやっと出てきたところだったのである。

齋藤は一応川島陸相を立ててその了解を得てから、卓上に置かれている決起趣意書と要望事項に目を通した。

決起趣意書は長文かつ難解なので、主旨のみを要約すれば次のとおりである。

「第一師団は今大命により（満州へ）出動せんとするも、国内の世状に憂心禁ずる能わず、君側の奸臣、軍賊を斬除して臣子、股肱の道を今にして尽さざれば破滅を翻す道なし。ここに同憂同志機を一にして決起し、奸賊を誅滅して大義を正さんとす。

皇祖皇宗の神霊願わくは照覧冥助を垂れ給はんことを。

昭和十一年二月二十六日
陸軍歩兵大尉　野中四郎
外同志一同」

要望事項

一、陸軍大臣は事態の収拾を急速に行うとともに、本事態を維新廻転の方向に導くこと。決行の趣旨を陸軍大臣を通じて天聴に達せしめること。

二、警備司令官、近衛、第一師団長を招致し、その活動を統一して、皇軍相撃つことなからしむよう急速に処置をとること。

（中略）

六、重要なる各地の同志将校を即時東京へ招致し事態収拾に当らしむこと。

七、前各項実行せられ事態の安定を見るまでは、決起部隊を警備隊編入、現占拠位置より絶対に移動さしめざること」

齋藤瀏はまだ落ち着きのない川島陸相に迫った。

「大臣、こうなったのは軍上層部にも責任があると思います。彼ら青年将校の行動は多少穏当を欠くといえども、決起の趣旨には諒《りょう》とすべきものがあります。こうなった以上は彼らの志、究極の目的を生かすため、臨機応変、徹底的な処置をできるだけ早く取っていただきたい」

　陸相はまだ困惑の表情を浮かべていた。

「そう言われても吾輩ひとりでは……誰か呼びたいが……」

　齋藤は青年将校たちに誰を呼べばいいと思うかと声をかけた。

「真崎大将を呼んでいただきたい」

　異口同音の返事が戻ってきた。


　真崎甚三郎大将が電話で呼ばれて陸相官邸に入ったのは午前八時三十分近くである。元一等主計将校の磯部浅一が門前まで出迎え、挨拶した。

「閣下、統帥権干犯の賊類を討つため決起しました。情況を御存じでありますか」

　真崎は答えた。

「とうとうやったか。お前たちの心はヨヲッ分かっとる」

　この一言は決起軍を力づけ、関係文書によく引用されて有名な言葉となった。

　真崎と同じく皇道派の山下奉文も揃ったところで、磯部が齋藤に言った。

「齋藤閣下、我々のしたことは義軍の行動であることを、大臣、真崎閣下らに十分申し上げてください」

　窓際に立って雪の降り方を眺めていた齋藤瀏は振り向いて、

「そうだ、義軍なのだ」

と呟いた。そして川島陸相と真崎大将に決然と言った。

「大臣、真崎閣下、かかる大事件を惹起《じやっき》せしめた責任は軍上層部にないとはいえません。何としても一刻も早く参内し、ここにある決起趣意書を奏上し、忠君愛国の至誠に基づくものである故に、御宸襟《ごしんきん》を安んじ給わるようお取り計らい願いたい。しかしもしもお咎《とが》めがあったならば、ご切腹のご覚悟ありたい」

この後、青年将校代表から大略次のような要求が出された。


即刻参内して決起の趣旨を上奏していただくこと。

真崎大将を首班とする皇道維新内閣を組織し、諸政革新を断行すること。

全国各師団司令部に決起部隊の行動は正当と認める旨を電信すること。

決起せる将兵を断罪せざること。

決起部隊兵員の防寒と食事の手配をなすこと。

これに対し陸相からは、

「即刻参内して上奏する。第二は大権事項につき確約はできぬが、諸君の希望を達成するよう努力する。第三と第五は手配する」

と回答し、すぐ真崎大将と参内のため退席した。

反乱軍となる

昭和天皇がこの事件の報告を受けたのは午前五時四十分頃である。

銃弾四発を受け瀕死の重傷を負った侍従長鈴木貫太郎の妻、たか夫人は昭和天皇の幼い頃の乳母であった。「武士の情け」の一言で止めを刺さずに安藤大尉以下が立ち去ってすぐ、たか夫人は宮中で電話して命だけでも助かるよう医者の手配を依頼した。その電話を受けたのは甘露寺受長侍従であった。（半藤一利著『昭和史』による）

甘露寺侍従は昭和天皇が、たか夫人を母代わりのように慕っておられたこと、鈴木侍従長もまるで父のように信頼し何でも相談しておられたことをよく知っていたので、早朝にもかかわらず直ちに天皇に事件を報告した。

天皇の驚きとお怒りは凄まじかった。

すぐに大元帥の制服に身を固め、政務室に向かわれた。そのうちに内大臣秘書官長木戸幸一、侍従武官長本庄繁も参内してきた。

天皇のお怒りが頂点に達したのは、本庄が決起青年将校の主張の概略を説明し始めた時だった。

「何が君側の奸臣を除くだ。襲撃、殺害したのは皆朕の信頼する股肱ではないか。一刻も早く賊徒を鎮圧せよ。必要ならば朕自ら出馬する」

昭和天皇がこれほどまで激怒されたことはなかった。


川島陸相が参内したのは午前九時過ぎであった。

大元帥服に身を固められた天皇の厳しい眼光に身がすくんで、すぐには言葉が出ない。

天皇の方からご下問があった。

「反乱軍の処置はどうするつもりか」

陸相はようやく答えた。

「このような重大事件が起こりましたのも、現内閣の施策が万全でなかったからと存じます。速やかに新しい内閣を組織し、国体の明徴、国民生活の安定、国防の充実を図るべきかと存じます」

天皇はそれを遮るように厳しいお言葉で言われた。

「何よりも反乱を鎮圧するのが先であろう。速やかに処置せよ」

真崎大将を後任の内閣首班にする話など上奏できるような雰囲気ではなかった。

川島陸相は恐懼して退出した。

実は午前五時半過ぎに事件の報告を受け、昭和天皇が大元帥の制服に身を固められた瞬間に、二つの大きな判断と決意を示されていたのである。

一つは、この動乱は国を思う志士の義軍の決起ではなく、反乱であること。

もう一つは、これは内政問題ではなく、軍の責任において鎮圧すべき事件であること。

したがって反乱軍の要求を容れて新内閣を発足させることなど絶対に行わないこと。併せて岡田啓介総理（この時点では死亡と報じられていた）の不在による暫定内閣も置かないこと。

この方針は午前六時過ぎから相次いで出勤してきた本庄繁侍従武官長、湯浅倉平宮内大臣、木戸幸一内大臣秘書官長らとの協議で確認された。
結果的に見ると、二・二六事件の起きた数時間後には決起の「失敗」が決定していたといってもよい。（半藤一利『昭和史』による）
ただ一つ、本庄繁侍従武官長の上奏の際に、昭和天皇の言われた「禍を転じて福となせ」というお言葉に少し疑問が残る。
考えてみると『昭和史』のこの時代、特に昭和七年（一九三二）には二月九日、前蔵相井上準之助、続いて三月五日、三井の団琢磨と要人が相次いで血盟団員に射殺され、同七年五月十五日には「話せば分かるじゃないか」という犬養毅首相を陸海軍将校らが「問答無用」と射殺するなど血生臭い事件（「五・一五事件」）が続いた。

五・一五事件では襲撃犯に対する処罰が緩かった（最高禁固十五年）ことから、「国を思う志が高い者」への処罰の手緩《ぬる》さが、意見の異なる者に対する襲撃を繰り返す風潮を「禍」と見ておられたのではないだろうか。後のことになるが、昭和十一年の二・二六事件の襲撃者に対する厳しい処罰以後は、日中戦争の始まったこともあって、こうしたクーデターや暗殺事件は無くなった。

二月二十六日の昼過ぎになっても事態の収拾は進んでいなかった。午後二時になってようやく川島陸相、真崎大将、杉山参謀次長、荒木大将、林銑十郎大将、山下軍事調査部長らが陸軍参議官会議を開き、とにかく行動部隊の将校らを説得するため、午後四時になって次の「陸軍大臣告示」を出すことを決めた。

一、決起ノ趣旨ニ就テハ天聴ニ達セラレアリ
二、諸子ノ行動ハ国体顕現ノ至情ニ基クモノト認ム
三、国体ノ真姿顕現ノ現況（弊風ヲモ含ム）ニ就テハ恐懼ニ耐ヘズ（以下略）

第一項の「達セラレアリ」の原文は、実は「達セラレタリ」と完了形であった。それをわざわざ進行形としたのは陸軍幹部たちの苦心と悩みの表れである。

告示は行動部隊の将兵に伝えられ、歓声が上がったが、告示の内容がもう一つ迫力を欠

いたため、反応はまちまちであった。一部の部隊は雪の中で野営の準備を開始したが、一般大衆はこの時点でも何が起こっているのか知らず、歩哨《ほしょう》に立っている兵に話しかけたりして町は全く平穏だった。

二十六日の午後八時頃、ようやくラジオが事件の報道を始め、号外も発行された。

深夜になって二月二十七日午前二時五十分、勅命をもって戒厳令が公布された。

その六時間後、決起部隊に対する武装解除、および武力討伐の勅命が出された。

戒厳司令官には東京警備司令官だった香椎浩平中将が補された。香椎は陸士で齋藤瀏と同期である。

香椎戒厳司令官はまず説得による鎮圧を開始したが、一方で武力行使の準備も急いだ。甲府、佐倉の連隊も既に到着し待機している。

二十七日午後、軍事審議官らと青年将校側との会談が開かれた。青年将校側は事態の収拾を真崎大将に一任するよう強く主張したが、天皇の固い決意を知っている真崎はこれを辞退し、部隊の解散、原隊復帰を勧めた。

一方、天皇は二十七日になっても反乱の鎮圧がはかばかしく進展しないことに苛立《いらだ》って、再び近衛師団を率いて自ら出馬すると本庄侍従武官長を叱責された。

二十八日午前五時過ぎ、ようやく奉勅命令が出された。

「戒厳司令官ハ三宅坂付近ヲ占拠シアル将校以下ヲ以テ速ニ現姿勢ヲ撤シ各所属部隊長ノ隷下ニ復帰セシムベシ」

行動部隊は反乱軍と断じ、今占拠している所から速やかに撤収し、原隊に復帰せよという命令が明確な形で出されたのである。


この日、二十八日午前九時頃、石原廣一郎は目黒の大川宅を訪ねると、ちょうど徳川侯らも来合わせていた。廣一郎は言った。

「奉勅命令が下ったとなると万事休すだが、これだけの犠牲者を出し、世間を騒がせたのだから、何とかして政治、思想の転換に役立たせるよう導くことが、決起の精神を生かし、また犠牲になった人々も犬死ににならず、結果として貴い犠牲者となるただ一つの道だと思う。それには事ここに至った以上、決起将校も御上に対し申し訳なしと、一人残らず自刃させるのがよいのではないか」

早速、大川が賛成した。

「私もそう思う。しかし問題はどうすればそういう方向に導いてゆけるかだ」

廣一郎は答えた。

「そのとおりだ。決起部隊との連絡は齋藤瀏を通じればできるが、ただただ自刃せよと言ってもできるものではない。私の聞いたところでは決起将校たちは二十六日朝、陸軍大臣と真崎大将と会見し、両氏に数か条の要求と尽力を頼み、両氏はこれを引き受けて帰ったが、その後なんら返事もしないうちに反乱軍とされたことに不満を持っているに違いない。また、決起の趣旨が天聴に達したかどうか疑問を持っていると思われる。ここであらためて決起の趣旨を御上にお伝えし、且つ我々がその精神を活かし、決起の趣旨を達成するように尽力するから自刃せよと交渉するのが第一だと考えられる。

なお、決起の趣旨の上奏には徳川侯が参内し、その上奏を済ますと同時に、反乱軍の助成をしたという責任を取って爵位を返上する。そうして宮中から退出して来た時、決起将校は坂下門外で待ち受け、その経過を聞いた後、適当の場所にて一同自刃するという段取りをとればよい」

大川は即座に賛同した。

「これは至極適切な処置で大賛成であるが、徳川様はいかに考えられるか」

徳川侯もうなずいた。

「僕も名案と思う。この大事件解決の上に御国のためになることであれば、爵位返上ぐらいは何でもない。お話のことを決起将校が承知するなら一働きしてよい」

「それではこの方針で進むこととし、早速齋藤と連絡してみる」

石原廣一郎はそこからすぐ齋藤を電話に呼び出し、大川、徳川と話し合ったことを伝え、首相官邸にいる決起将校との連絡を依頼した。

斎藤は沈痛な声で言った。

「実に残念なことになった。この上はご意見のとおり、一同切腹することが最後の道である。徳川さんが立っていただくのは誠にありがたい。早速連絡するが、昨夜来電話がかかりにくいので少し時間がかかると思う。徳川さん、大川さんによろしくお伝えください」

斎藤もこの扱いに同意し、首相官邸と連絡することになったが、何しろ彼らにとっては大問題であるから簡単に決するとは思えないので、徳川侯と石原はひとまず大川邸を辞し、午後三時に富士見町の石原宅に集まって斎藤からの返事を待つことにした。

その前に午後二時頃、斎藤から電話があった。

「栗原中尉を呼び出してお話を伝えた。栗原の話では『奉勅命令はまだ届いていないが、勅令が出て反乱軍となれば致し方ない。我々は武人として切腹するのが道である。ご趣旨のほどありがたく思う。幹部と相談の上、のちほど返事します』と申している。しばらく待っていただきたい」

この電話の直後、徳川、大川氏らが石原宅へ集まってきた。斎藤との連絡の経過を報告し、一緒にその後の電話を待ったが、一時間、二時間経っても電話がこない。

夕方六時になって、ようやく斎藤から電話がかかってきた。

「先ほど栗原に伝えられたことを中心に将校十余名集まって議論したが、議論は切腹すると言う者と、更に公判闘争をすべきという者と二説に分かれ、二時間以上議論したが、結局公判闘争に出ることに決めた。誠に申し訳ないが皆様によろしくお伝えくださいということだ」

徳川侯は参内の用意をして四、五時間待っていたが、致し方なく帰って行った。

二十九日朝になると「反乱軍」の主力が宿泊している山王ホテルを戒厳司令官の指揮する大勢の兵が包囲し、空からはビラが撒《ま》かれた。

「下士官兵ニ告グ　今カラデモ遅クナイカラ原隊へ帰レ
抵抗スル者ハ全部逆賊デアルカラ射殺スル
オ前達ノ父母兄弟ハ国賊トナルノデ皆泣イテオルゾ
二月二十九日　戒厳司令官」

このビラを見た坂井中尉と清原少尉は、いち早く兵をまとめて帰順した。野中大尉は軍刀で自決を果たした。安藤大尉も自決したが、未遂に終わり陸軍病院へ搬送された。

栗原中尉は兵を返した後、陸相官邸で切腹するつもりでいた。これが川島陸相と山下奉

文少将に伝わった。二人は参内して、
「行動将校一同ハ陸相官邸ニテ自刃シ罪ヲ謝シ、下士以下ハ原隊ニ復帰セシム。就イテハ勅使ヲ賜ハリ死出ノ光栄ヲ与ヘラレタシ」と上奏したところ、
「陛下ニハ非常ナル御不満ニテ、自殺スルナラ勝手ニ為スベク、勅使ナド以テノ外ナリト仰セラレ……」（本庄侍従武官長日記）
と最後の頼みの綱も断たれた。

青年将校たちの「今死んでたまるか。公判で思いのたけをぶちまけてやる」という決意は却って固まった。

名残を惜しみながら下士官兵たちを返した後、将校たちは陸相官邸に集まって、軍刀だけを残して武装解除を受けた。

この日、二月二十九日の午後九時頃、齋藤瀏の家の電話が鳴った。このところ不審電話が多いので名乗らずに受話器を取った。

「栗原です。……長い間お世話になり、ご迷惑ばかりおかけしましたが、これでお別れいたします。

……おばさま、史子さんにもよろしく」

万感の思いを込めた短い電話であった。これが栗原からの最後の電話となった。

史の出生届を「史子」と記載したのに、戸籍係が「子」の字を落とし、「史」という男か女か分からない名前になってしまったのを、史は子供の頃いつも気にしていたのを栗原は覚えていた。栗原が「史子さん」と呼んだのはこれが最初で最後だった。

昭和十一年（一九三六）二月二十九日、反乱軍は全員帰順、襲撃を指揮した栗原中尉らの現役青年将校一三名と退役将校二名（磯部浅一、村中孝次）が逮捕され、二・二六事件は終わった。

獄中生活

三月中旬になって齋藤瀏は三、四度憲兵隊に呼び出され、取り調べを受けたが、五月二十九日になって代々木の衛戍《えいじゅ》刑務所に拘禁された。

石原廣一郎も六月十三日、憲兵隊に呼び出され、約三時間にわたって齋藤瀏、栗原中尉との関係や資金援助のことなどの取り調べを受けたが、すべてありのままを述べたので別に面倒な調べでもなかった。

夕方になって一人の憲兵が来て、

「今日はここでお泊まり願うことになりました。これからご案内します」

と言うので一緒に階段を下りて行き、地下室の薄暗い所へ来ると「ここにお入りください」と扉を開けた。扉は幅二尺五寸、高さ三尺ぐらい、部屋は幅五尺に奥行き十尺、板間に蓆《むしろ》が一枚と、芝居で見る牢屋そのままである。

外から頑丈な錠前をガチャンと掛けられると、覚悟はしていたものの、何とも言えない悲哀が込み上げてきた。見回りで廊下を回る憲兵の靴の音が一晩中耳について眠れなかった。

四、五日経つと、

「警視庁の方でも一応調べたいというのでお移り願います」

と言われ、二人の憲兵が同行して自動車で警視庁特高課に案内された。

事情聴取は数時間かかったが、事実を順序立てて話すだけなので、一日で終わってしまった。その後は警視庁の留置室は乱雑なのでということで、本郷本富士前警察署へ移された。

四畳くらいの保護室が四室あり、三室は一室に十数人寿司詰めにされているのに、一番奥の部屋を一人で使うことを許されたので、何だか気が引けた。

ただ食事は不味《まず》かったので、許可を得て上の特高係の室まで行って、差し入れのうどんなど食べながら雑談し、屋上を散歩させてもらったりして時間を過ごした。

面会も自由で、弟の高田儀三郎も面会に来てくれたりして、何の不自由もなかった。別に罪を犯したという気持ちはないので気楽ではあったが、いつまでここに置かれるのかと退屈で困った。

七月四日午前十時、二人の憲兵がやって来て「これから別の所へご案内します」と自動車に乗せられた。約三十分ぐらい走って着いたのは代々木の陸軍衛戍刑務所であった。

衛門脇の小門から入ってすぐ脇の納屋のような所へ案内され、まず丸裸になって目方を量った。

「これを着てください」と渡されたのはカキ色の囚人服である。この瞬間、不快と不安感が盛り上がってきたが、反面大きな覚悟ができ、腹が据わった。

着換えると二名の看守に案内され、幅四間、長さ二十間ほどの留置棟に入った。並んだ各房の前後には幅五尺ぐらいの廊下があり、各房の床はこの廊下より三尺ほど高く、房と房の間は板壁で、前後の廊下に面する方は三寸角の柱が三寸間隔に立てられ、入り口の方は二尺五寸に三尺ぐらいの頑丈な扉があって錠前が付いている。それこそ芝居で見る牢屋そのままである。

「六号」と書いてある房の前に来ると、一人の看守が錠前を外し、扉が開かれ、中に入るとすぐ扉が閉められ、ガチャンと鍵が掛けられた。中は十四、五畳ほどの薄暗い板間で、角に半畳ほどの板で蓋がしてある。開けて見るとお虎子《マル》（便器）があった。蚊帳と軍用毛布が三枚置いてあった。

齋藤瀏はじめ、青年将校たちもこの棟にいるはずと思うが、周囲はしんとして人の声もしない。五分か十分おきに前後の廊下を看守が静かに回ってくる。何となく無気味な感じである。

あとで聞くと、この房は徳川時代の小伝馬町の牢屋をそのまま記念に移築したものだという。安政の大獄で吉田松陰などもここにおられたのかと思うと感慨深く、気強さと誇りを覚えた。

一か月ほど経ったある日、いつもはしんとしているすぐ隣の棟内がなぜか騒がしかった。九時の消灯時間が来ても話し声が聞こえる。時々大声で名前を呼び合ったりしている。そのうち歌う声が聞こえてきた。

ベキラノフチニ　ナミサワギ　フザンノクモハ　ミダレトブ……

憂国の士が身を投げたという故事から始まる「昭和維新の歌」である。獄舎で歌うなど許されることではない。しかしなぜかこの夜は制止する看守はいなかった。小声ながら唱和する者が増え、隣の棟の石原にもはっきり聞こえるようになった。齋藤瀏もどこかで聞いているに違いない。

汨羅《べきら》の淵《ふち》に波騒ぎ　巫山《ふざん》の雲は乱れ飛ぶ
混濁の世に吾《われ》立てば　義憤に燃えて血潮湧く

権門上《かみ》に傲《おご》れども　国を憂うる誠なく
財閥富を誇れども　社稷《しゃしょく》を思う心なし

昭和維新の春の空　正義に結ぶ益荒男《ますらお》が
胸裡《きょうり》百万兵足りて　散るや万朶《ばんだ》の桜花

七月十二日午前六時半過ぎ、香田清貞大尉が大声で呼ばわった。

「皆、聞いてくれ。死んだらその血だらけのまま天皇陛下の元へ集まり、それから行く先を決めようじゃないか」

全員が「そうしよう、そうしよう」と声を合わせた。

香田の発声で全員が、

「天皇陛下万歳！　大日本帝国万歳！」

と叫ぶと、その声は全棟に響き渡った。

石原廣一郎はその少し前、起床して房内の掃除をしていると、外の廊下を回っている看守が廊下に立ち止まり、自分の眉間に人差し指を突き付けて、「西の方を注意せよ」と謎のようなことを呟いた。すぐには分からなかったが、昨夜の騒ぎと思い合わせると、いよいよ青年将校たちの死刑執行の日が来たことに気づき暗然となった。

死刑の執行は次の順序で行われた。

第一回　香田清貞、安藤輝三、竹島継夫、対馬勝雄、栗原安秀
第二回　丹生誠忠、中島莞爾、坂井直、中橋基明、田中勝
第三回　安田優、高橋太郎、林八郎、渋川善助、水上源一

石原廣一郎の『回想録』によれば、第一回午前七時（推定）、第二回午前九時、第三回午後二時となっている。

午前七時前、齋藤瀏の隣の棟が騒がしくなった。雑音の中に「おじさーん！」と呼ぶ声が聞こえた。齋藤は思わず「クリハラーッ！」と声を限りに叫び返した。格子の隙間から覗くと、五人の若者が今日は覆面もなく、二人の看守に守られてしっかりした足取りで歩いて行った。

二、三十分後、石原が看守に言われたとおり、西の方で数発の銃声が響いた。刑場は半

地下式で十字形の刑架台に縛りつけられ、顔面には白布が垂らされ眉間に照準点を示す黒点が付けられていた。看守が石原に眉間を指さしていたのはこのためである。

五人は執行の直前、「天皇陛下万歳！」を叫んだが、栗原は続けて「栗原死すとも、維新は死せず！」と叫んだと伝えられている。

栗原は眉間を狙った一発目では死亡せず、心臓部を狙った二発目で絶命した。遺体と最後の別れをした遺族の話では、目を見開いて歯を食いしばった無念の形相で、泣かない者はなかったという。

栗原の妻玉枝は二十三歳であった。荼毘《だび》に付された遺骨を持ち帰った後、駒場の自宅で深夜、念入りな死装束を整え、大量の睡眠薬を飲んで自殺をはかったが、手当が早く、一命を取り留めた。


坂井直はこの二月九日に故郷の四日市で祝言を挙げたばかりだった。二月の初め、子供の頃の綽名ナオシは元気よく齋藤瀏の家へやって来た。珍しく一人である。

史の顔を見るといきなり嬉しそうに言う。

「わたくしたち親類です。史姉さん」

驚いて聞いてみると前年の十月に見合いをして、すぐ結婚を決めた相手は史の夫、堯夫の姪の平田孝子だという。堯夫も史もその話を全く知らされていなかったので仰天した。

「よかったじゃないの、ナオシ」

堯夫も史も嬉しかった。

坂井直夫婦は二月の初め祝言を挙げてからすぐ上京し、勤務先から歩いて五分ほどのところに新居を構えた。忙しかったので入籍もまだ済ませていなかった。

坂井が歩兵第三連隊週番司令室で安藤大尉から決起の日取りを知らされたのは、二月二十三日であった。

坂井直と平田孝子が一緒にいたのは僅か二週間ほどであった。直は孝子の編んだ腹巻きをして刑場へ歩んだ。


石原廣一郎が陸軍衛戍刑務所に入ってから約二か月の八月中旬、予審がやっと始まった。二月二十一日、齋藤瀏を通じて栗原安秀に一〇〇〇円の資金を渡し、その金が決起の際のトラック代、ホテル代などに充てられたことは反乱幇助《ほうじょ》罪を構成すると予審官は主張した。

また二月二十八日、行動隊が反乱軍となった日、徳川侯が参内して決起の趣旨を言上し、退出を待って決起将校は宮城前で全員自決することで事件を収拾することを提案したのは反乱幇助予備罪となると指摘した。

予審は九月初めに終わったが、そのまま十月になっても十一月になっても何の動きもない。

十二月二十一日、刑務所内が何となくざわついていた。

看守の一人が窓口に来て小声で、

「今日は未決で残っている百余名のうち、起訴する者と不起訴で即時帰宅を許される者が決まる。帰宅する者は大急ぎで支度している。貴方の知っている久原房之助氏は不起訴になった」と言い捨てて去った。

廣一郎にとっては衝撃だった。自分より事件に深く関与しているはずの久原氏が不起訴になって、なぜ俺が……と思うと、やはりやりきれない思いが込み上げてくる。怒りを静めるのに半日ばかりかかった。

十二月二十六日、事件から十か月経って、ようやく第一回公判が開かれた。午前九時頃看守が羽織袴の礼装を持って来てくれたので着替えた。久しぶりに自分の姿を取り戻したようで嬉しかった。

衛門からは自動車で代々木練兵場の一隅にある裁判法廷に着いた。法廷といっても二・二六事件のために臨時に建てられたバラックである。

判士は予審の時と同じように、二月二十一日、反乱を予知しながら栗原中尉に行動資金として金一〇〇〇円を提供し、反乱を幇助した事実、二月二十八日、首相官邸に集合していた反乱将校に対し、決起趣旨達成に努力するをもって、反乱将校全員の自決を促し、反乱を幇助した事実を起訴理由として指摘した。

これに対し廣一郎は資金の提供は認めたが、それが決起に使用されたことは予審官から聞いて初めて知ったと答え、第二項については起訴事実をすべて認めた。午前中の取り調べ尋問は僅か二時間で終了した。

午後一時再開したが、二、三の尋問の後、判士より「被告は何か発言なきや」との問いがあり、「何も申し述べることなし」と答えると、判士から逆に「何でもよいから発言せよ」と催促された。

そこで廣一郎は大正五年（一九一六）マレーに渡り、バトパハ鉱山を開発し、幾多の困難を克服し、祖国日本に必須の製鉄原料を大正十年（一九二一）より供給し、現在は年間八〇万トンに達していること、この間、帰国するたびに祖国日本の政治、経済、思想すべての面で憂慮に堪えざる事態にあることを知ったが、政党はただ政権争奪に没頭して、政党あって国家なしというのが実情であることから、「神武会」「明倫会」を創設して政治活動に入り、特に三十歳以下の青年層に呼びかける必要を痛感したこと、栗原中尉を知りこれを援助したのもその一環であることなどを述べた。

第一回公判はこれで終わり、翌二十七日、第二回公判が開かれた。裁判長が「証人喚問の希望なきや」と訊ねるので齋藤瀏、大川周明、徳川義親侯ら八人の証人喚問を申請したが、これは却下された。

　二十九日に第三回公判が開かれ、検察官から求刑があった。

「被告は一、二年の間に栗原中尉に数回にわたり、一〇〇〇円、二〇〇〇円の資金を提供し来たり、二月二十一日には反乱行動を予知して一〇〇〇円の資金を渡したのは反乱幇助罪を構成する。また二月二十八日には首相官邸を占拠する栗原中尉に対し、齋藤瀏を通じ、決起目的を達成すべく努力するので将校は全部自決せよと勧めたのは反乱予備幇助罪を構成する。反乱主犯は死刑または無期と規定されているので、幇助者は十年以上無期禁固をもって処断されるべきものである。ただし被告の過去における国家への貢献を勘案し、禁固十二年を求刑する」


　あと三日で正月という師走二十九日の公判で、禁固十二年という重い求刑を受けたのは衝撃だったが、自ら立って所信を思う存分表明する機会を得たので、ある程度覚悟もできていたから、公判廷から帰るときはそれほど動揺もしなかった。

　拘禁される前に齋藤瀏と、「捕まれば十年ぐらいかなあ」と冗談を言い合っていたのが本当になってきたなあという気がする一方、明ければ四十八歳。六十歳にならないと娑婆《しゃば》に出られないのか、いや判決は十年ぐらいかな、まあ恩赦もあろうしと、いろいろな思いが交錯した。

三十一日になると看守が正月のお飾りを持ってきた。牢屋の中でも形だけの昭和十二年（一九三七）元旦のお祝いをした。配膳は一つの丼鉢には雑煮、一つの皿には芋、牛蒡、人参だけのお煮染めがある。

去年の元旦は京都の自宅で家族と共にお祝いし、小学校の拝賀式に参列し、午後は子供たちを連れて桃山御陵に参拝した清々しい一日であったことを思い出すと、不覚にも涙が出てきた。

一月四日、珍しく看守が面会を知らせてきた。誰かと思って服装を整えて面会所へ行くと二人の弟、新三郎と儀三郎であった。

「やあー、よく来てくれた。誰かと思ったらお前たちだったか」

「兄様もお元気そうで結構です」

「ここへ来てもうすぐ半年だが、体重は二貫目も増えてしまった。ところで仕事の方はどうだ」

「樺太の南端に美田というところがあって、地域一帯に立派な炭層があるので手がけてみたいのだが」

「北方にはあまり興味はないが、仕事はお前たちに任せたのだから、よいと思えばやれ。ただ調査だけは十分にせねばならんぞ」

「播磨造船所に八〇〇〇トン級の貨物船一隻の新造注文を出したいと思うが、いかがか」

「船の建造は資金に支障なき限りやれ」

面会所はたちまち半年間の懸案処理の会議場になってしまった。だが楽しかった。

弟たちはその後一時間ぐらい世間話をして帰って行った。

出所してから聞いてみると、年末に十二年の求刑を受けたという噂を聞いて、皆が心配していたので様子を見にきたのだった。あまり元気だったので誤報だと安心して帰ったのだという。

一月十八日の朝食が済むと間もなく看守が来て、

「本日午前九時から公判がある。すぐ着替えてください」と衣類を持ってきた。

早速羽織袴の正装に着替え、正門から自動車に乗って、代々木練兵場の一隅に仮設された第八号法廷に入った。

看守と共に公判廷に入って、しばらくストーブにあたりながら考えた。

……求刑は十二年だが、判決は十年か。それでも二、三年すれば必ず出られる。刑期は問題でない……と腹に決めた。

定刻に開廷、山室裁判長は被告を起立させ、判決文を朗読した。

「被告は反乱首謀者栗原安秀とたびたび会見し国政改革を論じ、数回にわたり資金を提供した。更に二月二十一日栗原に一〇〇〇円を渡し、この資金が反乱決行費に使用され、被告は反乱行動を予知して右資金を提供したものとして起訴されたるも、これを立証するに充分証拠なし。よって陸軍軍法会議法第四〇三条に照らし無罪を宣告す」

石原廣一郎は突然出てきた「無罪」という言葉しか耳に残らず、暫時呆然として立っていた。

裁判長から「被告は何か申すことはないか」と言われて我に返り、「ありがとうございました」と謝意を述べ、次いで、

「私は無罪となって出て行かれるが、親友齋藤瀏はいかになったか。もし不幸にして有罪に決定したとすれば、ぜひ獄舎を出るまでに一度面会を許していただきたい」

と言うと、裁判長は、

「それは検察官の権限であるから検察官に話されたし」と言って、

「本公判はこれにて閉廷す」と宣言した後、

「長らくの拘禁生活でご苦労でした。ただ今からお帰りください」と一言つけ加えてくれた。

その席で検察官の承認を得て齋藤瀏との面会も許可され、公判廷から監房に帰ったが、午後になってもなかなか呼びに来ない。午後四時頃になって、看守が来て、

「ただ今からお帰りください。お帰り前に齋藤少将とお会いされることになっているので、これからご案内します」と衛門の近くにある一室へ案内された。

齋藤瀏が待っていた。

石原廣一郎が一歩部屋に踏み込むや否や、思わずお互いの手と手を握り合い、同時に、「会いたかった」と叫んだ。二人とも涙が目にあふれて、それを隠すために俯いてしまった。横に看守長が立っているのも忘れて、次の言葉が出ない。しばらくしてやっと話し始めた。
石原「俺は無罪で出て行く。君は有罪でここに残る。何だかすまない気がする」
齋藤「何を言うか。君の無罪は当然のことではないか。俺の有罪も当然だよ」
石原「俺のいた房は君の房の隣の棟で、向き合ってはいるが、少しずれていたので、朝君が出て行く時、首から上がちょっと見える時がある。毎日覗いていたが、君は気づかなかった」
齋藤「そうだったのか。毎日北一輝の南無妙法蓮華経を聞いていたが、その近所か」
石原「北の隣だったんだ。君が心臓病で毎日看護兵が来ていると聞いて心配していた」
齋藤「そうか。ちっとも気づかなかったよ」
石原「君の家のことは心配するな。俺が出た以上引き受けた。安心しろ」
齋藤「ありがとう。君がそう言ってくれれば家族の生活の心配がなくなる。これで安心して服役できる。よろしく頼む」
石原「これで俺も心おきなく出られる。よかった」
齋藤「君はまだ若い。これからも国のため大いにやってくれ。もっといろいろ話したいが、許された時間も過ぎた。これで別れよう」

石原「いつまでも話したいが、残念だがこれで別れるか。くれぐれも身体を大事にせよ」

別れを惜しみながら衛門を出て行ったが、久原氏が出て行った時の自分の気持ちを思い出すと、齋藤も今は強そうなことを言っていたが、独房へ戻ると男泣きに泣いているのではないかと思うと、足も鈍るのであった。

衛門を出ると、弟の高田儀三郎らが自動車で迎えに来ていた。

「ああ良かった。おめでとう」と言葉を交わしながら、久しぶりに車窓から見る娑婆の景色は新鮮だった。少しずつ喜びが湧いてきた。

富士見町の家に帰ると徳川侯らが待っていて、口々に言われたのは、

「おめでとう、肥りましたね」であった。

（「獄中生活」は、石原廣一郎『回想録』による）

齋藤瀏は昭和十二年（一九三七）一月十八日に禁錮五年の判決を申し渡され、一月二十六日、豊多摩刑務所に移された。

昭和十三年（一九三八）九月十七日、仮出獄が許された。妻のキクと娘の史が大きな包みを抱えて迎えに来た。つい先刻知らされたのだという。

キクは「おめでとうございます」と言いながら泣き続け、史は若い女の子のようにはし

料金受取人払郵便

新宿局承認

2524

差出有効期間
2025年3月
31日まで
（切手不要）

郵便はがき

1 6 0-8 7 9 1

141

東京都新宿区新宿1－10－1

（株）文芸社

愛読者カード係 行

ふりがな お名前			明治 大正 昭和 平成 年生 歳
ふりがな ご住所	□□□-□□□□		性別 男・女
お電話 番 号	（書籍ご注文の際に必要です）	ご職業	
E-mail			
ご購読雑誌（複数可）		ご購読新聞	新聞

最近読んでおもしろかった本や今後、とりあげてほしいテーマをお教えください。

ご自分の研究成果や経験、お考え等を出版してみたいというお気持ちはありますか。

ある　ない　内容・テーマ（　　　　）

現在完成した作品をお持ちですか。

ある　ない　ジャンル・原稿量（　　　　）

名			
買上 店	都道　　　　市区 府県　　　　郡	書店名	書店
		ご購入日	年　　月　　日

書をどこでお知りになりましたか?

1.書店店頭　2.知人にすすめられて　3.インターネット(サイト名　　　　　　)

4.DMハガキ　5.広告、記事を見て(新聞、雑誌名　　　　　　)

:の質問に関連して、ご購入の決め手となったのは?

1.タイトル　2.著者　3.内容　4.カバーデザイン　5.帯

その他ご自由にお書きください。

(　　　　　　　　　　　　　　)

本書についてのご意見、ご感想をお聞かせください。

①内容について

②カバー、タイトル、帯について

弊社Webサイトからもご意見、ご感想をお寄せいただけます。

ご協力ありがとうございました。

※お寄せいただいたご意見、ご感想は新聞広告等で匿名にて使わせていただくことがあります。

※お客様の個人情報は、小社からの連絡のみに使用します。社外に提供することは一切ありません。

■書籍のご注文は、お近くの書店または、ブックサービス(0120-29-9625)、セブンネットショッピング(http://7net.omni7.jp/)にお申し込み下さい。

ゃいでいた。

それからのこと

この時、齋藤瀏は五十九歳であった。

瀏は残りの人生を歌道に打ち込んだ。ただ昭和十二年七月七日には日中戦争が起こっていたし、昭和十六年（一九四一）十二月八日には太平洋戦争が起こった時期でもあり、歌集も『防人の歌』『万葉名歌鑑賞』など忠君愛国的なものが多い。昭和十七年（一九四二）秋には佐佐木信綱、斎藤茂吉、折口信夫など名だたる歌人と共に、大伴家持の「海ゆかば……」で始まる『愛国百人一首』の選定委員を務めている。

齋藤史も高名な歌人になった。同じ昭和十七年に日本文学報国会の女流部門と言うべき女流文学者会の常任委員に推された。昭和十九年（一九四四）に同じ会員の林芙美子の、「あんたいつまで東京にいるつもりなの」という一言で信州に疎開を決意した。渋っていた瀏も昭和二十年（一九四五）三月の東京大空襲を目のあたりにして、やっと同意して信州へ移った。

その年の八月十五日、戦争は終わった。

齋藤瀏は獄中生活で発症した心臓病もあって、すっかり元気がなくなっていた。いずれは史夫婦と同居して面倒を見てもらわなければならないが、史の夫の堯夫が長野の日赤病院に勤めていたので、その近くで家を見つけるまで瀏夫婦はとりあえず縁者の世話で、松本と大町の間の池田町に家を借りて住んでいた。

終戦直後の九月十日の夕方、珍しい客人が訪ねてきた。石原廣一郎である。石原は終戦前にサイパンからのアメリカ放送で自分が戦争責任者に指名されているのを知り、逮捕される前に親しい人たちに会っておきたいと東京から満員の夜行列車に乗り、瀏を訪ねてきたのである。

陸軍刑務所での涙の別れ以来の再会で、その夜は二人枕を並べて寝ながら、戦争への不満、日本の将来など話の種は尽きなかった。

翌朝石原が帰るとき、齋藤は大町線の砂川駅まで送ってくれた。途中で長い橋の中ほどで立ち止まって、朝日に輝く穂高連峰に見入った。

「『国敗れて山河あり』という詩があったな……」

齋藤がしみじみと言った。石原もうなずいた。

昭和二十四年（一九四九）春、堯夫が長野日赤病院の院長になったのを機に、史は両親を呼び寄せた。子供が二人いたので久しぶりに賑やかな暮らしが始まった。

しかし、瀏にはもう昔の体力はなかった。昭和二十八年（一九五三）になると瀏は寝たきりの生活になった。

その年の七月、「起こしてくれ」という身振りに応じて、史が上半身を起こしてやると、左の掌に右指で「サ、ヨ……」と書きかけたが、そこで指が止まり、そのまま息を引き取った。

享年七十四歳であった。


長い歳月が経った。

平成六年（一九九四）五月、史が日本芸術院新会員として宮中の午餐会に招かれた日、平成天皇が史に歩み寄って声をかけられた。

「いつ頃から歌を作られたのですか」

「父が一生書いておりましたので、わりに小さい頃から書き出しました」

答えてしまってからハッとした。父のことを話すつもりなど毛頭なかったのである。

しかし天皇は知っておられた。

「お父上は齋藤瀏さんでしたね。軍人で……」

史は答えた。

「初めは軍人で、おしまいはそうではなくなりまして。おかしな男でございます」

冷や汗が出たが、なぜかすっきりした気持ちで嬉しかった。

そしてまた三年が経った。

平成九年（一九九七）一月十四日、齋藤史は宮中御歌会始の召人《めしうど》に選ばれて宮中に入った。もう一か月で満八十八歳になる史は、弱ってきた足をかばいながら、ゆっくりと松の間への階段を上っていた。ふと庭に目をやると、軍服姿の青年将校がまるで兵馬俑《へいばよう》のように整列しているのが見えた。

この年の御題は「姿」であった。詠進歌の披講の後、召人の歌の披講となる。やがて講師が齋藤史の歌をのびやかに詠い始めた。


野の中にすがたゆたけき一樹あり風も月日も枝に抱きて

松の間から隣の竹の間に移動すると、選者の岡井隆が声をかけてきた。

「齋藤さん、とてもすばらしい召歌《めしうた》でしたよ」

やがて天皇、皇后両陛下が選者、召人たちにねぎらいの言葉をかけに来られた。

史の前に立たれると、ねぎらいの言葉のあと、

「お父上は瀏さん、でしたね……」

と言いながら、ゆっくりと何度もうなずかれた。三年前と同じだった。

史には天皇が何をおっしゃりたかったのかよく分かった。頭《こうべ》を深く垂れながら、胸の奥から熱いものが込み上げてくるのを感じた。

退出するとき庭を見たが、軍服姿の青年将校たちはもういなかった。

齋藤史は平成十四年（二〇〇二）四月二十六日、長野市内の病院で九十三年の生涯を閉じた。

村松剛によれば昭和天皇は昭和十一年（一九三六）の八月の新盆に、十七の盆提灯を女官に用意させて、常御殿に吊るさせている。理由は何もおっしゃらなかった。処刑された十五人に、自決した河野、野中の両大尉の二人を加えた数である。（『三島由紀夫の世界』）

果てしなき戦い

昭和十二年（一九三七）七月七日午後十時過ぎ、日本軍は北京郊外の盧溝橋《ろこうきょう》で演習をしていた。

同じ頃、中国軍も橋を隔てた地域で夜間演習をしていた。

突然空気を切り裂く鋭い音とともに銃弾が飛来し、上空を通過して行った。演習中だからどちらの演習地でも空砲の発射音はやかましく響いている。しかし今上空を通過した弾丸の飛来音は人間の悲鳴のように甲高く不気味なものであった。明らかに実弾の飛来音である。

続けて更に十数発の銃弾が飛来した。夜間のことで弾着点は定かではないが、飛来音から判断すれば、至近弾ともいえる弾丸が数発あった。

演習の指揮を執っていた日本の天津駐屯の第一旅団第一連隊第三大隊長一木清直少佐（五年後の太平洋戦争でガダルカナル島で死闘を演じる）は直ちに演習を中止し、これ以上の被弾を避けるため十数発の銃弾を発射地と思われる地域へ打ち込んだ。

同時に被害の有無を確認するため、人員点呼を行ったところ、第三大隊第八中隊一三五名のうち一名が行方不明になっているのが判明した。

大変な騒ぎになった。中隊を挙げての捜索が始まった。

半藤一利氏の『昭和史』によれば、実はこの時行方不明とされた兵は、点呼の時、たまたま小用のため隊列を離れていたので人数に入らなかっただけで、すぐ後には隊列に復帰し、夜の十一時過ぎの真っ暗な中で一緒に「行方不明者」の捜索にあたっていたのだという。当時の隊の人員の把握のいい加減さを示す話である。

七月七日から八日の戦闘は一応散発的なものに終わったが、日中いずれの側も攻撃は相手が先に口火を切ったと主張し、険悪な関係が続いたので、双方の特務機関同士が協議し、七月九日午前二時、日中両軍間で停戦協定が成立した。

ところがこの方面の指揮を執っていたのは第一連隊長牟田口廉也大佐で、中国軍が停戦協定を守るかどうか、大きな疑問を持っていた。彼の下した命令は、

「敵に撃たれたら撃て。断乎《だんこ》戦闘するも差し支えなし」

という強硬なものであった。ほとんど戦闘開始命令に近い。上司である第一旅団長河辺正三少将の了承も取っていない独断命令である。

九日の停戦協定により日中両軍は少しずつ後退して一応停戦は成立した。しかし第一連隊長牟田口大佐は五年後の太平洋戦争でシンガポール攻略戦で功を挙げ、最後は無謀なインパール作戦を遂行した血気盛んな将校であったから、中国軍が協定を破ってまた動き出す可能性が高いと判断し、後れを取らないため、七月十日朝、指揮下の第一大隊と第三大

隊に中国軍主力が布陣していると思われる宛平県城に向かって前進を命じた。

午後四時頃、中国軍は明らかに日本軍に向け数発の小銃弾を撃ち込んできた。

牟田口連隊長は、

「見ろ、敵はやはり停戦協定を守るつもりはない」

と叫んで、躊躇することなく第一、第三大隊に攻撃命令を出した。

再び半藤氏の『昭和史』によれば、この時牟田口連隊長の上司である河辺旅団長がやって来て、物凄い形相で牟田口連隊長を睨みつけた。三メートルほど離れて突っ立った牟田口連隊長もまた鬼のような形相で旅団長を睨み返したまま一言も口を利かない。そばにいた副官も取りなしようもなく困っている。険悪な睨み合いが数分間続いた。

「旅団長はついに一言も発せず踵《きびす》を返して旅団司令部に引き返された。日はなお高し」

副官の手記にはこう記されている。

牟田口連隊長のやったことは明らかに独断命令である。しかし事ここに及んでは、もはやどうすることもできないことを両者ともよく知っていたのであろう。

牟田口連隊は数次にわたる攻撃を加え宛平県城を奪取し、中国軍を撃破した。

日中戦争はこんな形で始まってしまったのである。

近衛文磨内閣は初め事件の不拡大と現地解決方針を表明していたが、七月十日、戦闘の拡大と居留民の保護に対処するため、朝鮮と満州から二個師団、更に内地から三個師団を送ることを決定した。

これより少し前の昭和十一年（一九三六）十二月十二日、中国の将来を変えるような重要な事件が起きていた。

中国では南京にいた蔣介石の国民政府軍と、延安にいた毛沢東の中国共産党軍はずっと内戦を続けていたが、昭和十一年の終わり頃、毛沢東と周恩来らが、「こうして内戦を続けていたならば日本軍に乗ぜられるばかりである。むしろ抗日民族統一戦線を結成し、力を合わせて日本と戦うべきだ」と方針の大転換を決めた。

早速国民政府軍の頭領の一人である張学良にこの話を持ちかけると、「それは大局的にみて中国にとって非常にいいことだ」と賛成し、共産党軍との戦いをやめるよう部下に指示した。

しかし国民政府軍を指揮する委員長の蔣介石は大いに怒り、副委員長である張学良を説得しようとして南京から西安へ乗り込んできた。張学良はこれに応じず、逆に蔣介石を監禁してしまった。これが世にいう「西安事件」である。

西安は昔、唐の頃「長安」と呼ばれ、西域との往来も盛んな世界的大都市であった。千数百年ぶりに歴史の大舞台に登場することになった。

張学良が蔣介石を監禁したことを知ると、共産党軍の中では「直ちに銃殺すべし」という意見も強かったが、周恩来が、
「国民政府を代表する有名な人物をそのような形で殺すことになれば、世界的な世論の支持も得られなくなるし、抗日民族統一戦線の早急な結成も難しくなる」
と強く主張し、今後は国民政府軍は共産党軍への攻撃をやめ、共に抗日統一戦線に全面的に協力するという約束を取り付け、蔣介石を解放した。

昭和十一年（一九三六）十二月二十五日、蔣介石が洛陽に戻り、更に二十六日南京に戻ると民衆は大歓声でこれを迎え、抗日民族統一戦線の結成を支持した。清国の滅亡以来、混乱に混乱を重ね、内戦に明け暮れた中国が今や一つになり、日本との戦いに立ち上がろうとしていた。

「盧溝橋事件」の前の日本陸軍はこうした状況を全く理解せず、あるいは目を背けていたのである。

西安はこうして再び歴史に大きな名をとどめた。

偶発的な形で始まった日中戦争は昭和十二年（一九三七）七月十日、日本軍の五個師団派遣決定により、ますます拡大する。宛平県城を占領した後、華北各地で中国軍と激しい

戦いに入る。

対日統一戦線を組んだ中国軍は強力で、日本軍の作戦は思うように進まなかった。

このさなかの七月二十九日、北京近郊の通州で大きな事件が起こった。中国人保安隊による日本人大量殺人事件である。

もともと通州は昭和八年（一九三三）五月三十一日調印の「塘沽《とうこ》停戦協定」により、関東軍、中国国民政府軍いずれも駐留しない非武装地帯となって、中国警察が保安にあたっていたが、日本軍は中国軍小部隊の駐屯を黙認していた。

ところが盧溝橋事件後、この小部隊撃退に向かった飛行機が日本の傀儡《かいらい》政権である冀東《きとう》政権の保安隊を誤爆した。これに怒った保安隊と中国軍が日本軍を攻撃、在留の軍人や居留民約二〇〇名を殺害した。

この件に関しては中国側の正式謝罪、慰謝金の支払いで落着したが、日中両軍の不信感と対立はますます増大した。

昭和十二年（一九三七）九月三日、「華北事変」の拡大を憂慮した石原廣一郎は、荻窪《おぎくぼ》の荻外荘《てきがいそう》に近衛首相を訪ねた。

石原「華北事変に対し政府は不拡大方針と現地解決で臨んでいるが、解決を現地に任せておけば、政府の意図に反し、いよいよ拡大して収拾がつかなくなるのではないか。政府自らが乗り出して解決する必要があると思うがいかがか」
近衛「ご尤《もっと》もなご意見で、私も同感であるが、華北事変は軍部（統帥権）で解決するというのだから、政府は口出しすることはできない」
石原「政府の方針は国策である。その方針に反し拡大するおそれがあるからこそ、政府は軍部に警告すべきではないか」
近衛「軍部が現地で解決すると言っている以上、軍に一任するほかはない。政府が統帥権に関する事項に口を出すとすぐ統帥干犯だと言って騒ぐので、政府は手も足も出ないのが実情だ。貴方の意見は軍にもよく話してもらいたい」
　近衛首相との会談は結局要領を得なかった。

　この時期、廣一郎は陸軍首脳部に懇意な人がいなかったので、九月五日、末次信正海軍大将を訪ね、同様の話をしたが、

「事件は陸軍のことであるから自分にはどうもできぬ。陸軍の中枢の参謀次長、多田駿中将を紹介するから直接話をしてみてはどうか」

と、その場で電話してくれた。

　多田中将は「今から帰宅するので自宅でお待ちする」ということなので、末次氏の自動車を借りて渋谷の多田邸へ向かった。もう夕方になっていた。

応接間に案内され、間もなく多田中将が現れて互いに初対面の挨拶を交わした後、早速要談に入った。

石原「華北の事件の前途はなかなか容易ではない。政府は不拡大、現地解決の方針で進んでいるが、事態はこれに反し日々拡大して行く。政府も参謀本部も現地に任せきりで、現地に引き摺《ず》られている傾向がある。このまま放任すれば容易ならぬ事態になるのではないか」

多田「華北の事件はそのうち解決する。ご心配されることはない」

石原「しかし現地と参謀本部と政府とがそれぞれ考え方、見通しを異にしているように思われる。中国側もそれを見抜いていて、結局まとまる話もまとまらないのではないか。ここで政府と軍部が一致して確固たる決意をもって交渉に当たらないと、結局全面戦争になってしまうのではないか」

多田「全面戦争は我々も望んでいない。第一、今の国内の思想、経済動向から見ればとても戦争はできぬ。何よりもまず思想問題を解決するのが先決である」

石原「政治、思想、経済問題の解決については我々も及ばずながら尽力してきたが、早急にできるものではない。それよりも華北事件を早急に解決しなければ、貴方の心配されておられる戦争になるのではないか」

多田「すべては国内の思想問題だよ。華北事件はご心配されなくても軍が解決する」

話しているうちに互いに声が大きくなってきて、心配した奥様が飛び出してこられたので、それをきっかけに話を打ち切ることにした。

意見の相違はあるが、人間多田さんは口の達者な坊さんのような感じで、「家内は貴方と同郷である」と紹介され、再会を約してその日は辞去した。

後のこととなるが、昭和十二年（一九三七）十一月五日、上海から南京攻略を目指す日本軍が杭州湾に上陸した頃、ドイツの駐華大使トラウトマンが「日華事変」の和平工作に乗り出した。

二か月間の交渉の末、結局昭和十三年（一九三八）一月十五日、和平交渉は決裂する。この間、昭和十二年十一月十二日上海を占領、十二月十三日首都南京を占領した軍部は、これを機に戦争終結も考えていたにもかかわらず、連戦連勝に驕《おご》った近衛文磨を首班とする政府は、賠償金を請求するという強硬案を持ち出して、結局トラウトマン和平交渉は決裂したのである。

この時の参謀次長多田中将の手記が残されている。

「普通は常に強硬なるべき統帥府（参謀本部）がかえって弱気で、弱気なるべき政府が強硬なのは実に奇怪に感じられる。しかしそれが真実で、こうなってしまうと一日も早く戦いを止めたいと思うのに、政府は中国を軽く見、また満州国の外形だけを見て楽観したるためなり」

半藤氏は『昭和史』の中で「参謀次長ですよ。その人が慨嘆しているのです」と付言しておられる。

話は戻る。昭和十二年九月五日、多田参謀次長と会談した石原廣一郎は、その結果報告のため二、三日してから再び荻外荘に近衛総理を訪ねた。

石原「七月二十八日、日本軍が華北で総攻撃を始めてからすぐ通州事件が起こるし、八月九日に上海で大山海軍中尉が射殺されたのをきっかけに、日中両軍が交戦し、戦闘は中国全土に広がろうとしている。このままでは軍部の独走で日中全面戦争となるのは必至である。然《しか》るに多田参謀次長はこの段階でも現地解決は可能だから軍に任せよと言っている。総理はいかがお考えか」

近衛「自分もそれを憂慮しているが、貴方が多田次長に会われてよくお分かりになったように、軍部の独走には困っている」

石原「私ごとき無位無官の者ではいかんともなし難いが、貴方は首相としての権力もあり、近衛の家柄で、お上とも自由にお話ができる御身分である。この容易ならざる時期、何とかしていただかねば困る」

近衛「首相であっても統帥権は陛下に直属しているというので簡単には行かない。国の世論や部外の方々の全面的な協力が必要である」
石原「事件は拡大されるものとして、それに備えて思想、財政、経済、行政対策を思い切って実施する必要がある」
近衛「ご趣旨は分かりました。ご意見は書面にして出してもらえればありがたい」
この日はそれで別れ、早急に意見書をまとめて届けることにした。

近衛首相に差し出された石原の意見書は何一つ実現せず、事態はますます悪化の一途を辿ってきたので、石原は十一月十四日、再び荻外荘を訪ねた。
石原「九月にお訪ねした時、現状で放任すれば事件は拡大すべしと申し上げたが、その予想のとおり遺憾な方向に展開してきました。財政経済問題も何ら改善されておりません。このままでは近衛内閣は取り返しのつかない事態となります」
近衛「言われるまでもなく、いろいろ手は打ってみようとするが、軍には手が出ず、財政経済のことは詳しくないので困りはてておる」
石原「総理が困ったと言われることが一番困る。軍のわがままは抑えきれず、財政はよく分からないと放任されるなら、ここで断然辞職せられてはいかがです」
近衛「そのことも含めてよく考えてみる。貴方の考えはいつも人より先が見え過ぎて、実行に困難なことが多い。しかしお考えにはいつも感心している」

その後、賀屋大蔵大臣を更迭し、それを機に内閣を改造するという噂が伝わってきたが、結局実現はしなかった。

この間、十二月十三日、日本軍は首都南京を占領し、蒋介石は政府を武漢三鎮（武昌・漢口・漢陽）に移した。

南京占領の時の「虐殺」については、半藤氏の『昭和史』は、旧陸軍関係者の集まり「偕行社《かいこうしゃ》」の「南京戦史」を引いて、中国軍捕虜・便衣兵の死者約一万六〇〇〇人、一般市民の死者約一万五千余人が最も公平な記録ではなかろうかとしておられる。それにしても極めて遺憾なことである。

今にして思えば、敵の首都を占領したこの時が、和平交渉の最もよい時期であったのではなかろうか。

先に触れたトラウトマン和平工作に軍部も前向きの意見を持つ者が多かったのに、近衛内閣は昭和十三年（一九三八）一月になると、

「中途半端な妥協をすると、昨年来の犠牲をすべて無意義に終わらせることになる。賠償

まった。
その上、翌十六日には有名な「蔣介石の国民政府を相手にせず」という声明を出してし
と一転して強硬策に転じ、結局一月十五日、和平工作を打ち切った。
金を取るべきだ」

三月二十八日には日本軍の指導の下に南京に「中華民国維新政府」が樹立された。梁鴻志《りょうこうし》を行政院長として国交を調整しようとしていたが、この構想は民衆の支持を得られず、戦争はますます泥沼化して行く。

一方、国民政府は維新政府樹立のすぐ翌日の三月二十九日、漢口で国民党臨時全国代表大会を開催、新たに総裁を採用、総裁には蔣介石、副総裁に汪兆銘《おうちょうめい》を指名した。

五月十九日、日本軍が徐州を占領すると、すぐに六月九日、政府機関の漢口から重慶（一部昆明）への移転を命じた。

中国共産党軍は徹底した「逃げ」の戦術で日本軍を悩ませた。第十八集団軍総司令官の朱徳将軍は「敵進我退」「敵駐我騒」「敵退我追」の三原則を貫いたので有名になった。すなわち敵が攻めてくれば逃げ、敵が駐屯すれば周囲で騒ぎ、敵が撤退すれば追撃するというのである。

中国軍のこの戦法に苦しみながらも、日本軍は戦局の打開を図るため、昭和十三年（一

九三八）十月十二日、華南のバイアス湾に上陸し、二十一日に広東を占領したのに続き、同月二十七日、中国本土の中心部ともいうべき武漢三鎮を占領した。

しかし直線距離でも南京から五〇〇キロ以上離れている武漢を確保し続けることは至難の作戦で、点と線を辛うじて確保しているだけであったと言えよう。それどころか蔣介石が新しい政府を置いている重慶は、武漢から更に直線距離でも七〇〇キロ以上奥にある。日本軍のこれ以上の進攻は無理であることは誰の目にも明らかであった。いわゆる攻撃の終末点に達したといえよう。

直後の十一月三日、近衛首相は「東亜新秩序建設」を表明した。併せて汪兆銘との和平交渉を秘かに進め、和平後の華北開発、華中振興を軸とする経済協力を約し、十一月二十日、日華協議記録に調印した。

昭和十三年も押し詰まった十二月十八日、汪兆銘が重慶を脱出してハノイに向かった。直後の十二月二十二日、近衛首相が日中国交調整について「近衛三原則」を声明、これに呼応して十二月三十日、汪兆銘も和平声明を発表した。

これに怒った中国国民党は、昭和十四年（一九三九）一月一日、汪兆銘を永久除名した。せっかくの和平交渉も実のないものとなってしまった。それでも汪兆銘は一月八日、蔣介石らに宛てた和平勧告書を公表し、和平への意欲を国内外に示した。

同じ昭和十四年二月十日、日本軍は海南島海口《かいこう》に上陸した。泥沼のような日中戦争の中で唯一、資源開発に成果を上げた作戦である。

海南島は香港の西南西約五〇〇キロにある中国本土最南端の大きな島である。島はほぼ楕円形《だえんけい》をしており、東西約三〇〇キロ、南北約二〇〇キロで、面積は三万三九〇〇平方キロもある。

海南島の北端がちょうど北緯二〇度、南端は北緯一八度に近く、北緯二三度二七分の北回帰線が島の中央近くを通る台湾の南端が北緯二二度であり、ベトナムの首都ハノイが北緯二一度であることを思えば、海南島は更に南にあり、完全に熱帯圏に属する。

ちなみに海南島の主邑《しゅゆう》、海口からハノイまでの直線距離は約四三〇キロで、約五〇〇キロ離れた香港より近い。古来交通、戦略上の要衝として重要な役割を果たしていた。

日本軍の海南島上陸後一週間も経たないある日、石原廣一郎は海軍省軍務局の前田大佐から会見を申し込まれた。指定された文部省次官室に行ってみると、台湾海軍司令官福田海軍少将、海軍省軍務局第二課長前田大佐、同課員佐々木中佐が待っており、早速要談に入った。

海軍側「海南島地下資源開発が期待されている。石原さんは多年南方地下資源開発に従事され経験も深いので、同島の開発に注力される希望はないか」
石原「海南島は南方であり、その開発に注力する希望と熱意は持っている。しかし最近軍部は戦線で多数の将兵の犠牲によって得た資源を、一企業、一私人の利益のため開発させるのは許されないという見地から、北支開発会社、中支振興会社のような半官半民の会社を組織して、占領地事業経営を任せる方針を取っておられる。根本理念には全く賛成であるが、現実には寄り合い所帯で経営に熱意を欠き、責任の押し付け合いで成果が上がっていない。今のような戦時下にあっては一日でも早く成果を上げることが必須であって、利益の還元については別途考えるべきである。
　したがって海南島の開発については、事業別に一会社または個人に責任経営をさせる根本方針が確立されるならば、石原は全力を挙げてこれにお応えしたいと考える」
海軍側「ご意見は至極適切と思う。この際一日も早く、海南島開発の成果を上げ、必要物資補給の道を講じたい。海軍としてはいまだ同島開発の基本方針は決定していないので、確言はできないが、ご意見は尊重することになると思う。その時はぜひ全面的なご協力をお願いしたい」
石原「その方向で決まれば、同島開発のため、当社の全力を傾注したい」
　決定は早かった。会談後数日で石原の意見どおりの基本方針が発表され、石原産業が指名された。廣一郎はすぐに杉山周三技師と鈴木技手を現地に派遣し、資源調査を開始した。

ところが二か月近く経っても思わしい報告が来ないので、廣一郎は自ら調査に赴くことにした。

四月八日大阪を発ち、翌九日午前八時、福岡の雁ノ巣《がんのす》飛行場からダグラス旅客機で飛び立ち、午後一時台北に着いた。この日は台北で泊まり、翌十日午前八時台北飛行場を離陸し、午前十一時、香港の南方約五〇海里（約九二キロ）にある三叉島海軍飛行場に着陸した。日本海軍はここを占領して僅か半年でこんな立派な飛行場を造ったのかと感心した。

三叉飛行場で約三十分休んで再び離陸、午後二時頃海南島海口上空に来た。上空から見る海口飛行場は三叉飛行場の二、三倍もあろうかと思うほどの大飛行場で、わが海軍は占領して僅か二、三か月でよくもこれだけの工事をしたなと感心した。上空から見ると蟻が這うように見える幾百、幾千の人影があった。飛行機が降下するにつれて、この人々は今なお盛んに海口飛行場の建設工事を進めている現地人の男女の働く姿であることに気がついた。

飛行機が着陸すると、思いがけず杉山技師と鈴木技手が迎えに来ていた。杉山技師は逢うなり、

「よく来ていただきました。実は内地との連絡も意のごとくならず、現地は不愉快なことばかりで、我々は一旦内地へ帰ろうと思い、一昨日三亜港を引き揚げて海口へ来たところ

です。社長に来ていただいてほんとに安心しました」

と泣かんばかりに喜ぶ。よほどつらい思いをしたらしい。

海軍が手配してくれたホテルで早速話を聞いた。

「海南島上陸作戦開始から二か月になりますが、まだ各所に敗残兵が隠れており、これの掃討に注力しているので、資源調査は後回しになっているのです。現在までに調査したのは、比較的安全な南部の三亜を中心とした海岸地帯のみですが、三亜の近くに田独という鉱山があるので詳細な調査を進めたいと思っているけれども、宿舎も与えられず、三亜司令部の椰子園の中でテント暮らしをしています。

食事にしても、丼鉢と椀を持って兵隊のところへ乞食のようにもらいに行かねばなりません。将校に会って話を聞いてもらおうとしても取り次いでもくれないのです。彼らは民間人と言えば金儲けのため動いていると思い込み、我々が真剣に国家のため一日も早く資源を開発しようとしていることを全く理解していません。

私より先に三井、三菱、住友などの調査団が来ており、調査した結果、見るべき資源開発の見込みなしと司令部に報告し、帰国してしまったのですが、これは兵隊が我々を遇する道を知らず、皆が不愉快で一日も早く引き揚げたいという気持ちが働いたためだと思います。とにかく毎日が不愉快でたまりませんよ」

杉山技師は時に悲憤の涙を流しながら訴える。我慢強い杉山技師がここまで兵隊の民間人取り扱いの無礼を訴えるのは、よほどのことがあったものと想像できる。

廣一郎は力強く言った。

「よし分かった。杉山君、安心しろ。僕が来た以上、兵隊に勝手はさせぬ。君がそんな中、長い間よく辛抱してくれたことには感謝するよ」


翌日、廣一郎は海口市にある海軍軍政部を訪ね、部長の前田稔大佐と嘱託の山下知彦大佐に会った。山下大佐は末次海軍大将の内相秘書官時代から海南島の開発を力説していた人で話が弾んだ。

海南島は北部は陸軍が統治し、南部は海軍が統治しているので、陸軍司令部に飯田司令官と今田参謀長を訪問し、打ち合わせの結果、当分北部の文昌県、瓊山《けいざん》県の陸軍地域の資源調査をすることにした。

まだ残敵が多いので自動車に機関銃を載せ、時には山砲を積み込んで一小隊から二小隊の兵に護衛され、中国側の文献によって調査に回った。

石壁地方近くの渓流を渡ろうとしたが、橋が落とされている。徒歩で河を渡り始めた時、前方の森の中から敵の一斉射撃に遭った。咄嗟に身を伏せて、敵の所在を見定めて応戦し、敵を退散させたが、廣一郎としては初めての実戦体験であったのでいささか驚いた。自動車に数発の弾痕があったが、味方の被害はなかった。この日は二回敵の襲撃に遭ったのでそのまま引き揚げた。

この後、海南島北部の定安、文昌などを視察したが、治安いまだ回復せず、丘陵地などで我々の自動車が通るのを見ると、畑で耕している農夫は蜘蛛の子を散らすように逃げ出す。そんな彼らを見ると何か気の毒になる。

中国側の文献には鉄鉱、鉛、亜鉛、石炭があると記載しているが、現地を見るとあることはあるが、利用価値のないものばかりである。北部の調査はこのあたりで打ち切って南部の調査を始めることにした。


いよいよ南部の本格調査である。廣一郎に同行するのは拓務省の川本課長、神林海軍軍医大佐、杉山技師、鈴木技手らである。

海口港を海軍御用船で出帆して、しばらくは本土の雷州半島を右に見ながら海峡を出ると、海南島の西側を滑るように南下する。黄昏《たそがれ》の大海原は夕焼けで、どこに戦争があるのかと思わせる美しさである。

海口を出て一昼夜、翌日正午、三亜港に入港し、司令部からのランチに乗って、まだ建設中の仮桟橋に上陸し、出来上がったばかりの海軍司令部に着いた。

その夜は海軍少将太田司令官の招待で司令部食堂で晩餐を頂き、その晩から司令官の隣室が廣一郎らの宿舎に当てられた。

翌日は田独鉱山を視察するため、司令部の自動車を借りて杉山技師、吉元海軍中佐の案内で出発した。四十分ぐらいで車を降り、山麓の森の中の山道を約四十分行くと、椰子園の中に三、四戸の集落がある。これが田独の村であった。

ここで小休止することにし、村人に椰子の実を取ってもらって、実の汁を飲んだ。何ともいえぬほどうまかった。見れば付近に椰子の実がいっぱい捨ててある。この山を見に来た日本人が取ったものだろう。戦時下だから村人も何も言わずに取らせているが、さぞ迷惑なことだろう。

この椰子林が鉄鉱山のすぐ麓にあり、二、三十分も行くと鉄鉱石の小塊が各所に点在している。どの石を取ってみても皆立派な赤鉄鉱である。海南島北部を回って三、四か所で鉄鉱と称するものを見たが、いずれも二、三〇パーセントの貧鉱だった。ここへ来て初めて六〇パーセント以上の優秀な鉱石を見たのである。

山を登るにつれて転石はますます多くなった。山の中腹以上には各所に大小の露頭があり、山頂付近へ行くと高さ四、五メートルもある大岩石状の鉄鉱露頭があって、実に見事なものであった。

ふとスリメダンで大鉱床を発見した日のことを思い出して胸が熱くなった。

しかし田独では山頂は椰子畑から僅か三、四〇メートルぐらいの小山だから、その鉱量は鉱山としてはそれほど大きなものではない。山の形はスリメダンとよく似ているが、高さにおいてはその三分の一に過ぎない。一か月前に三井、住友、日鉱の調査団が見て鉱量五〇万トンと報告したが、これは開発の熱意なく、安全に安全を見て報告したのではないか。

しかし杉山技師はその後一人で出かけて、熱心にピットを掘って、比較的正確かつ安全に計算して一五〇万トンと見たのであるが、廣一郎はスリメダンに比較して見ると、まず三〇〇万トンは絶対に下らずと腹の中で結論を出していた。

鉱山開発の際、何よりも大事なことは積み出し港である。幸い田独の南方約一〇キロに楡林《ゆりん》という港がある。湾口は約一〇〇メートルで現状では一〇〇〇トン程度の船しか入れないが、珊瑚礁《さんごしょう》なので取り除き工事は容易である。防波堤も必要ない。湾の底は砂で、浚《しゅん》渫《せつ》もまた容易である。築港設備を施せば海南島第一の良港となるであろう。田独鉱山から僅か一〇キロの所にこれほどの良港があるのはまさに天の恵みである。

廣一郎は決意した。

司令部に帰って廣一郎は早速、太田司令官に熱っぽく話した。

「田独鉱山は鉱量はそんなに多くないが品質は良好で、楡林港があるので約一〇キロの軽便鉄道を敷設し、鉱石を輸送して楡林港で、はしけ舟に移して本船に積み込めば、効率的な積み出しができる。日本の製鉄原料の現状を考えると一日も早く開発すべきである。しかしながら日本へ帰って開発計画を立て、資金調整法の手続きを取り、資材配給に関し役所相手の交渉をしているようではそれだけで一年はかかる。今はそんなことをしている時期ではない。それに日本も鉄資材が窮屈になって来ているだろうから、石原のマレーシアの鉱山の手持ち機材をこちらへ移送させることができれば、一年以内に積み出しができるよう建設が進められる」

太田司令官は大いに喜んで、海軍の手で電信の発信、建設工事の準備などに全面的な協力を約束してくれた。

廣一郎はその席でシンガポール支店に宛て、

「軽便鉄道のレール、機関車、鉄製鉱車等の機材をはしけ数隻に積み込み、日本へ帰る鉱石船に曳航《えいこう》させ、海南島三亜港に寄港、陸揚げせしめよ」

と電信指示した。

余談ながら、これらの機材はマレーシア東岸のケママンへ移送するということで積み出したので、ケママンの当局はいつ到着するのかと何度も問い合わせてきたが、そのうち有《う》耶《や》無《む》耶《や》になったとのことである。

杉山技師は他の会社の技師のようにいい加減にして引き揚げることなく、不愉快極まる環境の中で田独鉱山の開発のため頑張り通した努力が報われ、廣一郎と太田司令官とのやり取りを聞きながら、思わず涙していた。

機材が到着すると、従業員一同は昼夜兼行で建設を開始した。その意気込みは海軍の兵隊たちを驚嘆させるほどのものであった。

それから僅か一年余りで楡林港の積み出し設備は完成した。

昭和十五年（一九四〇）六月十八日、第一回積取船「南光丸」が楡林港に入港、海南島上陸作戦後、僅か一年四か月で七〇〇〇トンの鉄鉱石を満載し日本へ向けて出港した。石原産業の積極果敢な建設は新聞紙上でも報道された。

田独鉱山はこの後も大きく出鉱を伸ばし、昭和十九年（一九四四）、戦況不利となり閉山するまでに、日本へ向け積み出した鉄鉱石は次表のとおり二四〇万トンに達した。

（単位　千トン）

昭和十五年	十六年	十七年	十八年	十九年	合計
一六八	三〇七	八〇五	八三二	二九六	二、四〇八

建設にあたった杉山周三技師の功績に、海軍は勲六等瑞宝章《ずいほうしょう》をもって報いた。

決戦の時

第一次近衛内閣は昭和十二年（一九三七）年七月七日の盧溝橋事件以来、不拡大方針をもって臨んできたが、軍部の力を抑えきれず、戦線は拡大の一途を辿っていた。

近衛文麿は名門の出であり、頭脳明晰《めいせき》、判断力にも長じていたが、決断力に欠けるところがあり、軍部、特に陸軍の専行を抑えることができず、ついに昭和十四年（一九三九）正月早々総辞職し、そのあとに枢密院議長平沼騏一郎に大命が降下し、新内閣が成立した。

しかし平沼新内閣の顔ぶれをみると、前内閣の板垣陸軍大臣、米内《よない》海軍大臣が留任し、内政面では右翼陣営の大御所である平沼を中心に木戸幸一らの既成政党出身者が多く、結局は軍部と官僚中心の政党との妥協内閣に過ぎなかった。

振り返ってみれば昭和十一年（一九三六）の二・二六事件の直後、二月二十九日に岡田内閣が総辞職したあと、三月四日組閣を命じられた近衛文麿は固く辞退し、同九日広田弘毅内閣が成立した。しかし広田内閣はますます強まる軍部の圧力で「軍部大臣現役武官制」を認めさせられ、現役の軍人でなければ陸軍大臣、海軍大臣になれないことになった。軍部が現役軍人を出さなければ内閣はたちまち崩壊する。この後、短命の内閣が続くのはこのためである。

広田内閣は同じ昭和十一年の十一月二十五日、日独防共協定に調印し、ソ連の進出に備えようとしたのが唯一の実績で、結局軍部との対立に耐えきれず、翌昭和十二年一月二十三日、在任僅か十か月で総辞職した。

後任の首相は陸軍の内紛のため遅れ、十日かかって二月二日、ようやく林銑十郎内閣が成立したが、これも僅か四か月後の五月二十八日、政友・民政両党一致しての内閣即時退陣要求を出され、同三十一日総辞職した。

これを受けて昭和十二年六月四日、近衛文麿内閣が発足するが、その一か月後の七月七日に盧溝橋事件が起こり、日本はますます軍部主導の道を暴走して行くことになる。

この間、ヨーロッパではただならぬ戦雲が立ちこめていた。

第一次大戦の敗戦で多くの領土を奪われ、不当な条件を押しつけられていたドイツが、一九三三年（昭和八）一月、ヒットラー率いるナチスが政権を獲得してから、同年十月、ジュネーブ軍縮会議と国際連盟からの脱退を声明、一九三五年（昭和十）にはベルサイユ条約の軍備制限条項を破棄し、徴兵による再軍備を宣言した。

翌一九三六年（昭和十一）にはムッソリーニ率いるイタリアとの同盟（独伊枢軸）関係を確立し、両国ともこの頃から領土の拡張を図り始めた。

ドイツは一九三五年（昭和十）一月にはフランス領となっていたザールラントを住民投

票でドイツに復帰させ、続いて翌一九三六年（昭和十一）三月にはロカルノ条約を破棄して、フランス領となっていたラインランドに進駐し、鉱工業、商業の中心地の一つを回復した。

一方、イタリアは同じ一九三六年（昭和十一）五月、前年から戦争状態にあったエチオピアの併合を宣言した。更に翌一九三七年（昭和十二）十一月六日、イタリアは広田内閣が一年前に結んだ日独防共協定に参加、日独伊三か国の枢軸国体制が完成した。一か月後の十二月十一日、イタリアは国際連盟を脱退した。

この後ナチスドイツの拡大志向はますます強くなる。一九三八年（昭和十三）三月十二日、ドイツ軍はオーストリアに進駐、十三日にはドイツとオーストリアの合邦を宣言した。

更にドイツは九月十二日、チェコの北西部のドイツ人の住民の多いズデーテン地方の自治権を要求する。

さすがにここまで来ると各国、特に英国、フランスがドイツの拡大政策に強い懸念を持ち、九月十五日、英国のチェンバレン首相がドイツを訪問、ベルヒテスガーデンでヒットラーと会談した。世界中が注目する中で発表された会談結果は意外なものであった。英仏両国はチェコにドイツの要求受諾を勧告したのである。続いて九月二十九日からミュンヘンで開かれた会議には英国のチェンバレン首相、フランスのダラディエ首相、ムッソリーニとヒットラーが出席、ここでも同じ趣旨が確認され、九月三十日ミュンヘン協定が調印された。

のちにナチスドイツの暴走を容認した最悪の協定と非難されるが、当時としてはこれによりナチスドイツの更なる拡大政策に歯止めをかけるための最大限の譲歩と見なされていたのである。

翌十月一日、ドイツ軍はチェコのズデーテン地方に進駐した。

ナチスドイツの拡大政策は止まらなかった。翌一九三九年（昭和十四）二月二十四日、ハンガリーが日独伊防共協定に加入したのを契機に、同年三月十四日、チェコではスロバキア・ルテニアが独立を宣言した。

すかさず三月十五日、ドイツはチェコスロバキア領のベーメン・モラビアを占領、ハンガリーはルテニアを併合した。翌三月十六日にはドイツはベーメン・モラビアの保護領化を宣言、チェコスロバキアは解体した。

息つく暇もなく、三月二十一日、ドイツはポーランドにダンチヒ割譲を要求、翌二十二日にはリトアニアにメーメル割譲を要求し、二十三日にはメーメルに進駐している。

メーメルはドイツの旧国歌で「国の東端」と謳《うた》われている地で、ナチスドイツは明らかに昔のドイツ帝国の復活を狙っていた。

一方、イタリアはこれに呼応するかのように同じ一九三九年四月七日、アルバニアを併合した。

四月二十八日、ドイツは更に挑発的な動きを見せる。かねて結んでいたポーランドとの不可侵条約の破棄と、英国との海軍協定の破棄を宣言し、同時に第一次大戦の結果フランスの領有となっていたアルザス、ロレーヌ地方のドイツ復帰を要求した。

ここでドイツは不思議な行動に出る。同じ一九三九年の八月十九日、防共協定で敵視しているはずのソ連との通商条約に調印、四日後の八月二十三日にはなんと独ソ不可侵条約に調印している。

ここまで来ると、ドイツの次の目標は明白になった。

翌二十四日、英仏は急遽《きゅうきょ》対ポーランド援助条約に調印したが、それを無視したようにドイツは五日後の八月二十九日、対英覚書の形でダンチヒとこれに通ずるポーランド回廊地域の割譲を要求した。

ダンチヒは十三、四世紀頃からリューベック、ハンブルクなどと共にハンザ同盟に加入していた由緒ある港湾都市で、バルト海に面するポーランド第一の港であり、文化、学問の中心でもあり、造船、化学などの工業地帯でもある。第一次大戦のあと一九一九年（大正八）、国際連盟の保護の下に自由市となったが、ドイツ人系住民が多数を占め、抗争が絶えなかった。これを奪われるとポーランドの打撃は大きい。一方でヒットラーがこの都市の奪還に強い執念を燃やしていた。

八月三十一日、ドイツは対ポーランド十六項目の提案を公表したが、その内容はとても呑めるものではなかった。

一九三九年（昭和十四）九月一日、数か月前から準備を進めていたドイツの大軍は、怒濤の勢いでポーランドへ進攻した。同時にダンチヒ併合を宣言した。

九月三日、英仏はドイツに宣戦布告、第二次世界大戦はこうして始まった。

ドイツの進攻と同時にソ連はポーランドの東部を占領した。九月二十七日にドイツが首都ワルシャワを占領すると、翌二十八日にはドイツとソ連は友好条約に調印、秘密議定書でポーランド分割を協定していた。すべては八月二十三日の不可侵条約締結の時に決まっていたことなのである。

ドイツと防共協定を結んでいた日本政府は、ドイツが仮想敵国としていたソ連と不可侵条約を結んだことに仰天した。抗議したが実のある回答はなかった。

日本とソ連はこの約一年前の昭和十三年（一九三八）七月十一日、張鼓峰で衝突し、日本が大敗したが、約一か月で停戦協定が成立、大事には至らなかった。しかし昭和十四年

（一九三九）五月十二日、満州と外蒙古の国境ノモンハンで起こった日本軍とソ連軍との激しい衝突は、日本の第二十三師団が壊滅するほどの大敗であった。

元来この辺りの国境は明確でなく、日本側はホロンバイル草原の西側を流れるハルハ川を国境と考えていたのに対し、蒙古側は草原の東、ノモンハンの集落までを領土と考えていた。蒙古人が川を渡って牧草豊かなホロンバイル草原に入って来るたびに、日本軍はこれを追い払おうとして紛争が起きていた。

「ノモンハン事件」の起こった一九三九年（昭和十四）の五月といえば、ドイツ、ソ連の両軍がポーランドに進攻する四か月前である。

ソ連はジューコフ将軍を総指揮官として、まず日本軍を徹底的に叩く計画を立て、最新の戦車部隊、重砲部隊を持つ大量の兵力を投入した。

関東軍も第二十三師団のほか、複数の師団を動員、関東軍六万人近くを投入したが、ソ連の近代兵器の前に二万人近くの死傷者を出し、ノモンハンの集落まで占領されてしまうという惨敗であった。

ソ連軍・外蒙古軍も二万五〇〇〇人の死傷者を出したというが、占領地をみれば日本の敗北は明白である。（半藤一利氏『昭和史』）

昭和十四年（一九三九）八月二十八日、平沼内閣は「欧州の情勢は複雑怪奇」という言葉を残して総辞職した。

この言葉はしばらくの間、冗談まじりの流行語となった。第二次世界大戦の勃発を「複雑怪奇」としか表現できなかった当時の日本政府の外交面での無能さを如実に表している。

二日後の八月三十日、陸軍に擁立された阿部信行内閣が発足、九月四日、とりあえず欧州の戦争には介入しない旨声明した。

それよりもノモンハン事件の解決が急がれたが、ポーランド侵攻に兵力が必要なソ連は案外あっさりと停戦に同意、一九三九年（昭和十四年）九月十五日、モスクワで停戦協定が調印された。


極東で日本に備える必要のなくなったソ連は、翌十月、武力をちらつかせながら、ラトビアとリトアニアに相互援助条約の調印を申し込み、調印に応じた両国を勢力下に置いた。

しかし同年十一月二十六日、同じ相互援助条約提案を拒絶したフィンランドに対しては、僅か四日後の三十日、強力な軍隊をもって進攻を開始した。十二月十四日、この進攻を理由に国際連盟はソ連を除名したが、もはや何の効果もなかった。

フィンランドはよく戦ったが、軍事基地カレリア半島をソ連に割譲するという条件で、翌一九四〇年（昭和十五）三月十二日、講和条約に調印した。

この間、阿部内閣は日中戦争の勃発以来、悪化の一途を辿る英米両国との関係を改善すべく、野村外相にアメリカのグルー大使と会談させ、この前年（昭和十四年）の七月二十六日にアメリカが通告してきた日米通商航海条約の廃棄の予告に対して、これに代わるべき条約、または暫定取り決めの締結を打診したが、十二月二十二日、アメリカ側から拒否された。

少し前の昭和十四年八月二十一日の有田・クレーギー会談の決裂により、日英関係が断絶したのと併せて、英米両国との関係は冷え切ったものとなってしまった。すべては日中戦争のためである。

結局、阿部内閣は平沼内閣同様、「複雑怪奇」な情勢になんら有効な対応ができないまま、昭和十五年（一九四〇）一月十四日、在任僅か四か月半で総辞職した。

一月十六日、代わって今度は海軍大将米内光政《よないみつまさ》が組閣した。海軍の一部には対米戦争回避の意見もあり、少しは陸軍の暴走を抑えようという配慮があったのかもしれない。

一方中国では、同じ昭和十五年（一九四〇）二月から三月にかけて汪兆銘が上海に各界有力者を迎えて会議を開き、三月十二日「和平建国宣言」を発表、同月二十九日には南京遷都を宣言、自らを主席とする中央政治委員会を立ち上げ、新中央政府を樹立した。

しかし蔣介石は直ちにこれに対抗して重慶で国民参政会の第五次大会を開き、正当性を訴えた。

アメリカは二回にわたり七五〇〇万ドルの借款を重慶政府に与え、英国も一〇〇〇万ポンドの借款を重慶政府に提案、ソ連までが一億元の援蔣バーター借款を供与した。汪兆銘の南京新政府を承認したのは日本だけだった。

米内内閣は昭和十五年（一九四〇）七月十六日、陸軍大臣の畑俊六が突然辞任し、後継の陸相についても陸軍が「現職の武官に適当な人材がいない」と言い張ったため内閣総辞職に追い込まれた。この内閣も在任僅か六か月であった。

この少し前、欧州ではドイツが西部戦線で大攻撃を開始していた。四月九日、ドイツはデンマーク・ノルウェーに無条件降伏に近い最後通牒を発し、デンマークはこれを受諾し、ドイツ軍の占領を受け入れたが、拒否したノルウェーには即刻攻撃を開始した。

五月十日にはベルギー・オランダ・ルクセンブルクに対し、最後通牒を発すると同時に奇襲攻撃で占領を開始した。

この時点でナチスドイツに宥和的であった英国のチェンバレンは辞職し、後任にはチャーチル挙国連合内閣が成立、戦時体制を確立するとともに、オランダ、ベルギー、ノルウェー、デンマークなどの亡命政権を積極的に受け入れた。

フランスは第一次大戦の教訓を生かして「マジノ線」という堅固な防御線を築いていたが、ドイツは大兵力を集中して五月十四日、セダン付近でこれを突破した。僅か二週間ほどの激戦で約四〇万の英仏連合軍を北海沿岸のダンケルクまで追い詰め、一週間の戦闘の後、六月四日までに約三四万の連合軍（うち約一一万はフランス軍）を英国に撤退させた。連合国では「損害を最小限にとどめたダンケルクの撤退作戦は大成功であった」と今に語り伝えられている。

一九四〇年六月十一日、フランス政府がツールへ移ったあと、十四日、ドイツ軍は威風堂々とパリに入城した。フランス政府はボルドーへ移ってから更に七月二日、ビシーへ移り、ペタン元帥が組閣、一九四四年（昭和十九）十月、連合軍がパリを解放するまで「ビシー政府」と呼ばれることとなる。

これに対し、ロンドンに亡命したド・ゴールは自由フランス委員会（ド・ゴール政権）を樹立、内外にレジスタンスを呼びかける。

ドイツは一九一八年、第一次大戦の休戦条約で屈辱の舞台となった北フランスのコンビエーニュの森の城館で、一九四〇年（昭和十五）六月二十二日、ビシー政府との休戦条約に調印した。

昭和十五年七月十六日、三月に「聖戦貫徹議員連盟」を結成した他は無為無策だった米内内閣は総辞職し、近衛文麿に再び組閣の大命が下りる。昭和十四年（一九三九）一月四日、第一次近衛内閣が総辞職してから一年半、この間平沼、阿部、米内と三つの内閣が登場したが、いずれも半年ほどの短い期間しか存続せず、どの内閣も決断を欠き、見るべき成果を上げることもなかった。

近衛は第一次内閣の時、陸軍が引き起こした「日中事変」の収拾ができなかったことに責任を感じ、この一年半の在野の間に箱根、湯河原、軽井沢などを転々としながら対策を練っていた。

昭和十五年夏のある日、まだ近衛に組閣の大命が下る前に、石原廣一郎は湯河原にいた近衛に呼ばれ、話す機会があった。

石原「日中事変が長引いて心配しておられるようですが、今から思えば昭和十三年秋の武漢陥落時が講和の時期でしたなあ」

近衛「私もそう思う。しかしあの時は陸軍は承知しなかったし、蒋介石も徹底抗日を主張し、譲らなかった」

石原「それに比べれば昭和十四年の海南島の占領はいい戦略だったと言うべきでしょうか」

近衛「そのとおりだ。君の会社がいち早く開発を進めてくれたおかげで、占領後僅か一年余りで年間三〇万トンの鉄鉱石を積み出すことができたというではないか」
石原「今は年間六〇万トン出鉱を目標とする第二期建設も進めております。それにしても華北の大同大原の炭山は、石炭の埋蔵量は無尽蔵とあれだけ宣伝されていたのに鉄道輸送に問題があり、開発の目途も立っていないことや、北京の近くの龍烟鉄山や山東省の金嶺鎮鉄山がいずれも鉄鉱石の品位が悪く、本格的な開発ができなかったことを思うと、誠に幸運だったと思っております」
近衛「話は変わるが昭和十三年一月の私の声明（蔣介石を相手にせず）は評判が悪かったな。それでも頑強な抗日政策の蔣介石とは違う考えの人たちとは手を結びたいと思い、昭和十三年三月には日本の主導で（これは大きな声では言えないが）中華民国維新政府を樹立した。日本の法政大学に留学したことがある汪兆銘がその指導者だったが、徹底した抗日政策の蔣介石とは意見が合わず、結局汪兆銘は同じ昭和十三年の十二月、重慶から仏印のハノイへ脱出した。病気の療養のためともいわれている。
　その後中国へ戻った汪兆銘は、今年（昭和十五年）の三月に各会の有力者を迎え上海会議を開き、和平建国宣言と南京遷都を発表した後、今は中央政治委員会の主席をしている。孫文の側近だった彼のことだからもっと人気が出るかと思ったのだが……」
石原「蔣介石や中国の民衆から見れば、日本に留学したことがあり、親日家の汪兆銘は裏切り者ですから、時代小説流に言えばその首を取って重慶へ届けるくらいのことをしないと、なかなか話は進まないのでは……」

近衛「そんなことができるわけがなかろう。汪兆銘は去年の五月来日して首相にも会っている。今はとにかく彼にできる限りの援助をして、日中和平の話し合いの場を作るしかあるまい」

少し先のことだが、汪兆銘はこの四年後、昭和十九年（一九四四）、失意のうちに名古屋で病死する。

石原「それはそうと近衛公、米内内閣ももうそろそろ終わりですな。欧州では大変な戦争になっているし、次は近衛公しかないでしょう。今度こそ二・二六の時の徳川侯のように爵位も何もかも返上するつもりで、思い切って陸軍の暴走を抑えないと日本は大変なことになりますよ」

近衛「まだ大命も下りぬうちに大きなことは言えないが、もし再び大命が下りれば今度は爵位どころか生命も投げ出す覚悟でやるつもりだ。どうせ人間いつかは死ぬのだから」

石原「そこまでのお覚悟ならばもう何も言うことはありません」

石原廣一郎が近衛文麿と話し合って間もなく、昭和十五年（一九四〇）七月十六日、米内内閣の畑俊六が辞任し、陸軍はその後任者を出さなかったので米内内閣は総辞職せざるを得なくなった。

この間、一つだけ希望を持たせる動きがあった。米内内閣の総辞職直前に近衛文麿が枢密院議長を辞任し、新体制運動の推進を表明した時に、英国大使にビルマ経由の蔣介石援助行為の停止を要求したのに対し、昭和十五年七月十二日、三か月間だけビルマ経由の援蔣ルートを閉鎖する旨の回答があった。内外とも次の総理と予想している近衛に対してエールを送ったのだろうか。なぜ日本に対し強硬策を取り続けていた英国が、束の間ながら宥和の兆しを見せたのだろうか。

実はこの時、一九四〇年夏、英国は欧州を席捲《せっけん》したドイツが次の目標と考えている英国進攻への対応に全力を挙げていた。欧州大陸と英国とを隔てるドーバー海峡は、最も狭い所では幅三〇キロしかない。天気のよい日にはフランスの海岸に立つと、英国の南海岸の白い崖がうっすらと見えるほどである。

近くはナポレオンのように、古来欧州大陸を制覇した軍はこの三〇キロの海峡を押し渡ろうとしてなぜか失敗した。

英国へ攻め入ろうとすると、たとえ半日でも完全な制海権、現代戦では制空権が必要である。

一九四〇年（昭和十五）八月五日、ヒットラーは爆撃機・戦闘機各一三〇〇機、合計二六〇〇機の保有機全部をもって対英集中攻撃を指令した。目標はドーバーから西の英国南部海岸、ロンドン周辺の飛行場と、中部のワッシュ湾北部その他の飛行機工場である。

八月十五日、四人乗りのドイツのハインケル111重爆撃機一〇〇機が、メッサーシュミット110戦闘機四〇機の掩護でタインサイドを襲った。それを英国空軍の戦闘機ハリケーンとスピットファイアが迎え打ち、ドイツ空軍の七六機を撃墜し、重大な損害を与えた。英国空軍の損害は三六機に過ぎなかった。しかもパイロットたちは落下傘で降下し助かった。

なぜこれだけの差がついたのか。戦闘機の性能は英・独それほど変わらなかった。むしろドイツの戦闘機は速度は速く、上昇力もよかった。一方、英国の戦闘機は操縦性がよく、火力も優れていた。

ほぼ互角といえよう。


決定的な理由が二つある。

ドイツはもう一つの戦闘機メッサーシュミット109という第一級の戦闘機を持っていたが、航続距離が短く、八月十五日のような最低往復三〇〇~四〇〇キロは必要な空襲には参加できなかった。この日の空襲で爆撃機一〇〇機を掩護する戦闘機は、航続距離の長いメッサーシュミット110四〇機だけと数が少なかったのはそのためである。

もう一つは士気の高さである。

少し遡るが約三か月前の一九四〇年五月十日、挙国一致内閣の組閣を命じられたチャーチル首相は三日後の十三日、議会で歴史に残る名演説をした。

「私が国に捧げるものは血と労苦と涙と汗しかない。我々の使命は何か。神の与えたもうすべての力を振り絞って、海で、陸で、そして空で、人類の敵、独裁者と戦うことだ。我々は決して降伏しない。我々の目的は何か。〝勝利〟の一言しかないのだ」

（チャーチル『第二次世界大戦回想記』）

英国を除くほとんどの国がナチス・ドイツの支配下に陥ろうとしているこの時期、チャーチルのこの演説は英国民の士気を奮い立たせた。

苦しい戦いは続いた。チャーチルの演説の翌日の五月十四日、既に触れたように強力なドイツ軍はフランスの防衛線「マジノ線」をセダンで突破してフランス北部を席捲し、追い詰めた連合軍をダンケルクから撤退させ、残るは英国のみとなった。

ヒットラーは英国進攻を諦めていなかった。八月十五日の大空襲の失敗の後は、今度は国民の戦意を失わせようとして執拗《しつよう》にロンドン周辺を攻撃目標とした。特に九月六日から七日の空襲でロンドン港と鉄道の駅には相当の損害が生じ、死傷者も出たが、英国軍は耐えた。

そして運命の日、一九四〇年九月十五日、のちに「バトル・オブ・ブリテン」と呼ばれる決戦の日を迎える。

英国軍は当日のドーバー海峡の潮の干満、月齢（半月）、天候などからドイツの上陸作戦開始に先立つ大空襲の可能性が極めて高いと見て万全の準備を整えていた。回想記によれば、この日チャーチル首相は自ら地下一五メートルの総合指令部にいて戦況を見守っていた。

ドイツ空軍は英国空軍の完全撃破を狙って、戦闘機七〇〇機、爆撃機四〇〇機を投入してロンドン周辺の英国南部の空軍基地を、二〇機から八〇機の編隊で波状攻撃をかけてきた。

攻撃は十四日夜から始まって十五日の夕方まで続いた。迎え打つ英国機は僅か三〇〇機であった。数からいえば極めて劣勢であるが、英国空軍は驚異的な抵抗力を見せた。

戦闘機は通常七十分から八十分戦えば基地へ戻って燃料と弾薬の補給をしなければならない。しかしここでは英国機に地の利があった。基地はすぐ真下である。燃料と弾薬の補給は五分で終わったという。敵機に滑走路を攻撃する時間を与えなければ、三〇〇機は六

○○機、いや九〇〇機の働きができるのである。
戦いが最高潮に達した時、新しい敵編隊が真っ直ぐに向かってくるという情報が入った。

チャーチル首相は思わず指令室の若い将校に「予備隊は？」と声をかけてしまった。

将校は振り向いて冷静に答えた。

「予備隊はゼロです」

そしてまた向き直って冷静に指令を与え続けた。（『チャーチル回想記』）

最後の敵編隊が去って、長い長い戦いが終わったとき、指令部を見渡したが、疲れた様子をしている者は一人もいなかった。


この日の戦いでドイツ空軍は一八三機（五六機だったという記録もあり）、英国空軍は四〇機を失った。

二日後の九月十七日、ヒットラーは「シー・ライオン作戦」（英国進攻作戦）の無期延期を発表した。

十月にはシー・ライオンは来春（一九四一年春）まで延期と発表されたが、一九四一年（昭和十六）六月二十二日、独ソ戦が始まったため、一九四二年（昭和十七）二月十三日、シー・ライオン作戦は中止と発表された。

バトル・オブ・ブリテンは太平洋戦争でいえばミッドウェー海戦に相当する大きな転機であり、英国民は今もこの日を誇りに思っている。

三か月後の一九四〇年（昭和十五）十二月十八日、英国は六か月前に閉鎖したビルマからの援蔣を再開すると日本へ通告してきた。

先にこの年の七月二十二日、第二次近衛内閣が発足した後、初閣議で大東亜新秩序・国防国家の建設を根幹とする基本国策要綱を決定、五日後の大本営・政府連絡会議で武力行使を含む南進政策が決定された。

九月二十二日、事実上ドイツに支配されているフランスのビシー政府と「日本・仏印軍事協定」を結び、翌二十三日、日本軍は北部仏印へ進駐した。

一年後の昭和十六年（一九四一）十二月十日、マレー半島沖で英国東洋艦隊を撃破した日本航空隊は、仏印から飛び立ったのである。

日本軍の仏印進駐の四日後、昭和十五年（一九四〇）九月二十七日、「日独伊三国軍事同盟」が締結され、十一月にはハンガリー、ルーマニアも相次いでこの三国同盟に参加した。

十月十二日、「大政翼賛会」の発会式が行われ、十一月十日には日本独自の紀元、皇紀二千六百年を祝う式典が皇居前広場で盛大に行われ、国民の士気はますます高まった。

十一月三十日、汪兆銘政権との間に「日華基本条約」が締結され、同政権を合法政権として確立するとともに、反共の共同行動、日本軍の恒久的駐留を認める内容であった。

この条約は中国人民の憤激を買い、これを契機に諸外国、特に米国との関係が悪化した。


これより先、同じ年の七月三日、アルジェリアのオラン港に停泊していたフランス海軍の軍艦が枢軸側の支配下に入るのを恐れた英国がこれを攻撃、撃破するという事件が起きた。考えられないような行動にビシーのフランス政府は激怒、英国との国交を断絶した。

連合軍の団結も決して一枚岩ではなかった。


世界中が戦争の激化を予測する中、昭和十六年（一九四一）が明けた。

一月八日、東条英機陸相が「戦陣訓」を通達した。同月二十六日、内閣情報局は総合雑誌編集部に執筆禁止者名簿を渡した。三月には国民学校令を公布、全国の小学校が「国民学校」になった。

三月七日、「国防保安法」が公布され、五月十日施行、戦時色は急速に濃くなっていった。

　そんな中で三月十二日、松岡洋右《ようすけ》外相がソ連経由でドイツ・イタリア訪問に出発、帰途モスクワで僅か一週間の交渉で「日ソ中立条約」に調印した。

　それから僅か三か月後、とんでもない事態が起こった。

　昭和十六年（一九四一）六月二十二日、ドイツは対ソ連奇襲攻撃を開始した。英国本土上陸のためフランスなどに集められていた大軍団は、バトル・オブ・ブリテンのあと東部に移動し、ソ連圏との国境に待機していたが、この日、雪崩《なだれ》を打って侵攻を開始した。

　この攻撃を予期していなかったソ連は領土内深くまでドイツ軍の進攻を許してしまい、一時はモスクワ近くまで攻め込まれて、政府をモスクワからクイビシェフ（ボルカ川左岸のサマラを改称）に移すほどの劣勢に立った。

　日本にとってはまたしても「複雑怪奇」な情勢の展開であった。ＡＢＣＤ（米英中蘭）包囲網に苦しんでいた日本は、更に苦しい立場に立たされることになった。

　七月二日の御前会議で、対ソ戦準備と南部仏印進駐を決定した。友好国になったはずのソ連に備えて関東軍特別演習と称して満州に七〇万の兵力を集めるとともに、南方進出に備えて日本軍を南部仏印に進駐させることを決定した。

　七月十六日、第二次近衛内閣は総辞職し、同十八日、第三次近衛内閣が発足した。外務大臣が松岡洋右から海軍出身の豊田貞次郎に代わったほかは閣僚の入れ替えが少数であったことから、この総辞職は松岡洋右を外すためであったとも言われている。

一週間後、厳しい反応があった。昭和十六年（一九四一）七月二十五日、アメリカが「在米日本資産凍結令」を公布した。経済的な宣戦布告である。二十六日に英国、二十七日に蘭印がこれに続いた。

これらの経済制裁にもかかわらず、日本軍は同じ七月二十九日、南部仏印に進駐した。八月一日、アメリカは追い打ちをかけるように日本への航空機用ガソリンの輸出を禁止した。まるで日本を開戦せざるを得ない立場に追い込むかのようだった。


近衛首相はこの事態になっても最後まで平和解決を求めて、昭和十六年十月十一日、荻窪の荻外荘に陸相、海相、企画院総裁らを招き、対米問題についてそれぞれの意見を求めた。

東条陸相は、

「事ここに及んでは開戦しかない。屈辱的な平和解決では軍部は絶対収まらない」

と強く主張、及川海相は、

「陸軍部内の強硬論を抑えることはむつかしい」

と及び腰であった。

近衛首相は、

「日米戦は海軍の戦いである。海軍は勝つ自信があるのか」

と問いただしたところ、及川海相は、

「短期戦なら勝てるが、二年以上の長期戦では自信がない」

と相変わらずの答えを繰り返すばかりである。

鈴木企画院総裁は、

「今なら石油は貯蔵タンクに充満している。軍部の空気からすれば開戦のほかない。ご決断を」

と迫る。

石原廣一郎はその翌日の十月十三日の朝、近衛首相に呼び出されて意見を聞かれた。
石原「いよいよ重大な危機が来たと思いますが、いかがですか」
近衛「いろいろ考えたが、自分の力ではもうどうにもならぬ。昨夜一晩考えたが、辞職することに決めた。陸軍は横暴、海軍は責任回避、企画院は日和見主義だ。こんな閣僚を抱えていてはどうしようもない。石原君ならどうするか」
石原「軍部を抑えうる人を次の内閣の首班とするべきですが、近衛公でも駄目ならば、もはや民間には誰一人いない。結局天皇親政しかないが、天皇は内閣首班を兼ねることはできない。

もし可能ならば宮様内閣をつくり、実質天皇親政の形をとることにされれば、あるいは何とか道が開けるのではないでしょうか」

近衛公は「それも一つの案だね」と呟かれたので、石原は、

「辞職は少し待たれて、極秘裏に東久邇宮《ひがしくにのみや》とお会いになってはいかがですか。よろしければ私がすぐ宮様のご都合を伺います」

と言って、その足で麻布市兵衛町の東久邇宮邸を訪ね、近衛公の苦衷と辞職の決意のほどを申し上げ、その夜首相と会談するようお勧めしたところ、宮様は承諾されたので、石原はすぐさま電話で首相にその旨伝えておいた。

一方、その日の午後、石原は木戸幸一内大臣を訪ね、その朝の近衛公との会談の内容と、東久邇内閣の必要性を説いたが、木戸内府は、

「近衛公は所詮お坊っちゃんで駄目だった。宮様はなおさら世事にうといお坊ちゃんで、周囲の取り巻きもよくない。僕は反対だよ」

とニべもなかった。

木戸は近衛内閣の総辞職を知って、東条を次期首相とする話し合いを進めていたのである。

翌日の十月十四日朝、宮様との話し合いの様子を聞くべく、石原は近衛公を訪ねたが、

「宮様は一日よく考えさせてくださいということで返事を保留された」

ということであった。

そしてその翌日の夕方、近衛公から、

「宮様は出馬をご辞退になったので、直ちに内閣総辞職の手続きをとる」

との電話があった。

昭和十六年（一九四一）十月十六日、近衛内閣は総辞職し、十月十八日、東条英機内閣が成立した。

東条陸相は現役のまま内閣を組織した。

約一か月後の十一月二十六日、日本のハワイ作戦機動部隊が千島のヒトカップ湾を出港した。

「この時もし東久邇内閣が誕生していたら、あるいは歴史も変わっていたのではなかろうか」と石原廣一郎はその著書『八十年の思い出』に記している。

近衛文磨公はずっと後に、

「あれは運命であったのかもしれない」と洩らしたと伝えられている。

四日市工場の立ち上げ

少し遡るが昭和十二年一月十八日、石原廣一郎は二・二六事件で無罪となって獄舎を出てから十日ばかり静養しただけで、石原産業の仕事を再開した。

次弟新三郎が言っていた樺太の美田炭鉱の石炭は、家庭用燃料として品質も優秀で、埋蔵量も豊富であり、一部露天掘りもできるという利点もあるので、更に積極的採炭を進めることにした。

それよりも石原産業は創業以来大きな問題を抱えていた。事業地がマレーを主とする東南アジアの熱帯地域にあり、昭和十年代の最盛期には数百名の従業員がこの地域に勤務していたが、健康保持や子弟の進学問題などから長期の在勤は無理であった。内地に鉱業関係の事業地があれば人事交流や技術の研修も便利である。

こうした見地から三年前の昭和九年（一九三四）一月に兵庫県の神美金山を買収、続いて四月には大分県中津近くにある旭金山を買収したが、まだ十分でなく、各地で候補地を探していた。

最大の候補地が紀州鉱山である。

紀州の鉱山には長い歴史がある。『紀州風土記』などによると南牟婁郡一帯は古くから鉱山の開発が盛んで、慶長小判はこの地の産金だと言われている。銅の鉱石の中に僅かながら金も含まれているものもあり、オランダ人は喜んで買っていたという記録もある。

紀州の鉱山については、同じ三年前の昭和九年六月に楊枝川の上流で合わせて三十万坪の鉱区と、その北三キロの北山川の川沿いの合わせて五十万坪の鉱区を買収していたが、まだまだ本格的な鉱山開発には至っていない。

この地区の銅鉱山は網状細脈地帯といわれているため、有望視されながら大規模な投資開発をしている会社はなかった。しかし古い記録を見ると鉱山奉行所の跡があったり、多数の鉱山犠牲者を葬った千人塚があったりすることから、廣一郎はまとまった投資をして本格的な探鉱をすれば大鉱山となる可能性もあると考えていた。

弟新三郎も同じ意見だったが、何分大きな投資となるので、一応現地を再検分の上、最終決定することにした。現在の昭和十二年（一九三七）からみれば三年前のことである。

思い起こせば昭和九年（一九三四）の秋晴れの日、廣一郎は新三郎と共に、大阪天保山桟橋から大阪商船の「那智丸」に乗船して勝浦を目指していた。当時紀伊西線（今の紀勢本線）は田辺までしか開通しておらず、田辺から勝浦までは船になる。同じ船に乗るならいっそのこと前の夜、天保山発の汽船でゆっくり寝て行こうかということで、「那智丸」

に乗り込んだのである。

翌朝、甲板で歓声がするので出てみると、船は潮岬の沖合を回って勝浦へ近づいてゆくところであった。昇り始めた朝日に映える紀州連山の中腹には、神が一条の白布を垂らしたように那智の滝がはっきりと見えた。滝の左側に聳《そび》える妙法山は緑豊かに聖なる滝を抱き、何とも言い表せない霊気に満ちあふれていた。

……何かが呼んでいるな……

廣一郎はふと感じた。

新三郎も同じ思いか、言葉少なに絶景に見とれていた。

勝浦で船を下りて、その日は那智神社に参詣し、帰途、藤田組の那智鉱山などを山腹から眺めて大体の地形を頭に入れた。その日は勝浦で泊まった。

翌日は勝浦から私鉄で新宮へ出て、熊野川を一時間ほど遡り、上川村の楊枝一帯の鉱山を視察した。

途中、各所で旧鉱山の跡や数多くの露頭が目についた。思い切った探鉱を実施してみれば案外優良な鉱床が見つかるのではないかと廣一郎は思った。長い視察を終えてプロペラ船で新宮へ戻り、その夜も勝浦に泊まった。

宿で食事しながら廣一郎は切り出した。

「今南方の事業は日本の不況にもかかわらず収益を上げている。この収益をこの地域の開

紀州鉱山の掘削作業

発に使い切るつもりで取り組めば、日本の大企業となることも不可能ではない。仮に失敗しても、もともとではないか。他人に迷惑をかけないのだから、ここは一つ積極的に企業化しようと思うがどうだ」

新三郎はその言葉を待っていたように力強く言った。

「兄貴、やろう。今日見ただけでも分かるように、この一帯は地表は多く掘り荒らされているが、地下深くまでは手が届いていない。深部を開発すればきっと有望な鉱脈に当たる。やろうよ、兄貴」

早速小鉱区の買収を開始し、延べ五年の歳月をかけて合計約三〇〇〇万坪の大鉱区にまとめあげた。その途中で昭和十

紀州鉱山坑内を視察する石原会長

一年（一九三六）二月二十一日、ちょうど二・二六事件の五日前、まず大嶝から湯ノ口まで七三〇メートルの距離で、海抜七〇メートルのレベルで探鉱と将来の運搬のための隧道《ずいどう》の掘削を開始した。次いで同年十一月四日には最も重要な湯ノ口から楊枝川、惣房までの延長三〇〇〇メートルの隧道も着工した。

会社の業務に復帰した石原廣一郎が紀州へ視察に行った昭和十二年一月は、ちょうどこの時期であった。

当時の鉱山専門家は無謀きわまる計画だと批評したが、結果は大成功であった。

隧道着工から僅か一年ほどの間に、湯ノ口、大成、大谷、花房など優勢な数本の鉱脈を発見したので、新聞紙上にも大々的に報道され、鉱山見学の来訪者も後を絶たないほどであった。

紀州鉱山は最盛期の産銅量年間二五〇〇トンの実績を上げ、日本でも六、七位の大銅山となったのである。

もう一つ、二・二六事件の後の獄舎で考えていた宿題があった。

銅鉱石の製錬工場の建設である。

紀州鉱山の開発の成功により銅鉱石の確保はできた。フィリピンでも銅鉱山開発の準備を進めている。これを勘案すると、日本における工場開発予定地は次の条件を満たす必要がある。

一、五〇〇〇トン以上の船舶入港可能の場所。
二、鉄道引き込み線敷設可能の場所。
三、電力二万キロ以上受電可能の場所。
四、工場用地として三十万坪以上まとめ得る場所。
五、南方との交通を考慮し、瀬戸内海または伊勢湾において選定すること。

これらの条件を満たす候補地は小松島、宇野、尾鷲《おわせ》、鳥羽、四日市などであったが、小松島は電力は自家発電が必要、宇野は埋め立てに長期を要す、尾鷲は敷地と電力が不足、鳥羽は埋め立てに長期を要する上に伊勢神宮に近過ぎて不可、との理由で結局四日市が残った。

四日市は港湾、陸上交通、電力関係すべて理想的で、敷地も十分であるが、銅製錬所としては市街地に近過ぎる欠点がある。しかしながら、もし十二分な鉱害対策を条件に、官庁が銅製錬所を市街地においても許可してくれるならば、四日市が第一候補となる。昭和十二年（一九三七）三月、石原廣一郎はほぼ腹を決めていた。

ここでまた不思議な偶然があった。昭和十二年四月、吉田勝太郎四日市市長が石原産業本社を訪ねてきたのである。

元来四日市港は明治初年に貿易港として指定され、名古屋市の貨物を海外に輸出入する重要な港であった。ところが明治の終わりから大正にかけて、名古屋市が熱田港の大規模な港湾築港計画を立て、大型船舶の出入りを自由にして、名古屋市の貨物を直接海外に輸出入しようとする動きが顕著になってきた。こうなると四日市港の衰微が避けられない。

吉田市長は四日市市の将来の発展のため、四日市港を貿易港でなく、工業港とし、併せて四日市を工業地帯として発展させる計画を立てていた。

意見交換の結果、四日市市と石原産業の利害が全く一致することが分かり、吉田市長はすぐに工場敷地の手配に着手し、石原産業はその銅製錬工場を四日市に建設することを決定した。

四日市の工場地帯は同市とその南方を流れる鈴鹿川との間、塩浜以東の東海岸が適地として市から示され、石原はその中のいわゆる東部第三号埋立地から鈴鹿川に至る海岸地帯の約三十万坪の土地を選んだ。

一つ問題があった。この中にある田畑や池沼は三重県屈指の資産家、諸戸・九鬼両家の所有地で、明治末期から三十年にわたる地主・小作人間の小作争議があり、司法当局もこれには手こずり、未解決のままとなっていた。

吉田市長はこの解決に努力したが、昭和十二年末になっても目途が立たず、三重県知事佐藤俊介の協力を求め、知事・市長両人の一時不眠不休の努力のおかげで、翌昭和十三年三月、ようやく三十年にわたる小作争議も円満解決した。石原廣一郎はその著書の中で、この間の吉田市長と佐藤知事の苦労には深甚の謝意を表している。

石原廣一郎は工場建設に先立ち、地域の発展に寄与するため、吉田市長と協議して、四日市港を基本として、四日市南部と鈴鹿川以北の地域を工場用地に適するように、道路の設計、鉄道引き込み線と運河の位置、港湾浚渫と港湾拡張の範囲などの基本計画を自ら立てた。

こうして石原産業の四日市工場の建設の起工は昭和十三年（一九三八）五月より着手さ

れることになった。

銅の製錬には鉱害問題を伴うことは周知の事実で、そのためにこの種の製錬所は被害の少ない離れ島や半島の末端に建設されるのが通常であった。それを四日市のような市街地に建設するについては、鉱害の防止に万全を期することが建設の許可条件となった。

それは溶鉱炉の排気ガスを回収・完全利用するため特別な装置を設備すること、希薄な亜硫酸ガスをも硫酸化する設備をつけること、排ガスは被害の出ないようにして高い煙突から逃がすことなどである。

特に煙突については最大限の高さを目指した。技術的な計算では五五〇尺（一六七メートル）で十分とされたものを、更に六〇尺（一八メートル）を高めて六一〇尺（一八五メートル）とし、当時世界一を誇る米国の鉛工場の一八二メートルの大煙突より三メートル高い、世界一の大煙突とすることに決定した。

この大煙突は昭和十五年（一九四〇）十月三十一日に完成し、その威容は四日市名物となったが、残念ながら四年後の昭和十九年（一九四四）十二月七日、東海地方を襲った東海大地震で頂上から三六メートルほどの所で折れてしまい、更に昭和二十年（一九四五）六月から数次にわたる米軍機の空襲で工場も煙突も大損害を受けた。世界一を誇った大煙突も、本格的な稼働は僅か五年足らずで終わった。

四日市工場全体の基本計画は銅製錬を主体とし、これに伴う副産物利用工場の建設で、主なものは次のとおりである。

熔鉱炉　　二基
転　炉　　二基（合わせて年産粗銅一万トン）
電解工場　　年産精銅六〇〇〇トン
希硫酸工場　　年産三万トン
濃硫酸工場　　年産六万トン
過燐酸石灰工場　　年産六万トン

生産実績としては戦時中の制約もあり、十分な操業もできなかったが、例えば昭和十八年（一九四三）の実績を見ると電気銅五三二四トン、濃硫酸五万三七三五トン、過燐酸石灰一万五六六九トンとまずまずの実績を上げている。

終戦直前の四回の空襲により四日市工場は大きな被害を受けたが、三十万坪の敷地と本州中部の有利な立地条件はそのまま残り、戦後の復興と新規事業の展開の大きな拠点となった。

昭和十四年（一九三九）十二月、四日市市が工場用地「塩浜字鳥洲」の呼称を「石原町」と改めたので、石原産業四日市工場の所在地は今も「四日市市石原町一番地」である。

1950年代の四日市工場

現在の四日市工場

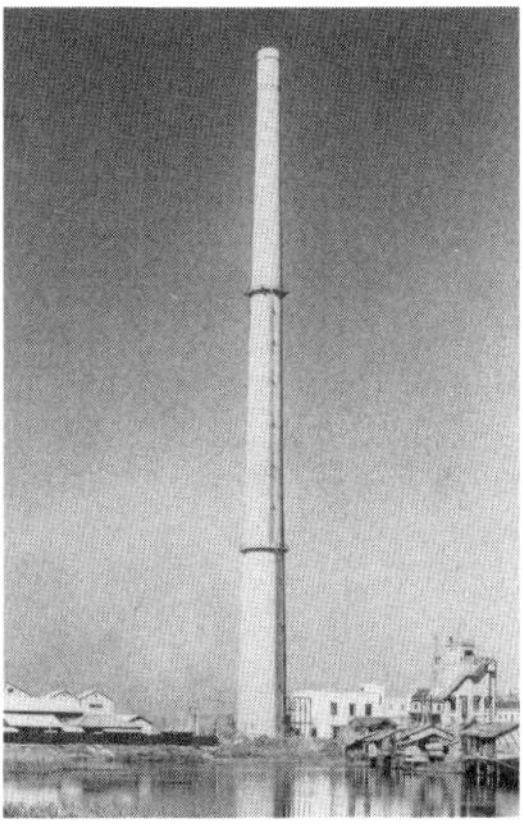

四日市工場の大煙突

四日市工場研究所

草津中央研究所

四日市工場で運用していた蒸気機関車

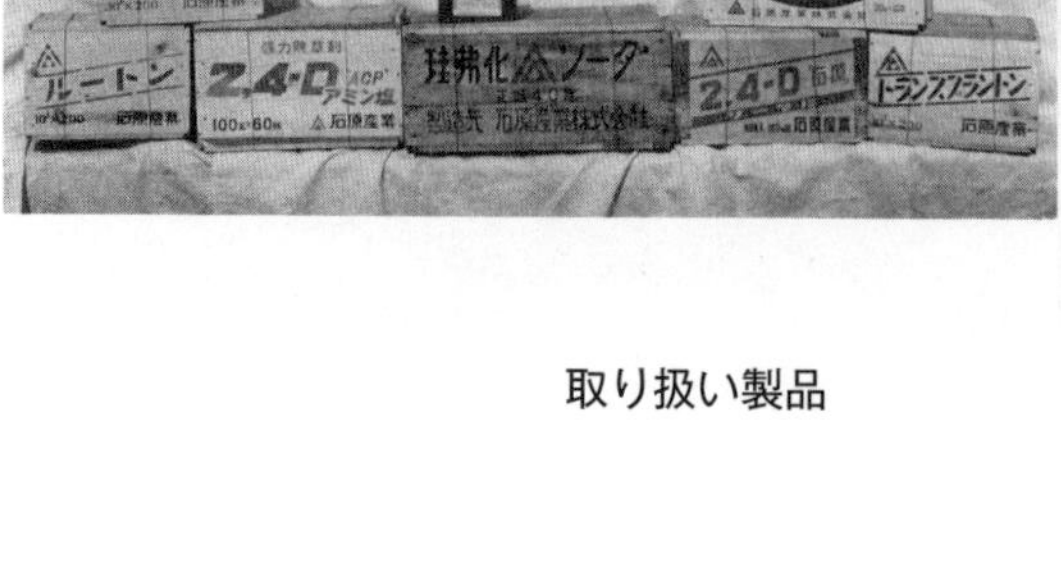

硫酸

酸化チタン・タイペーク

セレニウム

取り扱い製品

勝利と敗北

昭和十六年（一九四一）十二月八日（現地時間十二月七日）早朝、空母六隻を基幹とする日本連合艦隊は、飛行機三五三機を発進させてハワイ島真珠湾を急襲し、戦艦四隻撃沈、四隻大破、飛行機一八八機撃破の大戦果をあげた。日本の損害は飛行機二九機、特殊潜航艇五隻であった。

同じ十二月八日の午前二時（日本時間）、陸軍のマレー半島コタバルへの上陸作戦が開始された。真珠湾空襲開始は同じ十二月八日の午前三時二十五分（日本時間）であったから、マレー上陸作戦の方が少しだけ早かったことになる。

開戦の一時間前にワシントン政府に手交されるはずの最後通牒が、現地の日本大使館の不手際により真珠湾攻撃開始の一時間後になったことが、米国民の激しい憤激を買い、「リメンバー・パールハーバー」が米国民の戦意向上の合言葉になった。

実際には日本の暗号電報はこの頃すべて解読されていて、ルーズベルト大統領は日本攻撃の開始を予知していたはずだが、なぜか現地の司令官には何ら指示を出さなかったといわれる。

更にいうならば米国の空母艦隊はこの時、たまたま演習のため真珠湾を離れていたため、全く無傷であったことも不思議といえば不思議である。この時無傷の米国空母三隻は、六か月後のミッドウェー海戦で、日本の作戦指示の暗号電報をすべて解読、日本の空母四隻を全滅させる。

筆者はこの時、旧制中学の二年生であった。昭和十六年十二月八日は快晴で寒く、真っ青な朝空の下、通学路の横の畑に真っ白な霜柱が立っていたのをはっきりと覚えている。この朝、ラジオは突然臨時ニュースで、

「帝国陸海軍ハ本八日未明、西太平洋ニオイテ米英軍ト戦闘状態ニ入レリ」と発表した。開戦で皆の気持ちは高ぶっていたが、授業はいつもどおり始まった。二時間目に警戒警報のサイレンが鳴り、一同どよめいたが、すぐに誤報と分かり解除された。

各国の日本資産凍結や経済制裁で日常生活にも影響が出始め、誰もが頭を押さえつけられているように感じていた閉塞感が、この日の青空のようにからりと晴れたが、一方でいつ我々も攻撃されるかもしれない「戦時」が始まったのを思い知らされた。

マレーシアの北部コタバルに上陸した日本軍を攻撃するべく、英国東洋艦隊は新鋭戦艦「プリンス・オブ・ウェールズ」と「レパルス」を派遣したが、その後中部のクァンタンにも日本軍が上陸したとの情報があり、針路を変更してそちらへ向かうところを日本の潜水艦に発見された。

十二月十日午後二時、仏印を発進した日本の攻撃機八〇機が、戦艦二隻と護衛駆逐艦四隻の英国東洋艦隊を捕捉、数次にわたって爆弾攻撃と雷撃を繰り返した。「レパルス」には数分のうちに五本の魚雷が命中、午後二時三分に轟沈《ごうちん》した。「プリンス・オブ・ウェールズ」は爆弾は厚い装甲板ではね返したが、数次にわたる魚雷攻撃で合わせて五本の魚雷が命中し、午後二時五十分沈没した。

日本側の損害は飛行機三機であった。そのうち一機は爆弾を抱えたまま敵艦に突入した。石原廣一郎はその勇敢さを讃《たた》えている。

真珠湾攻撃とマレー沖海戦で航空機の攻撃力の卓越さが立証された。海戦の常識を変えた歴史的瞬間である。（参考文献：昭和四十五年十一月十五日　毎日新聞社刊行『世界の海戦』　以下海戦については同資料を参考としたものが多い）

十二月二十五日、日本軍は香港全島を占領した。

フィリピンに上陸した日本軍は昭和十七年（一九四二）一月二日、無防備都市を宣言したマニラを戦闘なしで占領した。マッカーサー率いる米軍はバターン半島とマニラ湾上のコレヒドール要塞に籠もった。

マレーでは北部に上陸した日本軍は、銀輪部隊と呼ばれた自転車なども使って怒濤のごとく半島を南下し、一月十一日には中部のクアラルンプールに入城、上陸から二か月後の二月十五日、シンガポールを占領した。現地の地理に詳しい石原産業の社員が引き揚げ途中に軍の要請で現地召集され、嘱託のような形で案内あるいは進撃の戦略立案に貢献したといわれる。

これより先、米英蘭との関係悪化により、昭和十五年の半ばから鉱石積み取りの配船が不円滑になり、スリメダン鉄鉱石（一部ボーキサイト積み合わせ）は昭和十六年三月出帆の「はあぶる丸」、またケママン鉱石は同年九月出帆の「多聞丸」を最後として積み出しを打ち切られた。

更に同年七月の日本軍の仏印南部進駐により、米英蘭は直ちに日本資産凍結を敢行し、過去二十二年にわたる石原産業の南方事業も、もはや経営続行の望みを断たれた。

廣一郎は万一に備えて昭和十五年十月頃から従業員家族の引き揚げ、次いで翌十六年七月から勤務員の引き揚げを進めてきたが、現地資産の保護、管理の取り決めなど残務整理の必要もあり、十二月八日現在で植村栄吉シンガポール支配人以下二二人がマレー地区を含めて現地に残っていた。

八日未明、シンガポール上空を飛ぶ編隊飛行の爆音とともに、爆弾炸裂の轟音と地響きに夢を破られた。支配人以下が飛び起きると、服を着る暇もないうちに物々しく武装したインド人の警官が飛び込んできた。日本の宣戦布告を告げた後、和英両文の抑留令状を示し、所定の時間に全員移民局に出頭するよう厳命された。社内の整理も済まないうちに抑留されるのは心残りであるが、事ここにいたっては仕方がない。植村支配人以下六名は所定の時間に移民局に出頭したが、そのまま抑留され、以後八か月にわたる厳しい抑留生活を送ることになる。

一行は翌九日シンガポールから海路北に向かい、ポートセッテンハムのインド人移民収容所に収容された。ここで所持金はすべて没収され、劣悪で量も少ない食事に悩まされつつ十日間を送った後、十九日に他の日本人三五〇人と共に転送されることになり、飢渇と暑熱に悩まされつつ、翌二十日シンガポールのチャンギー監獄に着いた。あとからあとから日本人が送られてくるので、独房からあふれた日本人は廊下で寝起きしなければならなかった。ただ一つ取り柄があった。ここで支給された食事は八か月の抑留生活中で一番おいしかった。

この年の大晦日《おおみそか》に、まだ英国軍の支配下にあったケママンで抑留され、送られてきた一〇名とめぐり会い、お互いの無事を喜び合った。石原社員は合計一六名になった。ただ気になったのは一部の社員が縛られたまま殴る蹴るの暴行を受けたということである。

ここで年が明けて昭和十七年一月七日、船に乗せられてセレタ軍港を出て、行き先不明の航海に就いた。日本の潜水艦を警戒して船は絶えずジグザグ航路をとりながら、一月十八日ボンベイ港外に投錨《とうびょう》、日本人一行はここで下ろされて、三日間の汽車の旅で一月二十四日、ニューデリー郊外の古城プラナキラの中のインターニー・キャンプにようやく辿り着いた。

城内には無数のテントが設営されていて、一つのテントに六人ずつが押し込められた。ここにはその後インドやビルマに居た日本人も続々と送られてきて、三月には総員三〇〇〇名近くに達したので、一同の総意によって自治体を作って内部統制を行った。

一月二月は日中は比較的暖かく、日本の小春日和のような日が続いたが、日没後は急激に温度が下がり、テントの外側には氷柱《つらら》が下り、砂地には霜柱が立つという寒さであった。ところが四月になると急に温度が上がり、連日猛暑に悩まされ、熱中症にかかる人が続出、苦しさのあまり頭がおかしくなる者もいた。キャンプ内の医療設備は貧弱で、普通の治療を受ければ助かる者も、みすみす死んで行くのを見て皆不安に脅えていた。

食事は来る日も来る日も豆と玉葱《たまねぎ》と、腐りかけた少量の牛肉を飯の上にかけただけで、とても人間の食えるようなものではなかったが、我慢して食うしかなかった。

絶望寸前の七月中旬、抑留者交換の朗報が飛び込んできた。一同思わずワーッと歓声を上げた。すぐに第一次帰還者七二〇名の氏名が収容所司令官から発表されたが、幸運にも石原の一六名は全員この中に含まれていた。

八月六日、ちょうど六か月半ぶりに収容所の柵外に出て自由の空気を吸った一六名は、行きとは違って窓も開け放たれ、爽やかな風の吹き込む列車でボンベイまで快適な旅を楽しみ、八月十三日、交換船「シティ・オブ・パリス号」でボンベイを出帆、南十字星を仰ぎながら一路南下し、二十八日の朝、南アフリカのロレンソ・マルケスに入港、先着の日本の交換船「龍田丸」と並んで岩壁に繋留された。

昭和十七年九月一日午前八時、英国の交換船「ナイル号」と彼我《ひが》抑留者の交換が開始された。一同は「龍田丸」に乗り移って自由の身となり、故国への平穏な航海を楽しんだ。「龍田丸」は無事シンガポールに着いた。去年までは英国の東洋支配の牙城であったシンガポールには、今や日章旗が翻っていた。

一行は既に現地に復帰していた社友の出迎えを受け、感慨無量で語る言葉もなかった。

話は少し戻るが、昭和十七年二月十五日のシンガポール陥落の前日、二月十四日十一時三十分、日本の落下傘部隊約四〇〇人が蘭印スマトラ島のパレンバン飛行場と製油所に降下し、これを制圧した。間もなく上陸してムシ川を遡って進撃してきた日本軍主力と合流、三月十五日に第二次落下傘部隊も降下、オランダ軍を圧倒した。

現地には古い伝説があった。いつの日か白い衣をまとった神が天から舞い降りて、虐げられた人々を救うというのである。オランダ軍は降伏の時、現地人に石油工場の設備を破壊するよう命じたが、現地人はこれに従わなかった。日本でもこの落下傘部隊は「空の神兵」と讃えられ、昭和天皇は落下傘部隊にねぎらいの言葉をかけられ、その訓練を視察された。

開戦前、日本の石油保有量は七七〇万トンで、一年で約五〇〇万トンは消費するから、一年半分しかなかった。南方作戦の最大の目標は年間四〇〇万トン以上を生産するパレンバン油田などの石油の確保であったから、この作戦の成功で日本は三年半戦い続けることができたのである。

開戦から三か月、連戦連勝の日本軍に東西から包囲された形の連合国艦隊は、僅かにジャワ海にその残存勢力を残すのみとなっていた。

二月二十七日、蘭印の本拠地ジャワ島東部攻略を狙った日本の輸送船団を護衛していた重巡洋艦（以下「重巡」）二、軽巡洋艦（以下「軽巡」）二、駆逐艦一四の日本艦隊は、スラバヤの沖で重巡二、軽巡三、駆逐艦一〇の連合国艦隊と、この戦争で初めての艦隊同士の海上決戦を繰り広げた。

奇しくも戦力はほぼ互角だったが、二〇センチ砲を持ち、火力に勝る日本艦隊は二日にわたる激戦の結果、敵の軽巡二、駆逐艦二を撃沈、重巡二大破、味方はほとんど損傷なしという劇的な勝利で、輸送船団は三月一日ジャワ島に上陸した。「スラバヤ沖海戦」と呼ばれるこの会戦で、日本はこの地域の制海権、制空権を握り、ジャワ、スマトラ、ボルネオ、セレベス、ニューギニア、フィリピンを次々と占領した。
マレー半島の西側のインド洋ではビルマ進攻が既に一月から開始されていたが、日本の更なる進撃を阻止すべく、四月上旬、セイロンのツリンコマリー港を基地とする英国艦隊が動き始めた。日本の海軍航空部隊は四月五日からの攻撃で英重巡「ドーセットシャー」と「コーンウォール」を撃沈、九日にはついにツリンコマリー東南東を航行中の英航空母艦「ハーミス」を捕捉、これを撃沈した。


連戦連勝を誇る日本に一つの影が忍び寄っていた。

昭和十七年（一九四二）四月十八日午前六時三十分、監視船「第二十三日東丸」は、「敵空母三隻見ゆ。わが地点犬吠埼《いぬぼうさき》の東六〇〇浬（一一〇〇キロメートル）」の飛電を残して消息を絶った。

実際はハルゼー中将率いる空母「エンタープライズ」「ホーネット」、重巡三、軽巡一、駆逐艦八などで、日本本土初空襲を狙う中型爆撃機ノースアメリカンB25一六機（指揮官ドーリットル陸軍中佐）を「ホーネット」に搭載していた。日本側は通常の艦載機の行動範囲（五〇〇キロ）からみて、空襲は十九日早朝になると思い込んでいたので索敵機、攻撃機の発進もしなかった。

ところがB25の航続距離は二一七三キロメートルもあるので、当初から帰艦を考えず、爆撃後は中国本土に着陸する予定であったから、午後発進、夜間奇襲の計画を急遽繰り上げ、日本時間午前七時二十五分、一六機は「ホーネット」を緊急発進した。東京の真東約一二〇〇キロ、予定より三〇〇キロも遠い地点から雨の中、決死の発進であった。

十八日午後零時三十分頃、東京に侵入したB25は最初の爆弾を投下、横浜、川崎、横須賀、名古屋、四日市、神戸にも合計二一発の爆弾と一四六五発の焼夷弾《しょういだん》を投下して行った。全機意表を突く超低空だったため、迎撃戦闘機も対空砲火も役に立たず、空襲警報も全機が通り過ぎてから鳴る始末であった。

空襲の被害そのものは軽微であったが、監視船が生命をかけて発した急報が生かされず、油断と思い込みのために、迎撃態勢も不十分で帝都上空をわが物顔に飛び回らせた挙句、全機を取り逃がした（一機はウラジオストックに不時着、ソ連に拿捕《だほ》された）ことは国民の大きな不満を呼んだ。

海軍は中部太平洋の防衛を強化し、更に米空母を捕捉撃滅するためミッドウェーを攻撃、占領する作戦の早期実施を決定した。

たまたまこの頃、日本は手に入れた蘭印の資源地帯の外郭防衛線を確保するため、東部ニューギニアの南岸のポートモレスビーを占領し、珊瑚海を隔てたオーストラリアにも圧力をかけようとして、大型空母の「翔鶴」「瑞鶴」、それに小型空母の「祥鳳《しょうほう》」を中心とする機動部隊を差し向けていたが、米軍はこれを阻止しようとして大型空母「ヨークタウン」と「レキシントン」を中核とする艦隊を出動させ、五月七日、八日に太平洋戦争で初めての空母群同士の決戦が始まった。

まず七日には米空母機隊が「祥鳳」を発見、七本の魚雷と一三発の爆弾を命中させてこれを撃沈し、日米両空母群は全く互角の勢力となった。

八日朝、両空母群は再び激突、「翔鶴《しょうかく》」は飛行甲板に爆弾が命中、飛行機の発着ができなくなったのでトラック島に回避を命ぜられた。一方「レキシントン」には魚雷二本と爆弾二発が命中、大爆発を起こして航行不能となったので友軍が魚雷で沈めた。「ヨークタウン」も爆弾で損傷を受けた。

互いに相手を視認しないで行われた海戦史上初めての珊瑚海空母決戦は、双方とも空母沈没一、損傷一で引き分けの形で終わった。日本軍は戦場にとどまり、米軍が退却した形だけをみると日本が勝ったようにも見えるが、失った飛行機やパイロットの数は日本の方が多かった。この損失は一か月後のミッドウェー海戦に大きな影響を与えることになる。

昭和十七年（一九四二）六月四日朝、南雲忠一中将率いる空母四、戦艦四、重巡三、軽巡四、駆逐艦三三という強力な連合艦隊はミッドウェー島の海域に接近、空母隊から発進した第一波一〇八機は島の航空基地を攻撃した。待ち受けていた米戦闘機は零戦の活躍で排除し、基地にも相当の損害を与えたが、まだ十分ではなかった。なぜか米空母部隊の姿はなかった。

南雲司令官は、敵空母部隊を撃滅すべく魚雷を装備していた第二次攻撃隊に、急遽爆弾装備への変更を命じた。その時、重巡「利根」の水上偵察機から、

「敵艦らしきもの一〇隻、ミッドウェーの北三八四キロ」の報告が入った。

南雲司令官は艦隊攻撃を優先し、再び魚雷装備を命じた。大混乱の中、ようやく午前七時三十分出撃のめどがついた。

その直前、七時二十五分、「エンタープライズ」を発進した急降下爆撃機三六機が上空から襲いかかってきた。直掩《ちょくえん》の零戦はその少し前に低空の四〇機の雷撃機を撃滅したばかりで、上空への警戒が一瞬盲点になっていた。

空母「赤城」と「加賀」の飛行甲板は飛び立とうとする攻撃機でいっぱいだった。四発の爆弾が「加賀」に命中し、一発は七〇機の艦上機群の真ん中で爆発した。巨大な火柱が中空に立ち上った。ガソリンと魚雷、爆弾が爆発し、艦上機はすべて木っ端微塵となって舞い上がった。

旗艦「赤城」には三発の爆弾が命中し、巨大な空母は火の海となった。ほとんど同時に「ヨークタウン」の急降下爆撃機一七機が空母「蒼龍《そうりゅう》」を襲った。甲板の飛行機はすべて

吹っ飛び、全艦は火の海となった。「蒼龍」は午後七時まで燃え続け、大爆発を起こして七〇〇名の乗員と共に沈んだ。

「加賀」は八〇〇名が戦死し、二回の大爆発を起こして「蒼龍」の後を追った。旗艦「赤城」は翌朝まで戦死者二六〇名を乗せたまま漂流していたのを友軍の魚雷で処分された。

ただ一隻残っていた空母「飛龍」は四〇機をもって「ヨークタウン」を攻撃し、魚雷二本と爆弾三発を命中させ戦闘不能とした。その後日本の潜水艦がこれを撃沈した。しかし「飛龍」もまた四〇機の攻撃を受け大破して航行不能となり、のちに友軍駆逐艦により処分された。

惨敗であった。

日本は主力空母四隻すべてと重巡一隻、駆逐艦一隻を失ったのに対し、米国の損害は空母一隻、駆逐艦一隻にすぎなかった。それよりも飛行機の損失は日本二五三機に対し米国一五〇機、人員の損失は日本二七〇〇名に対し、米国三〇七名だが、日本の多くは優秀なパイロットで、このことはその後の戦局の展開に大きな影響を与えた。

米国が日本の暗号電報をすべて解読し、十分な対策を立てて待ち構えていたことは今は周知の事実である。

この時点で日本の占領した地域は北はアリューシャン、東はギルバート諸島、南はニューギニア、西はビルマと太平洋戦争中最大で、いわゆる攻撃終末点に達していた。

そして連合軍の反撃が始まる。

日本はこの広大な地域の防衛線を構築する必要があった。まず米国とオーストラリアを分断するためソロモン諸島に飛行基地を建設するべく、ガダルカナルに上陸し、七月から飛行場建設の工事を開始した。

皮肉なことにこの作戦は、敵にこの地域の重要性を教えてしまったことになる。人手による作業で滑走路がようやく形をなした八月七日、米国機動部隊が急襲、一万の海兵隊を上陸させ、戦闘員は僅か九〇〇名余りの日本守備隊を壊滅させると、ブルドーザーを使ってあっという間に飛行場を完成、強力な戦闘機の大部隊を次々と送り込んできた。

慌てた日本軍は急遽増援部隊を編成、重巡五、軽巡二を基幹とする護衛艦隊を派遣、八月八日、重巡五を基幹とする米国護衛艦隊を急襲した。海戦そのものは敵重巡二、駆逐艦二を撃沈し、一応の成果を上げたが、不幸にも敵弾が旗艦「鳥海」の艦橋に命中し、作戦室や海図室が吹き飛んで艦隊の指揮ができなくなり引き揚げざるを得なくなった。これが「第一次ソロモン海戦」である。

八月から十月までガダルカナル奪回のため日本の繰り返した攻撃は、いずれも小出しで効果はなかった。米軍の防備は強化され、いよいよ大規模な攻撃が必須となってきた。

十月十日、日本軍は戦艦四、空母四、重巡八、軽巡二ほか計三九隻の、ミッドウェー海戦以来最大規模の艦隊がトラック島を出航、十三日には戦艦二隻がガダルカナルの飛行場を砲撃、米機九〇機の大半を撃破、滑走路も完全に使用不可能となるまで破壊した。

二十六日、サンタクルーズ諸島北方で空母同士の戦いが始まった。日本機の攻撃は米空母「ホーネット」に集中した。攻撃隊長機（村田少佐）は対空砲火で燃えながら「ホーネット」に突入し、大爆発を起こさせこれを航行不能とした。「ホーネット」は最後に日本駆逐艦の魚雷で撃沈された。東京空襲の仇《かたき》がやっと取れたことになる。

この海戦では日本側は空母二、重巡一が損傷し、米国側空母一が沈没、空母一、戦艦一が損傷し、日本が勝ったように見えるが、飛行機損失では日本一〇〇機で、米国の七四機を上回り、特に熟練パイロットの喪失が多く、ミッドウェーに加え大きな打撃となった。

この第二次ソロモン海戦は特に規模が大きかったので「南太平洋海戦」と呼ばれている。

もう一息でガダルカナル奪回ができると信じた日本軍は一一隻の大型輸送船団を編成し、一万三五〇〇名の増援隊に野戦重砲、戦車を積み、戦艦二、巡洋艦六で船団を護衛し飛行場を砲撃しようとしていた。

十一月十二日からの三日間の夜戦を含めた戦闘で米艦隊指揮官も戦死するという激戦の後、日本は戦艦二、重巡一沈没、重巡二、軽巡一損傷、米国は軽巡三沈没、戦艦一、重巡二損傷という残念な結果となったが、それよりも七隻の輸送船を撃沈された兵力と重火器の損失は日本にとって致命的であった。

第三次ソロモン海戦の敗戦でこの地域の制空権、制海権は完全に米国に奪われ、ガダルカナル島に残された日本軍は悲惨な運命を辿ることになる。

この年、昭和十七年（一九四二）の十二月三十一日、御前会議が開かれ、ガダルカナル島撤退が決められた。翌昭和十八年（一九四三）二月九日、大本営は、

「……その目的を達成せるにより、二月上旬同島を撤し他に転進せしめられたり」

と発表した。陸軍が投入した兵力約三万三〇〇〇人のうち死者約一万九〇〇〇人（うち戦死者約八〇〇〇名、戦病死者約一万一〇〇〇名）といわれている。戦病死者のほとんどは飢死で、実際は一万五〇〇〇名ぐらいはいたという説もある。ただ撤退者（転進者）は一万六六五二名といわれているのが唯一の救いである。

陸海軍総長が報告に行った時、天皇は「では転進してどこへ攻勢に出るのか」とお聞きになった。杉山参謀総長は「ニューギニアでございます」とお答えした。（半藤一利氏『昭和史』）

こうして日本より広大なこの島・ニューギニアで制海権も制空権も失った二〇万人の日本軍は、分断され、補給もなく、住民の支援もなく、ある者は険しい山脈と密林の中で終戦まで戦い続け、帰還できた者は僅か二万人以下というガダルカナル以上の悲惨な状況に陥るのである。

悲報はまだ続く。昭和十八年（一九四三）四月十八日、連合艦隊司令長官山本五十六はソロモン海域を飛行機で視察中、暗号を完全に解読していた敵空軍に迎撃され戦死した。直後の五月二十九日、アリューシャンではアッツ島の日本守備隊二五〇〇人が、敵機動部隊が上陸させた一万人以上と死闘の後、全員玉砕した。同じアリューシャンのキスカ島の日本守備隊は二か月後の七月二十九日撤退した。

米軍の反攻はますます厳しさを加えてきた。十一月二十五日、中部太平洋の守りの要であるマキン・タラワ両島の守備隊五三八〇人が全滅、翌昭和十九年（一九四四）の二月には米軍は日本の委任統治領であったマーシャル群島に上陸、クェゼリン島の日本守備隊三四七二人が全滅した。

同じ昭和十九年六月十五日には米軍はついにサイパン島へ上陸を開始した。六月十九日、空母一五、戦艦七以下圧倒的な優勢を誇る米艦隊を迎え打つため、日本も僅かに残る空母九、戦艦五以下を出動させ、最後の決戦を挑んだが、兵力の差は如何ともしがたく、空母

サイパン島バンザイクリフ

沈没三、大破四、戦艦大破一と壊滅的な損害を受け、日本の連合艦隊は事実上消滅したのである。

　七月七日、サイパン島の日本軍約三万人が戦死、市民一万人も死亡した。

　七月十八日、東条内閣は総辞職した。七月二十一日、米軍がグアム島へ上陸した翌日、二十二日に小磯国昭内閣が成立した。

グアム島では一万八四〇〇人が戦死、九月二十九日に占領された。

　この頃、紀州の石原産業では不思議な出会いがあった。

昭和十七年二月十五日、シンガポールで降服した英軍捕虜の一部三〇〇人が、昭和十九年（一九四四）六月十六日、大阪俘虜《ふりょ》収容所から石原産業の紀州鉱山に移されてきたのである。

これらの捕虜は映画「戦場にかける橋」で有名なタイとビルマの国境の密林地帯で、クワイ川を鉄橋で渡る泰緬《たいめん》鉄道の建設という大変な作業に使役されていた。この昭和十九年の春、ノンプラドックからタンビザヤまでの四一六キロの泰緬鉄道がようやく全線開通したので、内地の労働力不足を補うため、米潜水艦の跋扈《ばっこ》する海域を内地に送られ、幸運にも無事到着したところであった。

六月二十一日、大阪俘虜収容所入鹿分遣所の開所式が開かれたが、石原廣一郎は陸軍大佐の大阪俘虜収容所長と、紀州鉱山に新設された陸軍少尉の入鹿分遣所長の訓示のあと、事業主訓示として一言挨拶したい旨申し出て特別の許可をもらった。異例のことである。

廣一郎は話し始めた。

「自分は二十五年前からマレーで事業を始めている。あるいはＩＳＫという当社の名をご存じの方もおられるかもしれない。

先ほど所長が話されたことは当然職務上軍律に照らして厳格なお話であったが、本鉱山の会長であり、民間人である石原はこれと違った態度で接するつもりである。所長は今『俘虜』という言葉を使われたが、諸君は武運拙く捕らえられたにすぎない。諸君は武装解除され、既に兵隊ではないのだから、自分は諸君を敵国人扱いしない方針である。

戦争はまだ終わっていない。米英が勝つか、日本が勝つか分からないが、なるべく早く平和になることを望む。諸君の祖国では諸君の妻子・父兄が諸君を待っているのであるから、健康を保持して一日も早く祖国へ帰られんことを望む……」

廣一郎が話しているうちに、所長と分遣所長の顔色が怒りで真っ赤に染まってきた。特に若い少尉である分遣所長の握った拳は激怒のあまりぶるぶる震えていた。しかし二人は廣一郎が近衛前総理らとも気安く話し合えるほどの大物であることを知っていたので、ここはただ耐えていた。

廣一郎は話し続けた。

「諸君はこの鉱山にいるうちに鉱山のことをよく研究し、よく学ばれよ。今は直接諸君の仕事と関係ないかもしれぬが、平和の暁、諸君が帰国した時、何か大きな助けとなることもあろう。また一生懸命この仕事をやっておれば気も紛れて、愉快にこの期間を過ごすことができるであろう。

先刻お話のあったように、収容所としては諸君を軍律に照らして厳重に取り扱うということであって、これは軍隊として当然のことであるが、自分としては諸君がこの職場で働いている間は諸君を一般の従業員と同様に取り扱う。したがって将来諸君が職場に関して意見を持たれたならば、どしどし申し出てもらいたい。会社としてはよく研究し、採り上げるべきは採り上げて参考とする。

自分はかつて英領マレー半島でいろいろな事業をやって今日の基礎を築いた。英国とは現在敵国となっているが、自分の今日あるのは英国のおかげであるから、いまだに英国に対する感謝の念を忘れない。私自身も英国人に多数の友人がいる。現在日本と英国は戦っているが、これは国家と国家の戦いであって、石原個人としては英国人に対する気持ちは昔と何ら変わるところがない。したがってこの山では諸君を敵国人として取り扱わないことを断じて誓っておく。安心して平和の来る日を待たれよ」

石原廣一郎の心の籠もった訓示は捕虜たちを感動させた。この開所式の前に長い旅路に疲れ果てた彼らを見て何とか慰労してやろうと思い、「一番欲しがっているものは何か」と訊かせたところ、「煙草」という答えが一番多かったので、三〇〇人の捕虜一人一人に煙草三本と紅茶を支給した。

彼らはこの思いがけない厚遇に感激して歓声を上げ、中には一度に二本の煙草に火をつけて両手に持って喫煙する者もあり、束の間捕虜であることを忘れて楽しんでいたのである。

石原は鉱山従業員一同にも「武器を捨てた敵を愛せよ」と諭し、俘虜収容所に舞台付きの娯楽室を設け、鉱山従業員の個人所有の玉突き台、オルガン（いずれも鉱山唯一のもの）を提供してもらい、俘虜の自治組織が自ら選んだ演劇係、室内遊戯係、音楽係が自由に管理、使用した。

また図書室には学究的な書物、小説を備えつけ、図書係の自主的指導により大いに利用させた。祈禱《きとう》室も設けられ、毎週の礼拝の他、定例の礼拝にも使われた。

石原の期待どおり、英国人は紳士的で規律正しく、よく働いた。防諜《ぼうちょう》上私的な会話は禁じられていたが、仕事上の指示や報告を重ねるうちに次第に日本の従業員ともよく馴染んできた。学徒動員で鉱山へ来ている学生などはこっそり英語を習いに来ていた。

一番大変だったのは食糧と医療であった。食糧の方は所定の配給ではとても足りなかったので、近くの比較的平坦な土地に農園を開墾し、一部の捕虜を農園係として野菜や馬鈴《ばれい》薯《しょ》などを栽培させて自給自足をはかった。近くの農民も時々野菜などを届けてくれたりした。

医療については大きな問題を抱えていた。捕虜の中には泰緬鉄道の建設の苦役と、その後の長旅で健康を害している者が多く、なけなしの薬品でできるだけの治療をしたが、終戦までに一六名の捕虜が亡くなった。死亡者が出ると一人一人丁重に葬られ、墓にも名前が記された。

英国大使館提供の紀和町に眠る一六名の氏名（三重県南牟婁郡紀和町〈現・熊野市〉教育委員会発行『紀和町史』下巻所載）は恐らく死亡日順になっていると思われるので、これを所属別にまとめて見ると次のとおりである。（検索のため姓が先になっている）

英国通信兵団　伍長ロップ・ゴードン・ケネス　信号手ハント・ジェイムス　同ウオー

カー・アルバート・ヘンリー・パーシー　同グリフィン・ヘンリー・ダニエル　同ロジャース・ロバート　運転手ウオーターズ・フレデリック・ノーマン
英国陸軍軍属　炊事兵ラヴデン・コンラッド
英国シャーウッド第一森林連隊第五大隊　兵士ジョーンズ・レナード
ケンブリッジシャー連隊第一大隊　兵士ランベス・アルバート・アーネスト　同ドルー・ジョン・ヘンリー　同バーバー・ケネス・チャールズ　同エルマー・シドニー・ジョン・ハーバート
英国ノーサンバーランド　フュージリア歩兵連隊　伍長勤務上等兵モリス・ハロルド
同第九大隊　兵士ダンロップ・ジョン　同ウィリアムソン・アルバート・ベル
英国装甲兵団第十八陸軍偵察隊　伍長勤務上等兵トンプソン・フレッド・ロンズデイル

石原廣一郎のこの捕虜厚遇は、のちに彼が戦犯に問われた時、有力な弁護資料となった。

一年二か月後の昭和二十年（一九四五）八月十五日、戦争は終わった。亡くなった人たちも長い長い肩書を脱ぎ捨てて、みんなジョンやヘンリーに戻ったのだ。
しかし所属隊の英国の地名を読むと、彼らがいつも思い出していたであろう故郷の幾重にも広がる緑の平原や、なだらかな丘陵と、緑濃い森と山が浮かんできて、それを再び見ることのできなかった人たちの無念さに心が痛む。

本当の付き合いは八月十五日に始まった。B29の阪神地区爆撃の通り道で、いつも空襲警報の鳴り響いていた空は、戦争の終わったその日は一点の雲もなく晴れ渡り、山の緑は濃く、北山川の流れはあくまでも澄み切った入鹿の村を、英国人たちは今は自由にそぞろ歩いた。初めは戸の隙間から恐る恐る覗いていた村民たちも、一時間もしないうちにすっかり打ち解け、英国人は片言の日本語を、日本人は片言の英語を話し始めた。

しかし別れの日はすぐ来た。九月八日の朝、去り行く者と残る者はまるで百年の知己と別れるように名残を惜しんだ。英国人たちはユニオンジャックの国旗を掲げた十数台のトラックに分乗して、習い覚えたばかりの「サヨウナラーッ」を声を限りに連呼し、手を強く振り続けながら入鹿を去っていった。乏しい食べ物を少しずつ分けてくれたのを知っている者は目に涙さえ浮かべていた。

その一人、ジョー・カミングスは自分の手で掘り出した銅鉱石と、送ってくれた児童の手作りの紙の英国の小さい国旗、それに一膳の箸を宝物のように今も大切に保管しているとのことである。

その後も関係者は文通を続けるうちに、元捕虜たちはイングランドの最北、スコットランドとの境のノーサンバーランド州のパーウィック・オン・ツイード（「ツイード川に面したパーウイック」の意で、他の同名の町と区別している）やその周辺出身の人が多いのが分かってきた。

余談ながらこの地域は昔、ブリタニアまで支配したローマ帝国の北限で、皇帝ハドリアヌスが北方民族の侵攻に備えて、紀元一二二年に盛り土の上に切り石を積んで築かせた高さ五メートル、幅二・五から三メートルの防壁があった。この辺りでは当時はブリテン島の最狭部の一つで、東はニューカッスル、西はカーライルまで一一八キロも続いていた。現存する部分は英国に残る最大のローマ遺産として一九八七年、世界文化遺産に指定された。

同じく古い歴史を持つ紀和町との間に「平和の虹の架け橋」が花咲こうとしている。平成四年（一九九二）、信じられないほど嬉しいことが起こった。

紀和町平谷出身でロンドン在住の恵子・ホームズさんが、ロンドン極東捕虜協力会に顔を出しているうちに、今は「イルカボーイズ」と呼ばれる昔紀和町にいた元英国兵捕虜たちと交流をし、彼らは今も亡き戦友の墓守りをして花も絶やさない老人クラブの人々がいるという話を聞いて感激して、ぜひ会いたいとの希望が寄せられた。

これを受けて平成四年（一九九二）、ロンドン側と日本側にイルカボーイズ訪日墓参実行委員会（会長村上岩太）を結成、十月訪日を目指して直ちに募金活動が開始され、全国各地から善意の募金が寄せられ、ついに訪日墓参の夢がかなえられた。

元英国兵捕虜追悼式　1992年（平成４）10月９日　『紀和町史』下巻より

ホワイト団長のもと、二四名の一行が入鹿の地を踏んだのは平成四年十月八日のことである。

四十七年ぶりに見る紀州鉱山は、建物は大分変わっているものの、秋の気配を見せ始めたが緑なお濃い山々、どこまでも澄み切った北山川の清流など昔と少しも変わらない姿を見せてくれた。

紀和町側は中浦町長をはじめ町民多数が出迎えた。五十年近い歳月は英国人も日本人もすっかり変えてしまったが、話しているうちに「サヨウナラーッ」と連呼して、ちぎれるほどに手を振って別れたあの日のことなど思い出して涙ぐむ人も出てきて話は尽きなかった。

英国人一行が何より心を打たれたのは亡くなった英国兵の墓地である。板屋所山の森陰にある静寂そのもののような墓地はいつも綺麗に掃除され、中央の十字架の下には、「偉大なる神の栄光と英国兵の記念のために　一九四一〜一九四五の戦争で日本国板屋付近で亡くなった英国軍兵士の思い出を」と銅板に刻んだ墓碑があり、十字架の両側にはいつも生き生きした美しい花が供えられている。更に右側には亡くなった一六名の姓名を刻んだ大きな墓碑、左側には紀和町教育委員会の詳細な説明の立派な碑が並び、三つの碑が周囲の美しい自然とよく調和して荘厳な雰囲気を醸し出している。

英国からの墓参団の一行はその日は瀞流荘《せいりゅうそう》に泊まって和風料理と温泉を楽しんだ後、翌九日の午前十一時から戦没者墓地において町内外の関係者、石原産業の幹部など二〇〇名も参列して慰霊追悼式が行われた。正装の英国大使館武官とイルカボーイズの面々は、異境で果てた一六人の戦友の霊に長い祈りを捧げ、深い山峡に英語と日本語の讃美歌の大合唱がこだました。

式典終了後、レセプションが開かれ、手振り身振りで話し合う人たちもあり、捕虜だった人たちが五十年近くも前の収容所を再訪問、墓参りをするなど前代未聞だろうなと、皆誇らしげだった。

翌日、平成四年十月十日、ユニオンジャックの旗の波と「サヨウナラーッ」の大合唱に送られて、イルカボーイズたちは再び紀和町を離れた。涙もろい人はまた目をうるませていた。（前掲『紀和町史』下巻ほか、当時の新聞各紙）

泰緬鉄道に関する資料が、クワイ川鉄橋のあるカンチャナブリの戦争博物館に展示されている。（毎日新聞社刊「太平洋戦争」〈ビデオ〉鑑賞の手引第一集）

連合軍捕虜約六万人の他、近隣各国から募集・強制連行された現地人推計一〇万人がこの鉄道の建設に従事させられたが、苛酷な労働と食糧の不足、伝染病、連合軍の攻撃などで連合軍捕虜だけでも約一万六〇〇〇人が死亡したとされる。日本軍関係者多数が捕虜虐待で戦犯とされ、処罰を受けた。

この博物館の表門には〝FORGIVE BUT NOT FORGET〟と書かれている。「許すことはできるが、忘れることはできない」と訳されることが多いが、戦争の中ではあってはならないいろいろなことが起こった。広島や長崎の人々はこの言葉をどう思われるだろうか。

本当にこの言葉がふさわしいのは、皆食料に困っている時に、今まで不当な取り扱いを受け続けてきた捕虜に乏しい食べ物を分かち与え、その心を解きほぐし、何十年経っても忘れさせない入鹿の人々ではないだろうか。そして〝FORGIVE AND NOT FORGET〟であってほしい。

石原産業の四日市工場にも六〇〇人の英国兵捕虜が配属されたが、俘虜収容所長が事業主訓示を許可しなかったので、石原廣一郎の方針は徹底せず、更に四日市は空襲が多くなり、捕虜の死傷のおそれが出てきたので他へ移された。

戦局はますます悪化していた。昭和十九年（一九四四）の後期には米軍の反攻の目標はフィリピン、それも中部のレイテ島に向けられていた。

十月十七日、レイテ湾口の小島に上陸を開始した米軍は、二十日にはマッカーサー率いる主力も上陸、「私は帰って来る」という公約を果たした。こうして二十三日から二十六日までの日米最後の艦隊同士の大決戦が始まった。

空母四、戦艦二、軽巡三、駆逐艦六、そして艦上機僅か一〇〇機、これが小沢中将率いる北方部隊に与えられた戦力であった。実はこの艦隊は栗田中将率いる空母四、戦艦九、重巡一四以下の強力な中央部隊をレイテ島へ突入させるための囮であった。

戦いは台湾の南、ルソン島の北東端のエンガノ岬沖で十月二十五日の夜明けに始まった。一八〇機の敵攻撃機の大編隊の来襲を小沢中将が目撃した時、日本側の作戦が成功したことを確信した。しかしその代償は大きく、五次にわたる攻撃で空母四はすべて沈み、戦艦二も大破した。

この犠牲のおかげで主力艦隊である戦艦四、重巡六を擁する栗田艦隊はたちまちレイテ近海に残っていた米空母二、駆逐艦三を撃沈、レイテ島の玄関口はガラ空きに近い状態になった。慌てふためいた米軍護衛空母艦隊は、至急救援を求める電信を平文のまま打ってしまったといわれている。

ところが勝利を目前にした栗田艦隊は午前九時二十五分、突然戦闘を中止し、艦隊を反転させて北方に去ったのである。ハルゼー率いる主力艦隊はもはや小沢艦隊を無力化し、全速力でレイテ救援に戻ってくることは目に見えているし、また有力な航空兵力がレイテに集結中であることは傍受電報からも十分察知できたからであろう。

巨大戦艦「大和」の四六サンチ砲は初めて火を噴いたが、同型艦の「武蔵」はレイテに辿り着く前に撃沈されてしまった。日本がマレー沖海戦で世界に示した教訓を、今は日本が思い知らされているのである。

石原産業は戦前からフィリピンでも鉱物資源の調査を進めていたが、日本軍のフィリピン占領以来、軍の命令で開発を進めた鉱山も含めると、ルソン島東岸のカランバヤンガン鉄山、パラカレ鉄山、マニラの南方約四〇〇キロのパナイ島のアンチケ銅山、ピラカピス銅山、そのすぐ南のネグロス島のシバライ銅山などを経営していた。

米軍のレイテ進攻により各地の治安は極度に悪化し、操業はもはや不可能となっていた。パナイ島のアンチケ銅山は戦前から開発を進めてきた鉱山であったが、昭和十七年（一九四二）九月、従業員二四名がトラックで鉱山に向かう途中、武装した反日軍の襲撃を受け、日本人八名、現地人四名が死亡した事件があり、特に治安が悪かった。

この頃から軍は日本企業のフィリピンでの操業の危険性を知り、軍需産業以外の企業の整理・引き揚げを勧め始めた。


アンチケ銅山のこの事件を聞いた石原廣一郎は急遽軍の飛行機を借り、従業員の慰霊と現地の視察のためフィリピンへ飛び、懇ろに弔った。この頃フィリピンは日本の軍政の下にあったが、陸軍と海軍が管轄する占領地の争奪を行い、現地の産業・経済の運営でも、ことごとに対立している実態を知った。

更に政策面でも、たとえばサトウキビ畑をつぶしてこの地の気候には向かない綿花の栽培を強制するなど、現地住民の意向を無視した命令で不満を買い、もともと現地にいた日本人でさえ「これではアメリカが統治していた時の方が良かった」とこっそり不平をもらすほどであると聞いた廣一郎は、このままでは現地住民の信頼を得ることはできないと、旧知の比島派遣軍司令官や参謀長に直言した。

そんな話は当然すぐに内地に伝わる。廣一郎の帰国が飛行機の接続がうまく行かず、日程より二、三日遅れた時、石原廣一郎はマニラで憲兵に逮捕されたという噂が内地で広まり、近衛公までが心配したと言われている。

米軍はガダルカナルを占領した後、ルソン島のすぐ南のミンドロ島を抑え、次いでルソン島にも上陸しようとしていた。

昭和二十年（一九四五）になるとフィリピンの全鉱山は休山命令を受け、それぞれ現地を引き揚げ中であった。一応各社の主な拠点のあるマニラに集結しようとしたが、いずれマニラ一帯が戦場となるおそれが出てきたので、非戦闘部隊はバヨンボンへ、清水支社長らは軍政監部と同行してバギオへ向かった。

バギオは昭和十七年（一九四二）一月、日本軍が威風堂々と上陸してきたリンガエン湾に近く、僅か三年の間に敗残の兵となった悲哀は胸を突き刺した。

昭和二十年七月七日、一行はモンテンルパの捕虜収容所へ入れられた。この日もマニラ湾の夕日は美しかった。

フィリピンでの敗北は国民に大きな衝撃を与えた。同時に連合艦隊の事実上の消滅は、東南アジア全域での日本の制空権・制海権の喪失を意味した。

誰が見てもこの戦争は日本不利ということが明らかになってきたこの時期、石原廣一郎は軍部から注意人物と見られ始めていた。もともと石原は東条英機とはあまり親しくなく、記録では少し遡るが開戦直後の昭和十六年（一九四一）十二月二十九日（あるいは三十日）、石原が東条を訪問したのが事実上の初対面であった。

会談の冒頭、石原は、

「日本軍は南方を占領しても、これをそのまま日本の領土にしてはならない。各現地人の独立国家をできるだけ早く樹立し、なるべく早く撤兵すべきである。そうしないと現地人は植民地から解放されたとは思わず、植民地の宗主国が代わったと思うだけで、民衆の心は日本を離れることになる。かくては日中事変の二の舞となってしまう」と発言した。

ハワイ、マレー沖の海戦の勝利に舞い上がっていた東条は、この意見に耳を貸そうとはしなかった。これ以来、石原の意見は危険思想と見なし、政治的影響力を持つ委員会などには登用せず、講演などの機会はなるべく与えず、講演の時は憲兵に厳重に監視させた。講演の議事録の訂正を要求されたことさえあった。

サイパンを占領された責任を取る形で東条内閣は総辞職し、小磯国昭内閣が発足したが、軍部主導の竹槍作戦は変わらず、国民の不満は憲兵政治で抑え込み、「欲しがりません勝つまでは」という標語で人々の心も暗かった。

それに加え、欧州ではナチスドイツの無謀な四面作戦が破綻し、ソ連の奥深くまで攻め込んだスターリングラード攻防戦ではドイツ軍三三万が逆包囲され、一九四三年（昭和十八）二月に全滅（捕虜九万）した。同年五月には北アフリカ戦線で独伊軍が降伏、同年七月連合軍シチリア島上陸、ムッソリーニ失脚、同年九月イタリアが単独無条件降伏、翌一九四四年（昭和十九）六月六日、連合軍がノルマンディーに上陸と、ドイツ軍の劣勢が急速に進んでいた。

廣一郎は東京にいても京都にいても、見るもの聞くもの不愉快なことばかりであるので、当分世を忘れて紀州で暮らそうと思い、板屋の合宿所の隣に六畳と四畳半二間の小さな家を造らせ、採鉱現場を回りながら昭和十九年いっぱいは伸び伸びと暮らした。

筆者はこの時、昭和十九年十一月、京都の旧制第三高等学校の学生だった。

空襲警報が発令されてから間もなく、微かな爆音が聞こえてきた。見上げると敵機が一機、南から北へ悠々と飛んで行く。あまり小さいので単発の戦闘機かと思ったが、目を凝らすと高々度を行く巨大な四発の爆撃機らしい。中空の綿雲の反射光を受けて白銀に輝くその姿は、悔しいが見とれるほど美しかった。マリアナ基地と日本本土間二三〇〇キロを、爆弾七、八トンを積み、高度一万メートル（当時の日本の高射砲の射程外）で楽々と往復するB29を見たのはこれが最初だった。

京都は爆撃しないということがだんだん分かってきたので、B29を見物する余裕があったが、昭和二十年になると各地の激しい爆撃が始まった。

三月十四日は学年末試験だったが、午前八時になっても夜が明けない。下宿を出て十分、真っ黒い雲か靄《もや》かが立ち込めて黄昏《たそがれ》のような薄明かりの中を学校へ行ったが、誰一人いない。試験は中止になっていた。前夜来の大阪大空襲で舞い上がった煤煙《ばいえん》が、四、五〇キロ離れた京都まで流れてきて黒い雨になっていたのである。べとべとする顔をハンカチで拭くと、すぐにどす黒くなった。夕方近くなってやっと靄が晴れてきた。

大阪にいる実家の父母が気になるが、連絡をとる手段は何もない。三、四日して試験の終わった週末、大阪へ向かった。市内の交通機関は全部不通である。一面の焼け野原となった都心の惨状に心を痛めながら、大阪駅から一時間以上歩いて天王寺に辿り着いた。母校旧制天王寺中学は幸い焼け残ってどっしり立っていた。天王寺中学から私の実家まで歩いて十分ほど、焼けた家と無事な家が半々だった。不安いっぱいで最後の角を曲がると、ああ、ありがたいことに実家は無事だった。

聞けば、落下した焼夷弾数発の大半は庭に落ち、燃え上がったところを隣組の方々が総出で消火に当たってくださったおかげだという。実家はこの夜の焼夷弾攻撃を受けた地域の南の端だったことが幸いしたのである。

終戦間近の六月二十六日、防衛召集の手続きで実家に帰っていた時、空襲警報が発令された。この日の空襲は編隊でなく、一機ずつ飛来して爆弾を落として行った。

爆弾が落ちてくる時、空気をつんざく甲高いサイレンのような落下音が迫ってくる。敵機が頭上を通過して七五度ぐらいの角度まで行き過ぎた時、着地することが多い。防空壕《ごう》から半身だけ乗り出して見ているうちに、落下してくる爆弾の形まで見分けられるようになった。初めは胡麻粒《ごまつぶ》のような爆弾が、ある高度から茄子《なす》のように長く見え始めると、爆弾は外れて一、二キロ離れた辺りで爆発する。

その時、ひときわ高い落下音とともに爆弾が迫ってきた。いつまで経っても球形のままぐんぐん迫ってくる。〈これはやられる〉と直感した筆者は、父母の待つ防空壕に飛び込んだ。

ほとんど同時に物凄い大音響とともに叩きつけるような風圧が襲ってきた。防空壕の天井の土がばらばらと落ち、地面は大地震のように揺れた。そして静かになった。

しばらくして父が「近かったな」と呟くように言った。震動で緩んだ防空壕の天井が崩れてくるおそれもある。度胸を決めて外へ出てみることにした。

見渡すと北の方、天王寺中学の辺りに微かに煙が上がっていた。直線距離三〇〇メートルほどの所なのにあれだけ揺れたのである。行ってみると中学の建物は何とか無事だったが、東側のガラス窓は全部割れていた。道路を隔てた所には直径五〇メートル、深さ二〇メートルほどの穴がぽっかり開いていた。当時中学には若干の兵士が入っていたのでそれで狙われたのだろう。何人か何十人かの死傷者が出たのかもしれない。

筆者にとってはこの日の爆弾攻撃が徒手空拳で頭上の敵と対峙《たいじ》した最初で最後の体験で

ある。北上してきたＢ29の照準がもう〇・三、四秒早く作動していたら、あるいは北からの風が少しでも吹いていたら、筆者のいた防空壕は吹き飛んでいただろう。

生死を分けるのは運だというが、あの頃はいつも頭上から死が降ってきた。いつ自分の上に降ってくるか分からない。だから少しも恐ろしくはなかった。

でも幾十万、幾百万の人々の悲鳴のようにあの甲高く迫ってくる爆弾の落下音はもう二度と聞きたくない。


戦局は予想以上に急速に悪化して行った。

昭和二十年三月九日午後十時、ラジオはいつになく緊張した声で関東地区空襲警報発令を告げた。息つく間もなくラジオは叫び続ける。

「伊豆半島を北進せるＢ29一編隊は甲府付近より転回東進せり。また房総半島を西北進せるＢ29一編隊は高崎付近より西南進に転回せり。相模湾付近を北進中のＢ29一編隊あり。なお房総半島西北進中の一編隊あり」

もう今夜の空襲は帝都を四方から包囲し、集中爆撃を狙っているのは明らかであった。

隣組当番が「敵機来襲！　退避！」と声を限りに叫びながら回っているうちに、耳をつんざくような「ヒューッ」という甲高い落下音とともに「ドドドドオー！」と物凄い爆発音が轟《とどろ》く。廣一郎の自宅のある富士見町の外堀の堤で様子を見ていた皆は、慌てて身を伏せた。

繰り返し爆撃を受けているうちに分かってきたことがある。物凄い落下音とともに落ちてきた焼夷弾は低空で爆発し、何十個かの長さ数十センチの発煙筒のような発火筒を広い範囲にばらまく。この発火筒はたちまち凄い勢いで燃え上がり、木造の家ならばすぐ大火事になる。しかし庭に落ちた発火筒や丈夫な屋根瓦の上に止った発火筒は、燃え移るものが無ければそのまま比較的短い時間で燃え尽きてしまう。

「屋根だ！　屋根へ上れ！」

廣一郎は叫ぶなり近くの小西邸の塀際の庭木を攀《よ》じ上り、屋根の上に立って、隣組の人と力を合わせて、燃えている焼夷弾をバケツリレーでやっとのことで消し止めた。

息つく暇もなく、その隣の三井家の屋根が燃え出した。裏の平野家も燃え始める。こうなってはもう隣組の十数人の人手ではどうにもならない。

この時ようやく一台の消防車が来たので、そのポンプと隣組のバケツリレーで半時間ばかり必死に三井家の消火に努力したが、火勢激しく、もはや消し止められない。

そのうちに裏の平野家も盛んに燃え出す。平野家の火はすぐ裏の高島家に燃え移る。三井家の火は小西家に燃え移り、石原家の隣の今村家も一呑みにせんとする勢いである。

屋根の上の廣一郎に下から「オイ、兄貴」と声をかける者がある。振り向くと弟の高田儀三郎である。

「儀三郎か。今君の家がどうかと牛込の方を見ながら考えていたところだ。大丈夫か」

と尋ねると、

「駄目だ。先刻丸焼けになって兄貴のところへ避難しに来たところだ」

と割合さばさばしている。

「それは残念であったが仕方がない。僕の家もこのとおり、今まさに隣の火が移りかけているが、この火勢ではいかんともできぬ」

「この様子では兄貴の家ももはや駄目だ。僕は子供を連れているから茗荷谷《みょうがだに》の知人の所へでも行ってみようと思う」

と言って儀三郎は立ち去った。

時に三月十日午前一時半、もう敵機の姿は見えないが、周囲の火勢はいよいよ盛んであった。

石原家と約三メートル隔てた今村家の火が今まさに石原家の軒先を嘗《な》めんとしていたその時、不思議にも風向きが変わり始めた。三井、小西両家の消火に努めていた消防員も、一台のポンプでは如何ともなし難く、引き揚げようとしてわが家の前まで来た時、風向きの変わったことに気がつき、

「風向きが変わったようだ！　この家で食い止めよう！」

と叫び出し、約二十分ぐらい、隣組の人々と力を合わせ最後の努力を試みた。

何という幸運か、火勢はようやく少しずつ衰え始め、午前二時半頃にはもはや類焼の心配は無くなるほどにおさまってきた。

石原廣一郎はその回顧録第二部「敗戦から獄窓まで」の冒頭で帝都空襲に触れて、「富士見二丁目は我が家と前田家の二軒を残し、他は焼き尽くさるの不幸を招いたのであった。考えてみれば、午前二時頃までの火勢では、我が家も絶望としてただ傍観していたものが、にわかに風向きの変わったばかりに助かったことは、実に不思議と言わねばならぬ」と述べている。

焼け出された近所の三軒の家族方は、当分小さいながら焼け残った石原家に同居されることになった。菅原家は玄関脇の六畳と三畳の二間、高島家は二階八畳と三畳の二間、小宅家は台所三畳と女中部屋と離れの三間、廣一郎たちには書斎八畳と三畳の二間と割り当てたが、狭い家に人と荷物の山で始末のつけようもない。

徹夜の消火で疲れと空腹を覚えてきたので、婦人方に朝食の準備をさせ、男たちは火災跡を見回ることにした。今はもうどこにも火の手は見えなくなっていた。

八畳の書斎の絨毯《じゅうたん》の上に食器を並べ、十数人が車座になって食べた朝食は白米の飯と干鰯に漬物だけだったが、こんな美味《うま》い朝飯は食べたことがないと皆涙を流さんばかりに喜んだ。

その時廣一郎は今日、三月十日の午前十時に麹町の寺田甚吉氏別邸で近衛公と会う約束をしていたのを思い出した。こんな大空襲のあった日だからまず無理かと思ったが、そんなに遠い所でもないので、町の被害の様子も見ておきたく、逓信病院脇から靖国神社の中を通り抜けて行ったが、神苑を抜け九段坂上から市ヶ谷へ向かう電車通り一帯の富士見町は全焼、青葉通りに出ると内大臣官邸はまだ燃えていた。麹町の寺田邸は無事であったが、近衛公は今朝早々荻窪の自邸へ引き揚げられたとのことで、やむを得ず帰ることにした。

帰途、賀陽宮《かやのみや》邸に寄ってみると、宮邸は全焼し、殿下は焼け跡に立って後始末の指揮をされている。

石原「殿下、ご災難でございましたな。皆様はご無事でしたか」

殿下「やあ石原、よく来てくれた。このとおり丸焼けだ。家族は無事で昨夜宮内省に移した。君のところはどうであったか」

石原「隣まで焼けましたが、不思議に我が家は助かりました」

殿下「それは幸せであった。あれだけやられれば手のつけようがないよ。宮城も大宮御所も少しやられたようだ」

石原「それは恐れ多いことでした。Ｂ29の活動に比べ、我が防衛の不備は遺憾に堪えない。

これでは先が思いやられます」
殿下「その通りだ。いよいよ本土決戦だな。俺は陸軍大学長に親補されたので両三日中に長野県に赴任することにしている。当分会えないが、時々東京のことなど知らせてくれよ」
石原「このままでお立ちですか」
殿下「こういう時こそ任務が大切だ。家のことは家令《かれい》に委《まか》して置く。東久邇宮邸も昨夜やられたようだが、後のことは頼む。東様とよく連絡を取って下さい」
石原「承知いたしました。ご無事をお祈りいたします」
お別れして家に帰ったのは午前十時頃であった。

午後は菅原、高島、小宅三家の焼け跡整理を手伝ったが、まだくすぶっている所もあり、なかなか捗《はかど》らない。

そのうちに隣組長の石倉さんが来て町の噂を伝えてくれたが、昨夜の空襲はB29三〇〇機で、まず狙った地域の周囲に線を引くように焼夷弾を落として炎上させて退路を断ち、それからその地域に徹底した焼夷弾爆撃を加えたようで、焼失家屋三、四〇万戸、死傷者一〇万は下らないのではないかという。

聞いて石原廣一郎は怒りで震えた。空襲の犠牲者の多くは女子供、老人など非戦闘員ではないか。そんな卑劣なやり方で一人でも多くの人を殺そうとするのが許されるのか。大声で叫び出しそうになったが、今はいくら怒りを爆発させても周囲の人々の士気を阻喪させるばかりだと気がついて自制した。

硫黄島は東京の南一二〇〇キロにある。ここを占領すればマリアナ諸島まで帰れなくなったB29が救われる。さらに新鋭戦闘機P51なら日本を空襲して帰ることができる。日本もこの島の戦略的重要性を知り、二万の兵力を配置していた。しかし米軍はそれ以上にこの島を重視し、昭和二十年二月十九日、七万五〇〇〇余りの海兵隊を上陸させ、猛烈な攻撃を開始した。凄絶な戦闘は一か月以上続き、三月二十六日、日本軍は玉砕し、戦闘は終わったが、米軍の死傷者は日本軍の戦死者を上回る二万五八〇〇人、上陸軍の三人に一人であった。（半藤氏『昭和史』）

四月一日、米軍はその総力を挙げて沖縄の攻撃を開始した。軍艦一三〇〇余隻、空母搭載航空機一七〇〇余機、上陸部隊一八万人。これに対する日本軍は陸軍六万九〇〇〇、海軍陸戦隊八〇〇〇、合わせて七万七〇〇〇人に過ぎなかった。

四月五日、戦艦大和に出撃命令が下った。

「第一遊撃部隊は四月六日、瀬戸内海を出撃し、四月八日夜明けを期して沖縄錨地《びょうち》の米国部隊に水上特攻を実施せよ」

もはや「艦隊」ではなかった。随伴するのは軽巡矢矧《やはぎ》と八隻の駆逐艦、なけなしの片道だけの燃料を積んだ「水上特攻」であった。

六日の午後三時半、徳山を出港した大和は午後六時前にもう哨戒中の米潜水艦二隻に発見され、追尾された。七日の早朝、大和は九州の最南端の佐多岬沖を通過してから針路を西北西にとり、矢矧を護衛とし駆逐艦を周囲に配し、二十二ノットで航行中だった。

米国空母機動部隊の第一次攻撃隊約二〇〇機を視認したのは四月七日午後零時過ぎだった。四十六センチ主砲を含め、すべての砲と機銃を発射し、際限なく襲いかかってくる敵機群と死闘を続ける大和の姿は悲壮そのものであった。

爆撃と雷撃の組み合わせのため回避運動のできなかった大和に午後零時四十分、爆弾二発が命中、左舷には魚雷も命中した。第二次攻撃は執拗に左舷を狙ってきた。第三次では左舷に魚雷五本が命中、速度も落ちた。第四次では更に魚雷三本、爆弾も十発命中した。

午後二時、大和の甲板はほとんど垂直となり、やがて大爆発を起こして波間に巨体を没した。日本海軍はこうして消滅した。（毎日新聞社『世界の海戦』）

制海権も制空権も失った沖縄では非惨な戦闘が始まった。上陸した米軍一八万に対し、日本陸海軍は僅か七万七〇〇〇人、満十七歳から四十五歳の男子二万五〇〇〇人を動員し、貧弱な装備と兵器で六月下旬までよく死闘を続けたが、組織的な戦闘は六月二十三日に終わった。戦死者一〇万九六〇〇人（中学生、女学生を含む）、民間人の死亡者約一〇万人、南国の紺碧《こんぺき》の空の下、黒御影石に刻まれた死者の名を辿ってゆくと、いつ見ても心が痛む。

「大和」の沈んだ四月五日、二つの大きな出来事があった。

一つはソ連が一九四六年四月まで期限がある日ソ中立条約の不延長を通告してきた。日本政府はそれでももはや連合国となったソ連の真意を見抜けず、七月十三日、ソ連に和平斡旋《あっせん》依頼のため近衛文麿派遣を申し入れ、同十八日に拒否されている。

もう一つ、この日小磯国昭内閣が総辞職し、翌々日の四月七日、鈴木貫太郎内閣が発足した。鈴木総理の夫人は昭和天皇の乳母であった人で、鈴木貫太郎は二・二六事件の時の侍従長で、襲われ重傷を負った。昭和天皇が父のように慕っていた人で、この時七十八歳であった貫太郎を天皇が説き伏せて総理に就任させたに違いない。昭和天皇は即位以来二十年、初めて股肱の臣を得たのである。

欧州ではナチスドイツの最期が迫っていた。一九四五年（昭和二十）三月、西部戦線では米軍がライン川を渡ってドイツへ攻め込み、四月にはソ連がベルリン市内へ突入した。四月二十八日には既に政権を失いドイツに保護されていたムッソリーニが、コモ湖畔で捕らえられ銃殺された。四月三十日にはヒットラーが地下壕で自決した。そして五月七日、ドイツは連合国に無条件降伏した。

空襲が一段と激しさを増した七月の終わり、サイパンからのアメリカ放送によると、この戦争の民間責任者として、久原房之助、徳富猪一郎、藤原銀次郎、津田信吾、池崎忠孝、大川周明、石原廣一郎の名が挙げられていた。

廣一郎としてはこの戦争開始の責任を問われる覚えは全くなく、むしろ東条一派が幅を利かせていた頃は、憲兵に逮捕されるのではないかと周囲の人に心配をかけたほどであるが、戦争はすべて「勝てば官軍」、どんなことが起こっても驚かぬと覚悟を決めた。

七月二十六日、米英ソ三国の首脳がベルリン西郊のポツダム宮殿で会談し、対日ポツダム宣言を発表した。

八月に入り、廣一郎は久しぶりに東久邇宮殿下を訪ねてみた。御殿は全焼し、殿下は焼け跡の仮応接室に作業服でおられ、

「やあ、久しぶりだなあ。よくいらっしゃった」と迎えていただいたが、雑談の中で、「六日に近衛が上京してきて何か重大な外交問題が進展するらしいとの噂を聞いたが、君は知らぬか」と逆に聞かれた。

帰って早々に電話で鈴木首相と木戸内大臣に面会を申し込み、幸い首相とは六日、内大臣とは八日に会見の日取りが決まった。

八月六日午後二時、廣一郎は鈴木貫太郎首相と会見した。廣一郎は熱弁を振るった。

「戦局も最悪の事態となり、現状では残念ながら勝ち目はありません。今考えなければならぬことはいかにして有利な条件で和平し、国体を護持するかであります。陸海軍は徹底抗戦を主張するでしょうが、これを抑え、戦後の復興の道を開けるのは首相しかおりません。ご決断を」

会談は約一時間に及んだが、首相はこの間、黙して語らず、ただ、

「お話はよくお聴きしました」と一言答えただけであった。

後にして思えば、原爆が広島に投下されたこの日、この時間によく首相が一個人に時間を割いてくれたものだと感心する。あるいはお上のご意向を十分承知した首相はもう腹を決めていたので、落ち着いていられたのかもしれない。

八日の木戸内大臣との会見は、

「今なら国体護持はできる。今は和平しかない」という内大臣の一方的な意見表明ばかりに終わった。

昭和二十年（一九四五）八月十五日、戦いは終わった。

七十八年経った今でも終戦の詔勅を読むと涙が出そうになる。徹底抗戦を主張する軍部や一部の団体の激しい抵抗に打ち勝って、和平への道を切り開いた昭和天皇や鈴木貫太郎首相の苦悩がありありと窺われる詔勅である。こんな苦渋に満ちた詔勅があるだろうか。

昭和天皇と鈴木首相がそこにおられたから今の日本があるのである。

巣鴨の三年と巡礼の旅

昭和二十年の夏は暑い日が続いた。

八月十六日の朝、石原廣一郎はいつものように目覚めた。相変わらずのカンカン照りで青空には一片の雲もなく、今日も暑そうである。庭には小鳥が囀《さえず》っている。何も変わっていない。

ふと気がついた。静かなのである。小鳥の声を耳にするのは久しぶりである。ひっきりなしに鳴り続けていた空襲警報のサイレンも聞こえない。道路を走り回る消防車の音もしない。

これが平和なのかと廣一郎は思った。

十七日の朝、東久邇宮殿下の御付き武官から電話があり、

「午前十時、赤坂離宮の組閣本部で殿下がお会いしたいのでお越し願いたい」

ということだったので定刻、離宮にお伺いした。

殿下「よく来てくれた。俺は降伏内閣の首班になどなりたくなかったが、聖上のお気持ちを拝察して、とうとうお受けした。君には今まで何度も勧められながら実現しなかったが、今度ばかりはご辞退するわけに行かないので、就任の前に一度君に会っておきたく、来てもらった次第だ」

石原「ご配慮ありがとうございます。今日本の総理を務められるのは殿下しかおられないと誰もが思っております。詔勅でも触れられた『これ以上民を苦しめたくない』との大御心を国民に徹底させ、民心を一日でも早く安定させられるよう思い切った施策をお取りください」

その時、御付き武官が入って来て、

「十一時の参内の時間が迫りました。閣員名簿も出来ました」

と言うのでこの日はそれでお別れした。

無条件降伏をした以上は、八月中に連合軍が日本へ進駐してくることが予想される。戦犯候補に指名されている石原廣一郎はいつ逮捕されてもおかしくない。それまでに会社の方の残務整理と新しい体制を確立しておく必要がある。

こう考えた廣一郎は二十日、京都の私邸に戻り、翌二十一日、大阪の石原本社に出た。全職員を集めて敗戦後に処すべき道の訓示を与え、二十四日には小山専務以下課長級を京都の私邸に招き、慰労のお茶の会を開いた。

翌八月二十五日の臨時取締役会で石原廣一郎会長は取締役を辞任、後任の社長には小山卓次郎専務が就任した。

「この敗戦時の大難局に辞職しないで、我々を指導し、共にこの危機を切り抜けていただきたい」

という声も多かったが、廣一郎は、

「戦争責任者として指名されている以上、逮捕は免れないと思う。会社に迷惑をかけることはできないので辞任の決意は変えられない」

と強く主張、取締役会もやむを得ずこれを承認した。

八月三十日、マッカーサー元帥が厚木に到着。九月二日「ミズーリ」艦上で重光葵、梅津美治郎全権が降伏文書に署名した。

石原廣一郎はしばらく東京の自宅で野菜など作っていたが、なぜか急に逮捕される前に好きな所へ行って好きなことをする小さな亡命の旅をしてみたくなってきた。

一番会いたいのはやはり齋藤瀏である。

二・二六の項でも触れたが、廣一郎は新宿から夜行列車に乗り、塩尻で乗り換えて午前十一時、ようやく松本駅に着いた。齋藤瀏の住む池田町の最寄駅は大町線の砂川駅であるが、切符を手に入れるのに三時間もかかり、砂川に着いたのはもう夕方近かった。

駅前で齋藤の住居の町名を言ったが誰も知らない。齋藤瀏の住まいはと聞くと、

「ああ齋藤先生なら……」とすぐ教えてくれた。

犀川を渡り、教えてもらった道を辿り、「齋藤瀏」と表札を掲げた二階家の前に着いたのはもう暗くなりかけた頃であった。

「齋藤君いるか。石原だ」と大声で呼ぶと、

「婆さん、石原君が来たようだ」と中で聞き慣れた声がする。

「やあ珍しい。よく来てくれた。まあ上がれ」とすぐ請じ入れてくれた。

齋藤「娘の史夫婦は主人が長野の赤十字病院に勤めている関係で、長野の近くに住んでいる。ここは婆さん（瀏は夫人のことを〝婆さん〟と呼んでいる）と二人暮らしだ。ゆっくりして行ってくれ」

風呂に入り、夕食を共にしながら、廣一郎は久しぶりにやっと落ち着いた気持ちを取り戻した。

石原「ありがとう。おかげで人心地がついた。俺は近く戦争責任者として進駐軍に逮捕されるようなので、君とももう会えなくなるのではないかと無性に会いたくなって来てしまった。しかし今更言っても仕方ないが、愚かな戦争をしたものだな」

齋藤「そのとおりだ。もう一年早く戦争を止めておればそれだけ早く復興ができたのに」

二階の八畳で齋藤と並んで寝ながら尽きない話をしたが、そのうち疲れが出た廣一郎は熟睡してしまった。

翌朝目を覚ますと、齋藤はもう起きて畑の野菜の手入れをしている。

昼過ぎ一人の青年が齋藤先生を訪ねて来た。敗戦に悲憤慷慨《こうがい》して、この後の歩むべき道について教えを乞いに来たのである。齋藤は懇々と諭した。

「戦争は負けた。しかし日本は亡びたわけではない。御聖断に従い、決して軽挙妄動してはならぬ。日本は今から再出発しなければならない。一日も早く再建するため全力を尽くさなければならぬ。日本は必ず再建できる。それだけの力を持った国だ。その中でも一番大事なのは君たち若い者の懸命の努力だ。もう十年か二十年もすれば日本は再び大国になっているに違いない。頑張れ」

青年は来た時とは見違えるような元気な足取りで帰って行った。

廣一郎は感じ入った。齋藤瀏の教えは石原廣一郎への教えでもあった。

その夜も瀏と廣一郎は遅くまで話し合った。石原廣一郎の歩むべき道が見えてきた。

二晩の滞在の後、石原廣一郎は心の迷いのような亡命旅行を打ち切って京都へ帰る決意を固めていた。九月十一日午前七時、廣一郎は引き止める齋藤夫妻に暇《いとま》を告げ砂川駅へ向かった。齋藤瀏は駅まで送ってきてくれた。

犀川に架かる長い橋の中ほどまで来た時、齋藤瀏はふと思い出したように、

「これからどうするつもりだ」

と訊いた。石原廣一郎は、

「政治の方にはあまり関わらないで社業に専念しようかと思っている」

と卒直に答えた。

瀏は「うん」とうなずいた。

しばらくして齋藤は北の方を指さし、

「ここから三里離れているのでよく見えないが、向こうに霞が棚引くように見えるところが昭和電工の大町工場だ。君の開発したボーキサイトのおかげで立派な会社になった。日本のアルミ産業も大きな発展を遂げることができた」

と独り言のように言った。

砂川駅で齋藤が駅長室に入って交渉してくれたおかげで切符は容易に手に入り、松本行きの汽車は八時二十五分に発車した。齋藤は廣一郎の顔が見えなくなるまでホームで手を振っていた。

駅で買った新聞に目を通すと、ドイツにおける戦争犯罪国際裁判の記事があった。今まで は連合国が一方的に有無を言わさず処刑するのではないかと思っていたが、ドイツでは裁判形式により被告にも弁明の機会を与えて、一応公正に処分手続きを取っているように見える。そうであれば逮捕されても今まで自分の考えていた国内革新運動、植民地解放、自由貿易主義による真の世界平和建設という意見を披露する機会が与えられるのではないかという希望が湧いてきた。

この頃、石原産業はまだ海外に一〇〇名を超える職員が残っていた。彼らにとっては生命を賭けた厳しい真の戦いがこれから始まるのである。

その一人、当時「昭南《しょうなん》」と呼ばれたシンガポール支社勤務の高橋克巳氏の手記でその苦難の道を辿ってみよう。

八月十五日　街角の憲兵警戒急に厳重。ラヂオ放送は戦況に一言も触れず。

八月十六日　平常どおり執務。夕方、支社長が社員食堂で「妙なデマ（日本降伏）が飛んでいるが、ありえないこと。決して惑わされるな」と社員に訓示。

八月十七日　夕方、支社長社員を集め、「昨日はデマと言ったが本当らしい。確かな筋から聞いた。ただ公表あるまでは絶対秘密。内々書類焼却準備、身辺整理を始めよ」と指示あり。

八月十八日　夕食時、支社長宿舎に全員集合、「今日正式発表があった。これが終戦の詔勅だ」と全員に拝読させた。ただただ無念の思いとこれからの不安で胸が塞がる。

緊急の課題は昭南支社が統括するジョホール・バトパハ・ムアー・マラッカ・クアラルンプールにある石原事業地に、終戦に伴う事業閉鎖と善後策の指示を伝える連絡者の派遣である。

支社長の信任の厚い三好光次氏が支社長に代わって行くことになったが、治安の悪化も予想され、もう一人ということになり、当時最年少であった私（高橋氏）が同行を申し出て、認められた。

八月十九日午前九時、支社長乗用車で出発。昭南市内はいつもと変わりなかった。ジョホール支店では事業所閉鎖関係の打ち合わせはすぐ済み、十時半頃バトパハに向け出発した。街道にはどこへ行くのか北上する日本軍の自動車が長蛇の列をなして走っており、路傍にはところどころで現地人が集まって敵意を感じさせる目で我々の車を見て何か叫んでいた。

バトパハに着いたのは十二時半ぐらいで、町自体は昭南と同じく平静だった。ここでも事業所閉鎖関係の打ち合わせは短時間で済み、簡単な昼食の後、たまたまマラッカからバトパハに出張中の藤木氏がマラッカに帰任するため便乗されることになった。

バトパハを出るとすぐバトパハ川に差しかかる。川には橋がなく、渡し船に乗らなければいけない。渡し船が一往復するには三十分を要し、一回にトラックなら一台、乗用車なら二台しか乗れない。渡し船は二隻しかない。折悪しくその時は多数のインド人捕虜を運ぶ日本軍のトラックが十数台並んで順番を待っていた。これでは川を渡るだけで夕方になってしまうので、先を急ぐ藤木氏が軍の輸送隊長に懇願し、先の方に割り込ませてもらい、すぐに向こう岸に渡ることができた。「うまく行った」と一同喜んで次のムアーへ向かったが、後になって考えるとこれがとんでもない間違いだった。

ムアーでは以前は山に籠もっていた共産党が町へ出てきて石原の鉱山にも乗り込んで来たが、割合統制がとれていたので、苦力《クーリー》の退職金、米などは一括して渡して分配してもらうことにし、重要書類などの焼却も既に終わっていたのでもう打ち合わせることもなく、早々にマラッカへ向かうことにした。しかしムアーの社員の話では、

「マラッカへの道は共産党が二か所で通行止めをしており、先ほども三菱のトラックが襲撃され、現地人従業員がやられた。汽車も襲撃され転覆した。マラッカ行きは見合わしてはどうか」と言う。しかし藤木さんはどうしてもマラッカへ帰らねばならず、また昼間は一般人は比較的安全だった経験から、午後二時半頃ムアーを出発した。


ムアーを出てすぐ、マラッカに向かう道に材木を転がし、一人の中国人が横に立って右手を上げていた。手にはピストルが光っていた。運転手は速度を落としかけたが、藤木さんは「止めるな！　突っ走れ！」と低く強い声で命令すると、中国人の前で一旦止まりかけ、油断させてまた走り出す形となり、中国人の撃った弾丸は横の窓ガラスを割り、前列の二人の鼻先をかすめて行った。運転手は鼻にかすり傷を負ったが、メンソレを塗ってやるとすぐ出血は止まった。

「軍の車を追い越してきたのが間違いだったかもしれない」


藤木さんがふと独り言のように言った。

「あの日本軍は軽機関銃ぐらいは持っていたから、軍と一緒なら共産党の暴徒も襲っては

来なかったかもしれない」

でももう遅かった。ムアーからマラッカへ行く道のちょうど中間くらいにジョホール州とマラッカ州の州境があって、そこに税関がある。道を横断する形で扉が設けられている。昼間はいつも開いているはずのその扉が今日は閉まっている。おかしいなと思いながら近づくと、中国人らしい人影が坐《すわ》って自動小銃を構えている。

「後退しろ！」藤木さんが叫んだが、もう撃ってきた。前面のガラスは真っ白に曇ってしまい、運転もままならない。そのうちに道路の左側の溝へ真っ逆様に落ち込んでしまった。

近づいてきた賊は一人一人に容赦なく自動小銃の弾丸を浴びせかける。呻《うめ》き声が右左から聞こえ、私（高橋氏）の頬にもガンと熱い棒が突っ込まれたような気がし、生温かいものが口の中にいっぱいになった。すぐに死なないのが不思議で舌を動かしてみるが、何の感覚もなく、顎全体が吹っ飛んでしまったのかと思った。

賊どもは私の身につけていたものを剝ぎ取り始めた。おそらく三好さん、藤木さんの持ち物も全部持ち去ったに違いない。戦争も終わったというのにこんな下劣な賊どもに殺されるのかと思うと無念でならなかった。

そのうちだんだん意識がなくなってきた。誰かが何か言いながら注射をしてくれるのか、チクリと痛みが走った。そのまま何も分からなくなった。（創立八十周年発表の手記）

マラッカの石原産業では、三人の到着が遅いのを心配した当直員が表に出てみた。ちょうど日本軍の自動車隊が小休止をしており、小隊長らしい人が二人打ち合わせをしている。「……それと先刻、州境の税関を通りかかった時、日本人らしい人が三人、賊に襲われたらしく、車の中で倒れていた。二人はもう絶命していたが、一人はまだ脈があったので、とりあえずカンフルを打っておいた。すぐ陸軍病院に入院させればあるいは助かるかもしれんのだが……」

聞いた石原の社員は飛び上がった。年格好を聞くと間違いない。

マラッカの市内はまだ平静で、それに現地の警察とは友好関係にあったので、頼むとすぐに重装備の警察車と病人輸送用の車を出してくれた。真夜中の税関で仮収容されている三人を発見、三好、藤木の両氏は既に息がなかったが、高橋克巳氏は陸軍病院に収容され、手厚い看護で一命を取り留め、帰国できた。その後も石原産業で活躍、役員まで昇進され、平成十三年六月他界された。

人の命は多くの偶然によって左右される。高橋氏も信じられないほどの幾つかの偶然に助けられて無事帰国されたが、終戦の混乱時に国を思い、石原の将来を思いながら命を落とされた多くの方々の無念を忘れてはならない。

この遭難事件については、平成十二年十一月開催の創立八十周年記念社友会で内山弘社友から発表され、大きな感銘を与えたが、高橋氏のご他界後、高橋氏が帰国直後に三好光次氏のご遺族に遭難時の状況を詳細に報告された書簡の写しが見つかり、高橋氏のご遺族から内山氏に送られて来たのでそれも参考としている。

ところで、戦犯で逮捕されるのを覚悟した石原廣一郎にはもう一つ大きな宿題があった。恩師中川小十郎先生が永年にわたって築き上げて来られた立命館大学は、今や学生・生徒一万を有するほどに大きくなっているが、昨年（昭和十九年）十月七日、中川先生が逝去されてからは中心を失い、混乱に陥っている。

石原廣一郎は卒業生の一人として、また中川先生には特別お世話になって今の自分があることを思えば、戦犯で逮捕されるまでにこの伝統ある学園の改革、立て直しをすることが先生への御恩返しであると気づいた。

廣一郎は九月十四日、立命館を訪れ、まず理事会招集の手続きをとり、九月十六日理事会を開催、学園の内部統制の乱れを指摘し、抜本的改革の即時断行を強調した。

幸い支持者も多く、次のような改革案をまとめることができた。

一、教学本位の経営をなすこと
二、教授陣を強化すること
三、教育の特異性を発揮すること
四、校紀を粛正すること

五、学園の自存自治を強化すること

十月七日は恩師中川先生の一周忌にあたる。洛西等持院において学園主催の慰霊祭を営み、霊前にこの改革案を報告し、次いで理事会、教授会を開き、その同意を求めた。

この改革に先立ち、各部科別、学級ごとに学生・生徒代表二、三〇名を選出せしめ、十日間にわたり二二〇名の代表と会見し、非なるは戒め、よき意見は採用し、改革の遂行に資することとした。

十月二十九日、松井元興学長が老齢を理由に辞任を申し出られたので、早急に後任の学長を選ぶ必要が生じた。いろいろ思いを巡らせたが、元京都大学法学部教授で現在大阪商科大学教授の末川博氏が最も適任ではないかと思い当たった。

末川氏は昭和八年（一九三三）のいわゆる「京大事件」（滝川事件）で、鳩山一郎文部大臣が京大の滝川幸辰教授をその自由主義思想を理由に免官したことに抗議して、京大の佐々木惣一教授、恒藤恭教授ら七人の教授が辞任した時の一人である。大阪商科大学（のち大阪市立大学となり、現在は大阪公立大学となっている）に迎えられ、学生の信望も篤い。文部省の弾圧に抗議して、学問の自由、大学の自治を守るため立ち上がった七人の侍、滝川幸辰、佐々木惣一、末川博、恒藤恭、宮本英雄、森口繁治、田村徳治の一人として知名度も高い。

石原廣一郎は早速その晩、岡崎の末川氏邸を訪問し、立命館学長にぜひ就任していただきたいと懇請すること三時間、廣一郎の熱意が通じて、「今在籍中の大阪商科大学が辞任を承諾すること」を条件として内諾を得ることができた。

そこで機を逸せず、廣一郎は翌十月三十日、大阪市住吉区の杉本町にある大阪商科大学にその学長、本庄栄治郎博士を訪問した。本庄学長は困った表情で、

「実は末川君は私の後継者として考えており、学生、教授らも末川君に多大の信頼と期待を持っているので、本学としては実に困ったことです」

と難色を示す。廣一郎はそれに屈せず、

「いろいろご事情のあることは重々承知して伺ったのであります。実は立命館大学は昨年中川先生を失ってからいろいろな問題が生じており、このまま放置すればいかなる事態が発生するか分からぬほどの危機に直面しております。もしそのような事態になれば一万の学生に申し訳なきのみならず、故中川先生には何ともお詫びのしようもないこととなると思っております。

最近、微力ながら学園の根本的改革を進めるべく努力して参りました。幸いその趣旨に賛同し、協力してくれる方々も増えてきましたが、何といってもその先頭に立って改革を推進する学長にその人を得なければ、すべての事は成らないのであります。私は末川博士

こそがその唯一無二の最適任者であると思っております。

貴大学は公立であり、人材を得ることは容易でありましょうが、立命館は私立であり、兎角《とかく》の風評もあり、人材を得ることが困難であります。この事情もおくみ取りの上、ぜひ私の希望を叶えていただきたい」

と一時間半にわたって熱弁を振るった。

本庄学長は「分かりました。貴方の熱意には負けました。幸い明日は定例の教授会ですから、その席でこの問題を出し、同意を求め、承認されることを条件として承諾します」

と答えてくれた。

翌十月三十一日、本庄大阪商科大学長から承諾の電話を受けた。

立命館では十一月一日、緊急理事会を開催し、松井学長辞任の申し出があり、その後任につき協議したいとの発言があった。この時、小田美奇穂理事より、

「この際、学園を今日の姿にしてきた現理事もその責任を負わねばならぬ。まず理事の総辞職をなし、新理事により学長を決定されることが適当の措置である」

との動議が出て、一同これに同意し、理事は総辞職した。

十一月に入ってから間もなく京都大学法学部から立命館に電話があり、佐伯・大隅両教授が面会を申し込んできた。廣一郎はこれは末川問題だと直感したが、ここで会って宣告

しておいた方がよいと考え承諾した。
やはりその話だった。佐伯教授は単刀直入に切り出した。
佐伯「立命館学長に末川博士を迎えられることに内定したとお聞きしましたが、実は同博士は京大法学部長に内定しておりますので、ぜひ京大にお譲り願いたい」
石原「立命館は一か月ほど前から学内改革を進め、末川博士を迎え根本的な立て直しをするべく着々進行中で、もはや変更はできない。京大は人材が豊富だから末川博士のことは諦めていただきたい」
佐伯「京大も終戦後、学生の動揺もあり、特に法学部は前から問題があり、この機会に立て直しをはかるべく、総長も苦心の上、末川氏を迎えることに決めたのです。これが覆ると学生たちも騒ぎ出しますので、ここは曲げてご承知願いたい」
石原「ご事情はお察ししますが、この問題は京大では一学部の問題でしょうが、当学園では全体のことで一万の学生生徒に及ぼす大問題ですから、お申し出はお受けできません」
佐伯「それでは末川氏を京大法学部長として、立命館学長兼任とするようご配慮いただけないでしょうか」
石原「それでは法学部長が主になって、当学園が従となるのが目に見えております。立命館学長の職責は法経学部、文学部のほかに理科工科の専門部をも統括するので兼任では絶対に無理です。ただ末川氏が当学長として時間の余裕がある時に限り京大講師を兼任されることは考える余地はあると思いますが、これはご本人に聞かないと確答はできません」

佐伯「事情はよく分かりました。いずれまた鳥養《とりがい》総長からもお願いすると思いますのでよろしく」

その日は佐伯・大隅両教授は帰って行った。

立命館大学の理事総辞職後、十一月五日に招集してあった協議員会で新理事の選任を行い、翌日新理事会を開催し、理事の新陣容が成った。次いで新学長に末川博氏の推薦を提案し、満場一致で可決され、直ちに学内に発表した。この新陣容は学内外に予想以上の好評をもって迎えられ、過去二か月の苦心も無駄とならず、改革の最初の難関は無事突破できた。

十一月二十日、京都大学鳥養総長が面会を申し込んでこられ、翌二十一日午前、立命館総長室でその来訪を受けた。

鳥養「昭和八年の京大事件で法学部の七人の教授が辞任されましたが、終戦とともに自由主義の叫びが高まり、七教授の復帰問題も大きな要請となってきましたので、まず滝川、末川、恒藤、田村の四氏を復帰せしめる方針を定め、それぞれ交渉にかかってみると、末川氏は立命館学長に、恒藤氏は大阪商科大学学長に決定され、田村氏は同志社の法経学部長に内定しているので京大は大きな打撃を受けて困っています。

そこで京大は滝川氏の復帰だけはようやく取り決め、恒藤氏は兼任ということにしました。そこで末川氏の問題ですが、先般若手二教授から事情を申し上げましたように、恒藤氏同様に京大教授として、立命館学長を兼務とするようぜひお願いしたいのであります」

石原「先般、佐伯・大隅両教授から京大の事情をよく承りました。京大と立命館は久しく兄弟の関係にあり、何とかできないか考えてみましたが、兼任ということでは立命館の大所帯をみることは不可能であり、一番悩まれるのは末川氏でありましょう。京大も立命館も共に困る結果となると思います。

それに末川氏は一、二の新聞に官学に戻る意図はないと発表されていたのに、もし今京大へ帰られることになれば、世人は何と批判するでしょうか。そこで三者共通の立場と利益を考えれば、末川氏を立命館学長として、京大講師兼任の形で時々京大の教壇に立つこととするのが最善の策ではないかと思います」

鳥養「お説ご尤《もっと》もです。それでは末川氏は教授ではなく、当分講師として京大の講義を願うことにご承諾をお願いいたします」

鳥養総長退出の後、すぐに末川博士を呼んで京大総長との会談内容を伝えた。同氏もこれで至極満足されたので、ここに末川新学長問題の一切は円満に解決することができたのである。

この取り決めのおかげで、筆者は京大法学部で末川先生の講義を聞くことができた。

末川先生の講義はとにかく面白かった。話術は巧みだし、講義と脱線が半分半分で、先生の留学中に「ここでしかできないことをして帰ろう」と友人と学期中に小旅行をされた時の話などがしょっちゅう出てくる。でもその中に専門の債権・権利侵害論の大切な講義も混じっているので油断できない。ただ今も記憶に残っているのは脱線の部分だけである。

石原廣一郎は教授陣の刷新についても腹案をまとめ、学則と寄付行為の改正については新理事の中から起草委員を選んで立案せしめ、それぞれ十二月三日の協議員会、理事会に付議し満場一致で可決された。これで廣一郎の立命館学園改革は完成したのである。

同じ日、連合軍司令部から戦争犯罪容疑者五十八名に逮捕状が出た。石原廣一郎の名も含まれていた。

何という偶然、そして何という幸運であろう。巣鴨入りはとっくに覚悟を決めていたが、唯一心残りであった立命館学園改革完成が、逮捕状発表と全く同じ昭和二十年十二月三日になるとは思いもよらなかった。これも亡き中川小十郎先生のご加護のおかげと思えてならなかった。

廣一郎は協議会が終わり、すべてが決着したあと逮捕状のことを告げ、学園改革のための各位の協力を要請した。

翌四日は終日家にいて、選挙以来世話になった地元の多数の来訪者の応待をし、五日には大阪本社を訪ね、社員一同に別れを告げた。六日は立命館本部に出て全学生に告別の詞を述べ、夕方帰宅した。十二月七日には午前八時の列車に乗り上京し、富士見町の自宅へ戻った。

これより先、九月十一日、東条英機をはじめ東条内閣の閣僚を中心に、三九名の戦犯容疑者の逮捕指令が発表されており、東条はピストル自殺をはかったが失敗、アメリカの陸軍野戦病院に収容されていた。同十二日、元陸相杉山元がピストル自殺、元厚相小泉親彦の自刃、元文相橋田邦彦の服毒自殺と続いた。

十一月十九日には荒木、松井、小磯各陸軍大将の他、松岡洋右、白鳥俊夫の外務省を右旋回させた人たちの他、極右思想団体黒竜会幹部ら一一名が逮捕された。

ここまでの逮捕者は日本国民も「あー、やはり」と思える人が多かったが、十二月三日の逮捕者五八名の中には広田、平沼元首相の名もあるかと思えば、代議士や経済人を含む広汎なもので、中には梨本宮《なしもとのみや》のように戦争中に伊勢神宮斎主だったということ以外には戦争との関係が全く思い当たらぬ人もあり、連合国の裁判に対する不信感を芽生えさせた。

逮捕者は十二月十二日までに巣鴨拘置所に入るよう命令している。任意出頭の形である。石原廣一郎は五八名という多数の逮捕者であれば、最終日は混雑することを予想し、十二月十日に入所することに決めていた。

十二月十日午前七時起床、洗面を済ませ裏庭に出る。空は薄曇りである。終戦後丹精して作り上げた畑には大根、小松菜などが元気に成長している。もうこれは口にできないのだなあと思いながら眺める。

朝食を済ますと間もなく弟の高田儀三郎、息子の健三と秘書たち、それに麹町警察署の警部が来た。午前十時、家族らに見送られ、身の回り品を持って二台の自動車に分乗して巣鴨へ向かう。

まず終戦連絡事務局分室に入った。分室で巣鴨拘置所の内部の模様を聞いていると、廣一郎と同時に逮捕令を受けた岡部長景子爵が来た。次いで十一月十九日に逮捕令を受けたが、病気で入所を延ばしていた真崎甚三郎大将が来た。

十一時頃、三人は中村公使に案内され拘置所正門前で自動車を降りた。衛門で三名の米憲兵が受付をしている所を通り抜け、一般通用玄関脇の待合所に入る。息子健三と大塚が携帯品を運んで来てくれたが、ここから先へは入れないので、見送り人と別れを告げ、岡部、真崎と廣一郎は待合室に備えつけられたソファに腰を下ろして待った。

待合所は病院の受付のような感じで、監獄に来たとは思えない。なかなか呼び出しが来ない。そのうち十二時は過ぎるし、お腹は空いてくる。どうするのかと話していると、調理服を着た二人の日本人が箱を抱えて入ってきた。中から昼飯を出して「召し上がってく

ださい」と言って去る。大きな丼にご飯がいっぱい、皿には乾燥玉子と玉葱の煮付け、それにコーヒーも付いている。三人は、

「これは美味い。この中でもこれくらいの賄いであれば結構ではないか」

などと話しながら食事を済ませた。

それからまた一時間ぐらい経つが、一向に呼び出しが来ない。そのうち三人とも居眠りを始めた。大きな叫び声で目をさますと、前に二人の憲兵が立っていて「カム　ヒヤー」と言うので三人は各々大きな風呂敷包みを抱えて、憲兵に導かれて検査室に入れられた。そこには五、六人の憲兵がいて裸になれと命じ、下着まで取ると、憲兵が紫色のパジャマを持ち出したのでそれを着る。これが獄服かと思うといささか不安な気持ちに襲われてくる。

脱ぎ捨てた衣類と携帯品は二人の憲兵が詳細に調べ始める。その間に我々は一人の憲兵の前で住所、氏名、職業の尋問を受ける。これが済むと所持品検査係が監房内に持ち込み許可品と禁止品を区分し、許可品と今まで着ていた洋服とを籠に入れると、次は身体検査である。パジャマを脱いで丸裸になって、軍医の健康診断を受ける。軍医はなかなか丁寧で少し気分をよくする。

これが済むと消毒室でまた裸にされ、頭から殺虫剤ＤＤＴを振り掛けられる。着てきた洋服を着て、また殺虫剤を振り掛けられるので、頭も顔も全身真っ白になって何とも情け

ない姿で三人は顔を見合わせて苦笑する。

粉だらけのままで、トランクを片手に夜具の大きな包みを抱えて、階段を昇り、長い廊下の突き当たりの監房棟に進む。真崎は二十六号、廣一郎が二十七号、岡部が二十八号に入れられた。入るなりガチャンと鍵を掛けられた時は、何とも言えない不安な気持ちになった。

独房は広さ約三畳くらいで、手前の二畳は畳、奥の一畳には右に水洗便器、中央に洗面所、左に小さな物入れがあって、なかなか便利な作りになっている。身についたＤＤＴの粉を払い落とし、部屋を掃除し、荷物を片づけると少し気分も落ち着いた。

午後五時になると看守が各部屋の鍵を開けながら「チャオ」と叫んで回ってきた。廊下に首を出してみると、皆は丼鉢とお椀を持っているので、廣一郎も房内にあった食器を手にして廊下へ出た。

一列に並んで食事を取りに行く時「ヤァ」と声をかけられた。見れば村田省蔵である。橋本欣五郎もいた。話は禁じられているので挨拶だけで食事をもらって房へ帰る。彼らは大森に収容されていたはずだがこちらへ移されてきたとみえる。皆元気そうだ。知人も多いと気分もよくなる。

食事を済ませ、食器を洗いに先ほどの配給所へ行く時、また村田、橋本と会ったので、「いつこちらへ来たのか」と聞けば「八日にここに移ってきた」という。

「俺は今日の三時頃、真崎、岡部と三人で来た」と囁《ささや》いて房に帰った。後ろですぐ看守がガチャンと鍵を下ろして行った。

翌十一日、朝六時になると看守が扉を叩いて起床を知らせて回る。室の掃除を済ませ、洗面、ラジオ体操をしてトランプの一人遊びをしていると、看守が「チャオチャオ」と叫びながら扉を開ける。食器を手にして朝食を取りに行く時、少し離れたところに東条英機の姿を見た。かなり痩せていた。

午後二時半になると運動の時間になる。獄舎と獄舎の間にある中庭で約一時間、自由に散歩する。この間は誰とでも話すことができる。

十二月十二日には廣一郎と同じく三日に逮捕令が出た五八名のうち、廣一郎のように既に出頭した者と、広田弘毅のように病気で出頭延期を願い出て認められた者を除く約五〇名が一斉に入所してきて大賑わいになった。

四日遅れて十二月七日に逮捕令の出た近衛文麿、木戸幸一ら九名の出頭期日の十二月十六日になっても、木戸らの顔は見えたが近衛公の姿はなかった。

十七日は雨天で戸外の運動はできず、廊下で堂々巡りしたが、誰かが、

「昨日からいつも配達されている新聞が来ていない。これは我々に見せてはならぬ記事があるのではないか。近衛公がいまだここに来ていないところを見ると自決でもされたのではないか」と小声で言った。いろいろの憶測や噂が飛んで、皆の気分を陰鬱にしたが、数

日後に近衛公の自殺が分かり、皆暗然とした。
その日は東条英機に近づく人も話しかける人も誰一人いなかった。いつも以上に孤独だった。

石原廣一郎はその夜、幾多の難局で近衛公と話し合った時のことを思い出していた。昭和十六年十月十六日、第三次近衛内閣が総辞職し、東条内閣が成立したときのことを想い出して、近衛公が後になって漏らしたと伝えられる「あれは運命だったのかもしれない」という言葉が蘇《よみがえ》ってきた。近衛公はあの時既に日本の運命、そして自らの運命をも予感しておられたのだろうか。

年が明けて一月四日、廣一郎は二号舎三階の雑房二十三号室に移された。ここは六人部屋で、捕虜収容所勤務をしていた軍属・通訳・下士官など若いC級五名との相部屋である。毎日の日課は独房の時と全く同じであるが、いつも若い話し相手がいるので気が紛れるという利点もある。

一月のある日、廣一郎は運動場で思い切って東条英機に声をかけてみた。
石原「貴方とは過去において相反目してきた仲であったが、今日お互いに連合軍に囚われてきたからには、もはや過去を忘れ、日本再建のため何らかの役に立つよう、公判廷では堂々と所信を述べたいものだ。特に貴君には戦争を起こした中心人物として、最後を全うしていただきたいと思っています。いろいろご意見もお聞きし、また私の気づくところも申し上げてみたいと思いますがいかがですか」

東条「立場を異にしてきた貴方からそのように言っていただくことは心強い限りです。世間からもいろいろと批判され、心苦しきところあり、一度死を決したが、不幸にして失敗に終わり、ここに入れられて生き恥を晒《さら》しております。私の最近の心境をお話しします。また私はどうせ助からぬ命、将来機会があれば貴方からも私の気持ちを世間に伝えていただきたいものです」

石原「ぜひ話を承りましょう」

東条「自分は終戦の直後、自決の腹を決め、ある日下村情報局総裁を訪問して『自分は自決を決意している。死人に口なしだから一切の戦争責任は東条に背負わしてください。天皇陛下に少しでも責任を及ぼすようなことは絶対にあってはならぬ』と申しました。

　自分は終戦後、家族は全部田舎へやって、自決の時期を待って一人で家にいました。あの日、自決に失敗してはならぬのでピストルを選んだのでありますが、不幸にしてちょっと狂いを生じ、進歩した米軍医の手当てで蘇生《そせい》して、ここに入れられたのは真《まこと》に遺憾でした」

石原「私はあの時貴君が自決に成功されていたら却って世人の批判を免れなかった、蘇生されたことはむしろ幸せであったと思います。公判廷で堂々と所信を披瀝《ひれき》され、日本の立場を明らかにし、戦争責任を一身に引き受けられることにより、最後が全うされることにもなります。ぜひ公判廷でしっかりやっていただきたいと思います」

それから二、三日したある日、また東条と歩く機会があった。

石原「連合軍は今度の戦争を侵略戦に持って行くようだが、これは事実上自衛戦ですよ。そこを貴方によって明らかにしてほしい」

東条「そのとおりです。米英が多年日本及び東亜民族に対して圧迫を加え、侵略を行ってきた。特に日中事変以後は日本に対し露骨な経済圧迫を加えてきたので、日本は自衛上、やむを得ず起《た》たねばならぬことになったのです。

昭和十六年十月十八日、私が総理を拝命した時は日本が戦争するか否かはまだ決定していなかった。ところが十一月二十六日、米国のハル長官の覚書が来て、その内容は日本が絶対に応じられないものであったので、十二月一日御前会議を開いて初めて開戦を決めたのだと検事の質問には答えておきました」

石原「結構なお答えです。お答えは申し訳的なことは控えめにされて、実質的には米英の日本に対する極端な経済的圧迫から、余儀なく起つに至った自衛戦なることを強調していただきたいのです。幸い私の手元にも若干の資料がありますから、必要なら差し上げても良い」

東条「それは助かります。私はあのような始末でここに入れられたので、何の資料も持たず、歳月の経過で記憶も薄らぎ困っています。お話の資料はぜひ頂きたいと思います」

廣一郎は翌日、看守の許可を取って参考書類を彼の室に届けた。一両日して運動の時、東条から声をかけられた。別人のように生き生きしていた。

東条「貴重な資料ありがとうございました。おかげでいろいろなことを思い出し、法廷での主張点を大体決めました。

一、天皇陛下には累を及ぼさないこと。

二、満州事変、日中事変は東亜民族と相携えて民族解放を求むるためで侵略ではなかったこと。

三、今回の戦争は米英の対日経済圧迫から余儀なく起こったもので、言い換えれば米英に仕掛けられた戦いであること。

これに基づいて検事の取り調べに答え、天皇の問題については宣戦の詔勅に陛下自ら『豈朕《あにちん》カ志ナランヤ』の一句を挿入されましたように、戦争をお好みにならず平和を愛好しておられること、また御前会議は議長は総理大臣が務めて議事が進められ、陛下は終始会議の模様をご覧になるに過ぎないことを強調しておきます」

それからの東条英機の姿は十二月、一月初めのやつれ果てたものとは別人のように血色もよくなり、少しずつ肥えてきた。廣一郎も少しほっとした。

石原廣一郎は一月十七日、二十三日の両日、連合軍司令部情報局部員の取り調べを受け、二月十六日はホックス・ハースト検察官に、三月二十八日は検察局部員エイ・サンダスキ大尉に取り調べを受けた。

今までの経歴、政治・思想運動、特に「神武会」「明倫会」への資金援助について聞かれたが、「神武会」については、当初の目的とは異なり弊害も出たので、大川周明と協議の上、解散したこと。「明倫会」については実業界、有識者、予備後備の軍人など幅広い層を集め、健全な政治思想団体を目指して発足したが、軍人ばかりが増え、在郷軍人会的な方向に変質してきたので、形式的な資金援助にとどめ、会長の田中国重陸軍大将の逝去とともに解散したことを話した。

二・二六事件に関係したかを訊かれたが、事件に関係あったとの疑いを受け、陸軍刑務所に一時収容されたが、公判により関係なかったことが明らかにされ、無罪を言い渡されたことを話した。

太平洋戦争を起こすことに賛成し、協力したかと訊かれたので、近衛公と共に開戦防止のため努力し、東条内閣成立には反対したので、いろいろと圧迫も受けたことも話しておいた。

検察官の取り調べは非常に紳士的で、威圧的なところは全くなかった。拍子抜けするほどだった。

広田弘毅は昭和二十年十二月三日に逮捕令が出たが、風邪をこじらせ、心臓の衰弱もあって十二日には出頭ができず、延期の手続きを取り、昭和二十一年一月十五日入所してきた。

その朝、広田は妻静子と共に仏壇を拝んだのち静子を軽く抱きしめてから言った。

「大きな気持ちで行ってくる。ただ、あまり簡単には考えない方がいい」

そして警官の迎えの車に乗り込んだ。

（城山三郎『落日燃ゆ』新潮社刊より。以下広田については同書を多く参考とした）

石原廣一郎と広田弘毅は昭和十年の日蘭海運会商の頃、激しくやり合った仲である。しかし拘置所で会った広田はもの静かで、礼儀正しく、声をかけると穏やかに挨拶するが、寡黙であった。見ていると誰に対しても自分から話しかけることはなく、すっかり人が変わったようだった。

極東国際軍事裁判所は当初から大きな問題を抱えていた。この裁判の法源となるべき国際法には明確な規定がなく、要するに勝者の一方的な裁判であった。マッカーサーが裁判長に任命したウェッブはオーストラリアの地方の裁判所の判事で、マッカーサーの知人というだけで知名度も高くなかった。弁護側がこの裁判の正当性を衝《つ》く動議を出すと、常にこれを却下した。

米国検事キーナンを首席検事とする十九人の検事団も日本に関する予備知識が乏しく、初めはごく幼稚な質問が続いた。知識を蓄積すると被告同士で告発し合うよう誘導した。

広田弘毅に対する尋問は異常なほど厳しかった。まず妻の静子が貧しいながら右翼団体「玄洋社」の幹部の娘であることから、「玄洋社」との関係、更にその流れを汲む「国竜会」との関係、その指導者であった頭山満《とうやまみつる》の葬儀委員長を務めた経緯など執拗に訊かれた。

実際は広田はこうした右翼団体とは全く関係なく、頭山の葬儀委員長も頼まれてやっただけのことであったが、検事側はあれだけの戦争をやったのは軍部の独走だけでなく、文官で右翼指導者である広田弘毅も侵略戦争の開始に大きく寄与したと見ていた。皮肉な表現が許されるならば、軍事裁判をそういう筋書きに持って行きたかったのかもしれない。

広田にはそれが分かっていた。「自ら計らわぬ」ことを信条としてきた広田は、検事側の質問に対し、イエスかノー程度の必要最小限の返事しかしなかった。自己弁護をすれば結果として他の誰かの非を挙げることになる。ここまで来てそれをしたくなかった。

昭和二十一年四月二十九日、二八人の容疑者が起訴された。荒木貞夫、土肥原賢二、橋

本欣五郎、畑俊六、平沼騏一郎、広田弘毅、星野直樹、板垣征四郎、賀屋興宣、松井岩根、松岡洋右、南次郎、武藤章、木戸幸一、木村兵太郎、小磯国昭、永野修身、岡敬純、大川周明、大島浩、佐藤賢了、重光葵、嶋田繁太郎、白鳥敬夫、鈴木貞一、東郷茂徳、東条英機、梅津美治郎の二十八人である。

石原廣一郎の名はなかった。

四月二十九日、広田弘毅に渡された起訴状には、訴因五十五項目のうち四十八項目が該当するものとされている。第一類、平和に対する罪として侵略戦争の共同謀議・計画・準備・遂行などの訴因三十六項目。第二類、殺人及び殺人共同謀議の罪として真珠湾攻撃など宣戦布告前の攻撃や一般人の虐殺などの訴因十六項目。第三類、通例の戦争犯罪および人道に対する罪で訴因三項目。計五十五項目であるが、その内容たるや軍部の独走を防ぐためにどれだけ民間人が苦闘してきたかを全く理解していない粗雑なものであった。

例えば戦地での虐殺行為まで内地にいる文官の大臣までが共同謀議するなど全くあり得ないことである。これを聞いた者は怒る前にまず呆れ返ってしまった。

被告のうち軍人たちは、どうせこの裁判は「勝てば官軍」、勝利者たちの一方的な意図を正当化するための形式的なものであることを感じ取っていたから、あまり激しい反発を示さなかったが、一部の有能な日米の弁護士たちは国境を越えて激しい論戦を展開した。

「勝者が原告となり、同時に判事となることは不適当である」

「真珠湾攻撃を戦争でなく殺人とするなら、広島や長崎への原爆投下もまた殺人ではないのか」

東京国際軍事裁判の正当性まで問題化する弁護人の動議が相次ぎ、五月十四日、十五日と裁判はほとんど停滞してしまった。

ウェッブ裁判長は五月十七日午前、突然、

「すべての動議を却下する。その理由は将来宣告する」

と発言し、同時に六月三日までの休廷を宣言した。政治裁判の内幕を露呈した茶番劇である。


広田弘毅の二人の娘は裁判のある日は必ず傍聴席に来て広田と目を合わせ、心を通わせていたが、この日は三男の正雄と三人揃って来ていた。母の静子に半月ほど休廷になることを話すと、静子は急に鵠沼《くげぬま》の別荘へ行こうと言い出した。巣鴨での面会は一人に限られ、それも月一回しか認められない。静子は広田が四月二十九日に起訴された後、五月の十四日に面会を済ませてきたばかりなので、当分その予定もない。鵠沼には長いこと行っていないので掃除もし静養もしたいという。

静子は外交官の妻でありながら派手なことが嫌いで、広田がオランダ公使となって赴任した時でも華やかな夜会などに出席するのがいやだと内地に残り、広田が単身赴任したほどである。広田が戦犯として巣鴨に収容された時、自分が貧しいながら「玄洋社」の幹部の娘であったことが、広田にとって不利な原因の一つになっているのではないかと心配していた。

広田がもう死刑を覚悟していることはよく分かっていた。自分が一足先に旅立てば広田も楽になるのではないかと思った静子は、楽しい思い出のいっぱい詰まった鵠沼を死に場所にしようと決心していた。

鵠沼の家は荒れていたが、懐かしく、楽しかった。夕ご飯には静子は一家の好物である五目飯を作った。娘二人と息子の正雄夫婦を相手に久しぶりに話もはずんだ。

「これまでこんなに楽しく暮らしてきたんだから、もういいわねえ」と呟いたあと、「広田を楽にしてあげる方法が一つある」と謎めいたことも独り言のように言った。

乃木大将夫妻の殉死の話から、妻は夫より先に死ぬ方がよいか、あとを追う方がよいかなどという話まで出た。静子はその時はっきりと「私は先に行くわ」と言った。

翌朝早く、静子は床の中で死んでいた。享年六十二。遺書はなかった。

一部の新聞に元首相夫人の狭心症による死として小さく報じられただけで、真相が知らされたのは七年後であった。

静子の自殺は米軍将校から簡単に広田に伝えられた。静子が先立った理由は広田にはよく分かっていた。巣鴨の中でも噂は次第に広まったが、ますます無口になった広田に面と向かってお悔やみをいう人はあまりいなかった。石原廣一郎も一度広田の顔をじっと見つめた後、黙って深く頭を下げただけで何も言わなかった。

茶番劇もあった。五月三日、公判第一日目に大川周明被告はちょうど前に座っていた東条英機の禿頭《はげあたま》を平手で叩いて、

「この東条が私の言ったことを一つも実行しなかったからこんなことになった」

と大声で叫び、満廷を呆然たらしめた。まだ何か叫ぼうとするので、監視中の憲兵が大川の手を取って退廷させたのでその場はそれで収まった。

ところがその翌日、被告らが巣鴨から法廷に護送されるバスの中で、大川は突然立ち上がって声を張り上げ、

「皆さん、今日の昼食は新喜楽でやるように用意してあります。そこには天皇陛下もお招きしております。費用は全部私が引き受けますから安心して来てください」

と叫んだ。その後、公判廷の被告席に着いた大川は突然ドイツ語で、

「インド人皆来い。今度私はアメリカの陸軍少将になったから、巣鴨刑務所では皆私の命令に従う」

と叫び始めた。また監視憲兵の手で法廷外へ連れ出されるという醜態を演じた。

これで明らかに精神異常と見なされ、米軍病院に入院し、脳梅毒による精神異常と診断され、昭和二十二年四月、免訴となった。

石原廣一郎は大川周明のかつての名演説を知っているだけに、この裁判で日本の立場を堂々と主張することを期待していたが、このような形での免訴となったことは返す返すも残念だった。


獄中での生活はどちらかと言うとかなりゆったりしていた。朝は六時起床、洗面とラジオ体操をしているうちに七時の朝食時間が来る。食後は読書、書きもの、習字、手工など好きなことをする。時々看守に廊下掃除、窓拭き、金具磨きなどの使役に呼び出される。そのうち十二時の昼食となる。運動は午前か午後に一日一回、外に出て、一時間前後散歩を許される。入浴は毎週火曜と金曜の二回、手紙の発信は毎週火曜日一通が許されるが、検閲のため全部片仮名で書かなければいけない。夕食後は各々好みに任せて、花札やトランプをして遊び、九時には床に入るのが日課である。

毎食事の都度、蜜柑《みかん》、林檎《りんご》などの果物が付く。この時代としては贅沢《ぜいたく》なことである。廣一郎は夏蜜柑の皮は厚くて丈夫なところから、身を食べて皮を乾かし、煙草の灰皿にしてみるとなかなか便利だった。四、五日乾燥してくるとちょっといい形になって来る。これを茶器にできないかと思いついた。試みに夏蜜柑の蔕《へた》の所にナイフで二、三センチの穴を開け、箸を突っ込んで中の袋を破り、中身は全部取り出して食べたあと、指を中に突っ込んで爪の先で中皮を削り取って表皮だけにしてみた。中皮のまま乾燥すると、中皮の収縮率が大きいため、出来上がりが小さくなるのと、収縮のため全体の形が崩れてくるからである。

表皮のみにした鞠《まり》のような皮を風通しのよい所に、一昼夜陰干しにしておくと、少し乾燥して収縮し始める。この状態で細工すると初めは脆《もろ》い質のものが、次第に柔らかく弾力性を帯びてくるので破れるおそれが少なくなってくる。一昼夜乾かした頃に左右の人差し指を蔕の穴に入れ、外に出ている左右の親指を使って皮を回転しながら二、三十分引き伸ばし、また数時間休んで乾燥させ、また引き伸ばす。この時にはその作品を茶壺《ちゃつぼ》、棗《なつめ》（点茶用の茶入れの一種）、金平糖入れのどれにするかを決めて、それにふさわしい形に引き伸ばし、加工して行くのである。

廣一郎はこの作業の段取りを何回もの失敗の繰り返しによって一人で会得して行った。初めは一体何をやっているのかと冷やかし気味に見ていた同室の連中も、廣一郎の腕が上がって味のある作品ができてくると、「よし、俺もやってみよう」と弟子入りする者も現れた。ちょうどその三月に同室に移って来た岸信介もその一人である。

一つの作品を仕上げるのにおよそ十日から十五日かかる。また空気の乾燥している時期しか作業できないため一月から三月までが適期で、五月になるともう黴《かび》が生えてきて良い

石原の入獄中、東条英機が「色即是空」と揮毫した金平糖入れ

ものはできない。この年、廣一郎は十五個、岸信介は十個の茶器を製作した。

石原廣一郎の作品に東条英機が「色即是空」と揮毫したものが、石原産業の記念室に残されていた。

昭和二十一年十二月十二日、運動から帰るとすぐ、看守が扉を開け、「岸、石原、所持品一切を毛布に包め」と言う。廊下には池崎、児玉などA級戦犯組が大きな荷物を持って出ている。廣一郎は岩村通世、池崎忠孝、石田乙五郎と共に二階三号室に入れられた。夕食時が来て出てみると、やはりA級ばかりが集められていることが分かった。なぜかということは諸説紛々《ふんぷん》で分からない。

二度目の正月が明けた昭和二十二年一月七日、永野修身元帥が肺炎で逝去したことが分かった。昨年は病み衰えた姿で入所した松岡洋右を失い、大川周明は精神異常で松沢病院に在り、三人の論客に法廷での論戦を期待していただけに残念であった。

この年の六月三十日、運動場を歩いていると少し遠くから「会長さん」と呼ぶ声がする。辺りを見回すと、また「会長さん」と声がする。声のほうを向くと、柵を隔てた隣の運動場に笑顔でこちらを向いているのは石原にいた杉山周三である。その後方には山田駒次郎もいる。話したいと思うが柵の向こう側ではとても無理である。二人とも温厚な人柄で戦争犯罪容疑を問われるはずがない。

その後、杉山が廣一郎のいる二階雑房に移されてきたので早速訊いてみた。

杉山の話では、石原産業が鉱山建設を予定していたマレー南岸地区の建設開始の前に、日本軍による討伐の案内を強要されたが、「討伐隊は絶対に原住民を殺傷せざること、もし原住民を殺傷せざるを得ないような事態が生じた場合は、その原住民を我々に引き渡してその処置を一任してもらうこと」を条件に私が案内に立った。討伐で約三〇〇人の原住民、中国人を捕らえたが、その全員を私がもらい受け、今後は敵対行動をしないという条件で全員を解放した。

ところが、その頭目だけは見せしめに銃殺するというので、約束が違うではないかと討伐軍の隊長に強く申し入れた結果、やっと引き渡された。頭目は負傷していたので病院に入れ、十分手当てをした上で解放したということである。その後、日本軍の占領中は石原の鉱山に働きに来た者もあったという。またＩＳＫのマークを付けた車にはゲリラも発砲しなかったといわれている。

廣一郎は「それはよくやった。君は軍が殺そうとした人を助けたのであるから褒めてもらわなければいけないことだ。しかし一旦ここへ入れられた以上、早くても三か月ぐらいは辛抱しなければならないだろう。きっと分かってもらえるはずだから頑張ってくれ」と励ました。

その後すぐ取り調べがあって、取調官が彼の答弁をシンガポールに送った結果、事実が明らかとなり、予想より早く七月十二日、杉山と山田は放免となった。廣一郎は自分が放免になる以上に嬉しかった。


昭和二十二年の七月十五日、転室があった。今まで二階にいた者は一階に移り、同じ号室に入った。荷物を片付け一服していると、看守長のステック大尉が窓から覗いて、

「一階は暗くて陰気だけれど、夏は涼しくていい。これは皆様を優遇するための転室だ」とわざわざ説明してくれた。礼を述べると笑顔で去って行く。

七月二十三日になると看守長自らが各室の扉を開け、外へ出よと言ってまわる。出てみるとA級未起訴組約四十名がいる。大尉は、

「これから皆は運動時間は書物、新聞、トランプ、碁盤など好きな物を持って自由に中庭の日陰で遊んでよろしい」と中庭へ案内してくれる。

ここへ入所してから六七〇日、こんな寛大な取り扱いは初めてである。長い間取り調べもなく、ほったらかしにしていた埋め合わせではないかと囁き合う。東条以下二七名のA級起訴組は五号舎独房に入れられているが、彼らは既に一か月ほど前から各室の扉は開放

され、図書室への出入りは自由で、休廷日は午前、午後は中庭での散歩を許されているので、A級未起訴組にも同様の扱いをしたものと考えられる。

昭和二十二年八月三十日、鮎川義介、真崎甚三郎、岡部長景ら一五名のA級が釈放された。真崎・岡部は廣一郎と同じ日に入所しただけに、廣一郎にとっては衝撃であった。

その後も九月十八日、ビルマ方面軍司令官であった河辺正三、フィリピン独立工作をした木原総領事が放免、十月に入ってから伍堂卓雄ら五名が放免となった。結局残ったのは岸信介、笹川良一、児玉誉士夫、豊田副武《そえむ》らと石原廣一郎の合計一六名となってしまった。

しかし廣一郎は楽観的だった。罰せられるようなことはしていないという確信がある。いずれ放免となることを信じ、遅れているのは手続き上の問題だろうと考えていた。

クリスマスまでには放免かと期待していた昭和二十二年も暮れ、三度目の正月を獄中で迎えることになったが、今までにない御馳走だった。気をよくして春頃までにはと思ったが、昭和二十三年の夏も過ぎ、秋となったが何の動きもなかった。

この頃になって米係官の話として、

「米陸軍省の指令で、戦犯裁判は本年（昭和二十三年）末までに打ち切ることになって、十月末までに起訴されざる者は放免される」

という噂が伝わって来た。A級未起訴組の一人、豊田副武は十月二十一日、B級戦犯として起訴され、この噂の信憑《しんぴょう》性は高まってきた。

昭和二十三年十二月二十四日の朝九時、看守が独房の扉を開けて、「荷物を毛布に包んで外へ出よ」と言った時は、またいつもの部屋替えかと思って外へ出ると、残されたA級戦犯容疑者も一緒に事務所の一室に入れられた。間もなく所長がやって来て、「長らくご苦労だった。帰宅してください」と一言言っただけで去って行った。

全く突然のことでみんな呆然となったが、次の瞬間喜びが込み上げてきて、皆しばらく言葉もなく佇《たたず》んでいた。

巣鴨にいた連絡事務所の公使から、

「ご苦労さまでした。自動車を用意してありますからそれでお帰りください」と言われたが、留守家族にもまだ知らされていなかったので着替えの用意がない。取り寄せようかと思ったが、一刻も早く帰りたいと言って、みんな獄衣のままの姿で家へ帰って行った。

これより先、死刑を言い渡された七人のA級戦犯の処刑は十二月二十二日の深夜から二十三日の払暁にかけて行われた。東条英機、松井岩根、土肥原賢二、武藤章と続き、広田弘毅が愛妻静子の許に旅立ったのは二十三日午前零時二十分。そして板垣征四郎、木村兵太郎の順であった。

二十四日の朝、獄衣のまま東京の家に帰った石原廣一郎が「今帰ったよ」と言いながら玄関に立つと、留守居の加山が出てきてけげんな顔をして眺めている。

「僕だよー」と言って顔をつき出したら初めて気づき、

「ああー旦那さん！」と言ってワッと泣き出した。アメリカ兵の汚れた古い服を着ていたから、ゆすりが来たかと思い込んでいたらしい。

息子の健三が昨夜遅くまで廣一郎の帰りを待っていたが、「今年もまた駄目か！」と遅い夜行列車で京都へ帰ったと聞いて、その汽車はまだ名古屋へ着いていないから、すぐ引き返してくるように汽車に電報を打った。夕方、健三が引き返して来たので久しぶりに顔を合わせた。

翌二十五日には友人たちが大勢駆けつけてくれたので、夜遅くまで語り合って過ごし、年末のことでもあるので、二十六日京都へ帰った。

昭和二十四年が明けて一月中は家族や関係者から不在中の出来事についていろいろ報告を聞いたが、廣一郎は自らが経済的にはほとんど丸裸の状態になってしまっているのが分かった。

マレーに持っていた三か所の鉄鉱山と二か所のボーキサイト鉱山は、敵産として接収されてしまった。戦時中失った三〇隻の船舶の保険金一億円余り（終戦後の時価で三六〇億円余）を日本興業銀行に預金していたが、ＧＨＱの命令で全部日本政府に税金として取り上げられていた。

更に石原産業の株式は石原合名会社がその六〇パーセントを持っていたが、合名会社が地方財閥解体命令で解散させられたため、石原産業の大株主としての石原廣一郎の名はなくなっていた。持ち株を処分された後で廣一郎の手に残ったのは僅か数パーセントで、会社の創設者としての権限は全部無くなってしまっていた。

廣一郎個人の財産として残ったものは田地六反と宅地、家屋三軒だけで、収入は全く無くなっていたので、家族は義弟の援助で過去二年間、辛うじて生活してきた有様であった。公職追放の身分だったので、過去の経験を生かす仕事には就くことができなかった。

しかしこの大異変にもかかわらず、廣一郎は不思議と煩悶《はんもん》とか懊悩《おうのう》とかの気持ちは起こらず、むしろ以前より心には安らぎを覚えた。これは巣鴨三年の拘置生活を通じて得た悟りのおかげであった。

廣一郎の事業に関係のあった人たちで、今度の戦争で死亡した人が約四〇〇名いた。そのうち国に召集あるいは徴用されて死亡された人たちについては、国家に責任を負ってもらえるが、廣一郎が経営した海外の事業地で働いていたため、戦争の余波を受けて死亡した人たちに対する責任は廣一郎が持つべきものである。

その遺族の方々は今、どうして生活しておられるだろうか。廣一郎は何はさておいても、まずそれらの遺族たちを慰問すべきだと気がついた。財産のほとんどを失った今ではどうせ大したことはできないが、できるだけのことはしてあげたかった。

そこで東京の家を処分してなにがしかの金を手に入れ、会社の記録や友人の記憶を頼りに、巣鴨を出た翌年、昭和二十四年二月から、まず南の鹿児島を振り出しに、四国、中国路を経て北陸から関東を回って秋田まで約三か月をかけて行脚し、四〇名の亡き従業員の墓に参って心からの供養をし、遺族を慰問した。中には会社ではほんとに親しく付き合いしていたのに、その郷里のことは全く知らず、ああ、あの人柄はこの風光明媚《めいび》な郷里に育ったからなのだなと思い知らされることが何度もあった。

空襲を受けた大都会の復興はまだまだだったが、田園の景色は豊かで、心を癒やしてくれた。それよりも自分の足で歩いてみて、小さな島国と思っていた日本が案外広く、将来大きく発展する力を秘めていることを痛感した。

少し後のことになるが、昭和三十一年十一月十九日、洛西の名刹粟生《あお》光明寺で、会社創立三十五周年記念行事の一つとして、創業以来の物故従業員、故西村吉夫氏ら一二六九の御霊《みたま》を迎えて合同追悼法要会が行われた。この時会長に復帰していた石原廣一郎は、長く社史に残る追悼の言葉を述べた。(『三十五周年史落穂集』)
「……卿《けい》らは私の兄弟のように、或《あるい》は子供のように、時にはよき女房役となり、事業発展のため勤めていただいたことは今もなお私の胸底深く刻みつけられております。私は今一人の聖賢の言葉を想い起こします。

〝この現世には三つの深い悲しみがある。その第一は親を失うこと、その第二は妻を失うこと、その第三は子を失うこと〟とか。

卿らの死はご遺族にとっては親を失い、子に先立たれた深い悲しみでした。これは私にとっても同じ思いがするのであります。卿らは私の子であった。卿らは私の妻であった。そして子々孫々に安穏を残そうと、私と共に決死の努力をして参ったのです。それが前世の約束ごとか、数ある従業員のうちから卿らだけがみまかったのです。……

……私が復帰して僅か四年にして当社の事業的基礎が固まったについて、この間、人為では解し得ない不思議なことがありました。これは我々の力に非《あら》ず、必ずや卿らが地下にあって加護された賜物と堅く信じます。

……時にこれ全山紅葉し、清浄の気満つる本日を卜《ぼく》し、われら一同、卿らの残した不滅の精神を生かし、一意奮励、わが社を再建し、以《もっ》て卿らの御霊を安んぜんことを固くお誓い致すものであります。希《ねがわ》くば卿ら、来ってわれらの衷情を饗《う》けられんことを」

遺族席の中にはハンカチで顔を覆っている人も多かった。

遺族代表の西村夫人の和歌が披露された。

よろこびも悲しみもまたひとときの　夢かと思ううつし世のこと
今日ありて明日なき命生あらば　世のためなさん命惜みて

石原廣一郎の戦後はこの日終わった。

終わりなき挑戦

長い、長い歳月が経った。

昭和四十五年（一九七〇）四月、石原廣一郎は検査のため病院にいた。何となく体調がよくないので医者に診てもらうと、もう満八十歳になられるのだから、一度入院して身体全部の検査をされた方がよいと言われた。あまり気が進まないのだが、息子の健三や娘が勧めるので入院した。

案の定、あちこちの検査で時間がかかる。暇を持て余していると、次弟の新三郎と三弟の高田儀三郎が見舞いに来てくれた。見舞いという名目で久しぶりにしゃべりに来たのである。

ふと二・二六事件の後、獄中にいる時に彼らが面会に来てくれたときのことを思い出した。もう三十三年も前のことだった。あの頃は皆若かった。

いつも見ているので気がつかなかったが、新三郎は髪も、少し長く伸ばした顎鬚《あごひげ》も真っ白になって、まるで寿老人である。儀三郎の方は持ち前の少しふっくらした顔のおかげで、そんなに年を取って見えないが、頭は白髪で大分薄くなってきている。三人ともどう見ても八十前後の老人になってしまったことをあらためて思い知らされた。

新三郎「検査というので来てみたら元気そうな顔をしているではないか」
儀三郎「そうだ。俺より元気そうだ。どこか痛いところでもあるのか」
廣一郎「別にないのだが何となく疲れやすくなった」
新三郎「それは年のせいだ。何しろもう数えで八十一にもなったのだからな。それにしても今年は終戦後ちょうど二十五年、兄貴が巣鴨を出てからでも二十二年になるのだなあ」
儀三郎「あの時もう隠遁《いんとん》生活を送ると言っていたのはどこの誰だ。除草剤『2，4－D』の話を聞くなり日本国中飛び回って効能を宣伝して歩いたではないか」
廣一郎「そうだ。当時の扶桑商事の一丸社長からイネ科の植物にかけても枯れないが、その他の植物は枯らすというあの不思議な薬の話を聞いて、これを使えば稲作で一番しんどい炎天下の草取り作業をしなくてもよくなると思い、兵庫の進駐軍のエンゲル少佐に頼んでこの薬を取り寄せ、昭和二十四年の六月末に自分の田で使ってみたところ、驚くほどよく効いた。
当時はまだ公職追放の身だったから、早速石原産業の大久保、田島の両君を呼んで『2，4－D』の製造販売をやるよう勧めたんだ。俺自身も閑《ひま》で困っていたから各府県にこの薬の効能を宣伝した歩いた。これがこれからの石原産業のやるべき仕事の一つだと思っていたからだ」
新三郎「そうこうしているうちに、昭和二十六年八月に追放解除になったんだなあ」

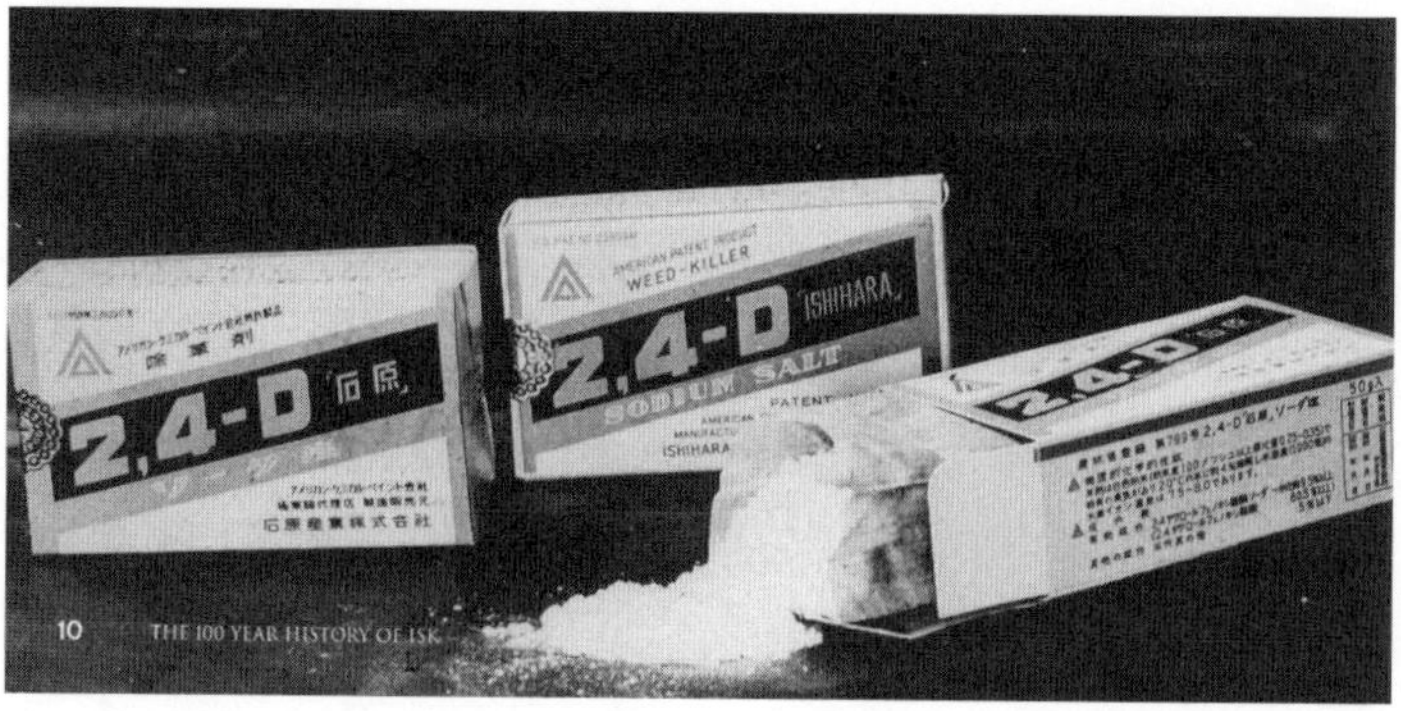

廣一郎「俺の育てた石原産業の事業の再建こそ最後の使命だと思って、かなりの反対もあったがその年の九月二十六日、石原産業の取締役会長に復帰した。翌年六月一日からは社長も兼任するようになって、会社の最高責任者になった。

再建の手始めとして『2，4－D』除草剤の製造販売に力を入れた。水田の除草は古代から人手によって行われてきたのに、この薬を使うと稲は枯れないが雑草は枯れるといわれても誰も本当にしない。そこでまず数県の農事試験場で使用試験をやってもらい、それから民間に及ぼすことにした。

効果はすばらしいのだが、何しろ稲作は一年に一度しかできないので時間がかかる。昭和二十四年から始めて、二十七、八年になっても使用はボツボツで、その上農林省はこの剤の安全性に疑問を持ち、東北など寒冷地では使用禁止令を出すところさえあった。

この禁止令は二十九年に解除され、同時にこの剤のすば

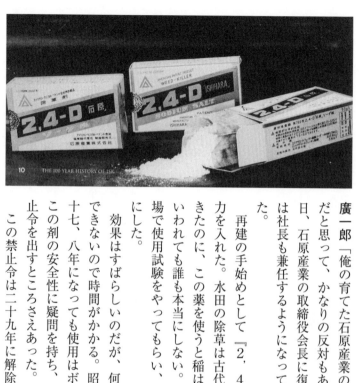

らしい効果がやっと広く認められ、昭和二十五年には年間僅か一〇〇〇万円程度だった売り上げが、二十七年には九八〇〇万円、三十年には二億八〇〇〇万円と伸び、農家にもよく知られるようになってきた」

儀三郎「その後、昭和三十五年に池田内閣が所得倍増計画を打ち出したんだったなあ」

廣一郎「そうだ。景気は上向き、農村青年が都市に流れ込み、農村の人手不足が大きな問題となってきた。除草剤の使用は農村の省力化に大きく役立つことになった。俺が手を染めてから約二十年経った今では、日本の水田の約九〇パーセントまでが除草剤を使っている。除草剤の製造会社は三十数社に増加したが、わが社はその開拓者として先鞭《せんべん》をつけた関係もあって、わが国水田面積約三〇〇万ヘクタール中、一五〇万ヘクタールにわが社の製品が使われ、知ってのとおり昨年（昭和四十四農薬年度）の売り上げは四十二億円に達している」

新三郎「やはり兄貴には先見の明があったわけか」

廣一郎「褒めてくれるのは嬉しいが、忘れてはならぬことが一つある。それは競争者は協力者でもあるということだ。昭和二十五年七月一日、特許権者の米国ACP社（後のアムケム社）と『2，4－D』『MCP』などの除草剤および『トマトトーン』など植物成長調整剤についての技術援助契約を結んだが、ACP社は同種の契約を日産化学とも結んでいた。二社を競争させようとしたのかもしれないが、わが社は日産化学と〝『2，4－D』

普及会〟を結成し、手作業では炎天下で一〇アールあたり五十時間以上もかかっていた除草を、二時間で済む薬剤除草に切り替える、いわば農業革命とまでいわれる手法を、協力して広く普及させたのだ。昭和三十年からは『2,4－D』に比べ寒冷地のイネに対する安全性の高い『MCP』の生産販売を始め、北海道を含め、全国に薬剤除草を広めたんだ。

覚えているだろうが、『2,4－D』には一つ難点があった。この剤を水に溶かし、田からは一旦水を落として薬剤が直接雑草に接触するようにして散布するが、これでは十分落水できない湿田などでは使えなかった。そこでわが社は田の水を落とさずに使っても効果の変わらない〝水中『2,4－D』水和剤〟を発明した。この剤は昭和二十九年十月に特許登録となり、注目発明にも選定されたのだ」

新三郎「あれがわが社技術での農薬発明の特許取得第一号だったなあ」

廣一郎「そうだ。わが社はこの特許を『2,4－D』普及会の協力関係を尊重して、日産化学に無償供与した。すると日産はこの技術をベースにして〝粒状水中『2,4－D』〟を発明し、昭和三十四年に特許を取得したが、わが社は日産化学からこの特許の無償ライセンスを許諾された。覚えているだろう」

儀三郎「そうだった、そうだった。それで競争者は協力者でもあるというわけだ」

廣一郎「競争者と協力している例はもう一つある。今、昭和四十年の中央研究所の草津移転を契機に、『X－52』(エックス・ゴーニ)という低魚毒性のすばらしい水田初期除草剤を開発しているが、どうも特許出願では日本農薬に後れをとっているらしい。ただわが社は早くからこの剤の製造方法の鍵となる重要な中間体の『ｍＤＣＢ（メタジクロロベンゼン）』を高純度で合成する画期的な製造方法を確立しているから、どの会社が特許を取ろうと、わが社と協力しないことにはこの剤の安価で効率的な製造ができないところまで来ていた」
新三郎「それでこの剤の原体生産はわが社が一手に担当し、開発・販売は両社共同で実施するというういい解決法が生まれてきたわけだな」
廣一郎「そうだ。この剤はきっと大型商品になる。農薬というのは面白い商品だ。そのうちにわが社の技術でまるで魔法のようなすばらしい剤がどんどん見つかると思うよ」
新三郎「農薬もこれからどんどん伸びるだろうが、無機の『酸化チタン』の方も兄貴の見通したとおりすばらしい伸びだな」
廣一郎「ありがたいことだ。四日市工場は戦時中に三回も空襲を受け、主要工場の銅製錬所、薄硫酸工場、肥料工場の一部が破壊された。戦後は濃硫酸工場と肥料工場を重点的に修理し、過燐酸肥料の製造によって細々と食いつないできたが、その間大勢の人員整理をしなければやって行けない時期が続いて本当につらかった。

　俺が昭和二十六年末会社に復帰した時、幸い空襲の被害を受けなかった濃硫酸工場は月産一万数千トンの大量の生産力を持ち、この硫酸は化学会社へ原料として販売され、それと肥料の生産で会社の経営を何とか維持していたが、この硫酸を利用して新しい化学工業を起こし、会社を再興させてはどうかと考え始めた。
硫酸を多量に必要とする化学工業は果たして何であるかと研究を進めた結果、酸化チタンに巡り合ったのだ。なぜなら一トンの酸化チタンを製造するには三・五トンの硫酸が必要だ。それに酸化チタンの原料鉱石『イルメナイト』は戦前わが社が鉄鉱石を掘っていたマレーシアで相当産出されるし、わが社の南方での経験が活用される。これだっ！ と思ったね」

儀三郎「ところが酸化チタンの製造技術は非常にむつかしく、どこかから技術導入する必要があったんだなあ」

廣一郎「そうだ。幸い除草剤の技術導入で親しくしているＡＣＰ社の斡旋で、昭和二十八年グリデン社から『硫酸法酸化チタン』製造の技術導入契約を結び、月間生産能力一〇〇〇トンの工場を建設することを決めたが、これには大蔵省・通産省の認可を必要とするので早速申請した。

ところが通産省から当時のわが国の酸化チタン製造会社六社の生産能力は合わせて月七〇〇トンであるのに、石原産業が月一〇〇〇トンの工場を申請するのは乱暴極まるとの反対意見が出て認可は難航した。俺は酸化チタンの将来性からして一〇〇〇トンは決して乱暴な数字ではない、工場が完成する頃には必ずそれくらいの需要はあると判断し、通産省の顔も立てて認可は五〇〇トンでもらったが、実際は一〇〇〇トン工場を建設することに踏み切ったんだ。

実はこの時、七〇パーセントは輸出するからという約束をして一〇〇〇トン工場の建設を認めてもらっていたのだ。昭和二十九年に工場は完成、その年に二七〇〇トンを生産し、国内販売は五二〇トン、輸出は二〇〇〇トンに及んで、日本を酸化チタンの輸入国から輸出国に転換させるという画期的な成果を上げた。役所もこうなっては文句のつけようもなく、逆にお褒めの言葉も頂いた」

新三郎「あの時は痛快だったな。でも昭和二十九年は国際収支の悪化から金融引き締めなどの緊縮政策が取られ、資金計画が立たず、当時わが国最高の高品位銅精鉱を産出しているわが社の妙法鉱山を三菱金属鉱業に売却したのは断腸の思いだったな」

廣一郎「あれは今思い出しても涙が出そうになるほどの苦渋の決断だった。でもあの決断のおかげで日本一の酸化チタンメーカーになる道が開けたのだ。昭和三十一年には一〇〇〇トン工場を増設、昭和三十五年には更に一〇〇〇トン工場を建設し、年間生産能力は三万六〇〇〇トンに達し、わが国総生産量の六〇パーセントを占め、トップメーカーとしての地位を確保した。

しかし硫酸法酸化チタンの生産は知ってのとおり、その工程で廃硫酸を多量に排出しなければならないので、太田成夫君ら若手技術者にこの処理の研究をしてもらった。三年余りの年月がかかったが、廃酸から硫安を製造することに成功したので、直ちに硫安工場を建設し、公害防止の対策を実施したんだ」

儀三郎「その頃、また酸化チタンの需要がますます増大して来たので、昭和四十三年にはまた月二〇〇〇トンの工場を建設し、昭和四十五年の今では年間七万トンを生産する能力を持ち、世界でも第六番目の大工場になったんだなあ」

新三郎「しかしここまで来ると公害問題の処理を考えれば、硫酸法による増産はそろそろ限界に近くなってきているのではないか」

廣一郎「そのとおりだ。実はこのことは予測していた、公害の起こらない塩素法による生産を企画して中研の中西一弥グループにその研究をさせているけれども、これはある程度の段階まで達しているがまだ企業化するまでにはなっていない。世界の酸化チタンメーカーは皆、公害防止のため塩素法に転換を考えているが、技術が難しく、当時塩素法を成功させていたのはアメリカのデュポン社だけだった。ところがデュポンはライセンス生産を認めない。

ちょうどこの時、イギリスのラポルテ社とアメリカのアムポット社が二、三年前から共同研究を進めていたが、ついにデュポン社に近い製品を出すのに成功したのだ。わが社と技術提携していたグリデン社もこのアムポット社の技術を導入し、今年、昭和四十五年四月から塩素法による生産を開始しようとしている。

知ってのとおり、チタンの鉱石にはアナターゼとルチールの二種類の結晶があり、塩素法にはルチール鉱石が必要となるが、世界的に塩素法への切り替えが進むとルチール鉱石が暴騰する。これを見越してわが社はイルメナイトを廃硫酸で濃縮処理して合成ルチールにして、これを塩素法の原料にするため、中研の山田茂樹グループにその研究を進めさせていたが、たまたま昨年、昭和四十四年五月、アムポット社のスコット社長が来日したとき、この中研の研究が成功していたので、濃縮技術による原料生産が成功することを条件に、塩素法による酸化チタン製造の技術導入の仮契約を締結したんだ。

その後、中研の研究を更に推進した結果、世界の各メーカーが塩素法の原料として目標としているが、まだどこも達成していない二酸化チタン成分九五パーセント以上の『合成ルチール』の濃縮に成功したので、今年（昭和四十五年）二月、息子の石原健三社長代行をアメリカに派遣して技術導入本契約を締結、塩素法による酸化チタン年間三万トンの新工場を建設する運びとなったわけだ」

新三郎「また新しい世界が開けてくるなあ。しかし出来上がった酸化チタンのあの純白の美しい粉を見ていると、何か不思議な力を秘めているような気がしてならないんだ」

廣一郎「そうだ、俺もそう思っている。顔料や塗料以外に何かとんでもない力を持っているような気がして、中研の連中には長い目で見て十分研究してみろと言っている」

新三郎「ところで頭取さんよ、インドネシアの銀行の方は随分業績が上がっているようだが……」

儀三郎「おいおい、俺はプルダニア銀行の頭取ではない。ただの監査役だっただけだ」

新三郎「そうかなあ。言葉もペラペラで、勤務の銀行員や顧客には随分人気があるようだが……」

廣一郎「あの日イ合弁銀行の設立には何とも苦労したなあ。昭和二十五年、サンフランシスコで平和条約が締結されて以来、東南アジア諸国がそれぞれ独立し、日本に対する賠償問題の解決が期待される中、インドネシアは旧日本兵が対オランダとの独立戦争を支援するなど歴史的事情もあって、対日感情が極めていい。昭和二十三年に独立して共和政体を確立しており、国土も極めて広く、資源も豊富だ。

それでまずこの国から経済提携を始めるのが最も望ましいのではないかと思い、昭和二十七年以来、儀三郎に行ってもらっていろいろ折衝してもらったが、やはり賠償問題が未解決なので遅々として進まなかった。

そのうちに昭和二十八年二月四日、吉田首相から突然招きを受け、行ってみると南方の開発について意見を聞かせてほしいということだった。そこで『開発の対象国としてはインドネシアが一番いい。ただ膨大な資金がいるから現地に日本人が銀行を作って、南方の華僑《かきょう》の金持ちに預金させ、その金を使ってはどうか』と進言した。

『それは面白そうだ、君、やってみるか。支援するよ』ということになって、俺は吉田首相の親書を携え、インドネシアに渡り、スカルノ大統領、サストロ・アミジョ首相と会談し、昭和二十八年七月二十一日、大蔵大臣スミトロ氏からインドネシア開発を目的とする『プルダニア銀行』設立の認可を受けたんだ」

儀三郎「あれはすごいことだ。みんな感心していたよ」

廣一郎「それがあんまりうまく行かなかったんだ。帰国後八月二十六日、首相官邸で吉田首相、緒方副首相、小笠原蔵相、岡崎外相、一万田日本銀行総裁、小林開発銀行総裁、池田自民党総務会長と俺との懇談会が開かれ、インドネシア開発を目的として、日イ合弁銀行設立を決定し、資本金は五〇〇〇万ルピア（日本円換算一六億円）の半額を日本開発銀行が、残りの半額を日本銀行の斡旋で市中銀行が出資することに話し合いができたので、九月の初め俺は再びイ

スカルノ大統領（左）と石原会長（右）
1953年（昭和28）、インドネシアの大統領官邸で

ンドネシアに行ってその設立準備をすることに決まったんだ。

ところがその日の夕刊にこれが大見出しで報道され、なんとそれが直ちにジャカルタに打電され、〝日本はインドネシアに銀行をつくり、大々的に開発を行い、今度は経済侵略をやる〟という、とんでもない話になってしまった。すぐにジャカルタからは『今来てくれては困る』との内電が入り、渡航の延期を余儀なくされたんだ。

ほとぼりの冷めるのを待って翌二十九年ジャカルタへ出かけ、あらためて各方面の理解を求め、ようやく誤解を解くことに成功して帰国したんだが、その後間もなく吉田内閣は倒れ、鳩山内閣に代わると、この計画に対する政府の方針は変更されて取りやめとなり、せっかくの計画が今度は日本側の事情により駄目になってしまった。

インドネシア政府の認可は取っているのに、これが実現できなければ、国際信義上日本に対するインドネシアの信頼が全くなくなってしまうので、何としても自分の責任で設立させなければと焦っている時、強力な助け舟が現れた。主要取引銀行の大和銀行（現在のりそな銀行）の頭取寺尾威夫氏が『当行で全面的に協力しますからぜひ計画を進めてください』と力強く言われた。百人力を得た気持ちだった。それぞれいろんな障碍《しょうがい》を乗り越えてこの計画を推進し、昭和三十一年、大和銀行と石原産業が半分ずつの出資で、ようやく日イ合弁のプルダニア銀行を設立することができたときはほんとに嬉しかったよ。

あとは賠償解決待ちだ。昭和三十三年一月にインドネシアとの平和協定と賠償協定が調印され、その年の二月一日付でプルダニア銀行はやっと開業した。今年は戦後二十五年になるが、日イ合弁事業はこれが唯一のものだ」
儀三郎「あの時代、日本の銀行の海外拠点開設は銀行の序列とか、外国為替の取扱高順位などいろんな条件があって、なかなかむつかしかったと聞いているが……」
廣三郎「そこはそれまでの経緯と、寺尾さんの熱意と行動力がお役人を動かしてくれたのだろう」
儀三郎「寺尾さんもワンマンだったという噂があるが……」
廣一郎「こら、寺尾さんもとは何だ。寺尾さんは行動力のある立派な人だった。あの人のおかげでプルダニア銀行ができたようなものだ」
儀三郎「プルダニア銀行はスカルノ大統領が許可したものなんだが、株式の過半数はインドネシア側が保有しているのに、実質的には全額日本の出資であると見なされ、外国銀行閉鎖措置の対象とされかけたんだ。一般には日本の銀行といわれて信用が厚いのが却って裏目に出て、次第に国家社会主義化してきたスカルノ大統領の気に入らなくなり、議会にかけて閉鎖を計画したのだが、それが実行できないうちに一九六六年（昭和四十一）七月の政変が起こり、スハルト現政権に代わったのは幸運だった」
廣一郎「あれは本当に危ないところだった。一九六四年（昭和三十九）に寺尾さんが経済使節団の団長としてインドネシアを訪問された時、プ銀のウイビソノ頭取はスカルノ大統

合弁銀行設立につき契約書に署名する大和銀行寺尾頭取（右）と石原会長

営業を開始したプルダニア銀行

領に拘禁されていてお会いできなかったのだが、側近が寺尾頭取にこの危機的状況を訴え、寺尾さんが問題を政府間交渉に移し、プ銀が本当にインドネシアの国益に役立っていること、経済再建に協力していることを強調して閉鎖を防いでくださったんだ。

その後の政変で、一九六八年（昭和四十三）スハルト大統領が就任、プルダニア銀の存続を認め、ウイビソノ頭取も解放され、日本・インドネシア平和協定も調印されたんだ」

儀三郎「あの時は本当に嬉しかった。この間、十年以上も不遇に置かれてきたプルダニア銀行も、昨年（昭和四十四年）中央銀行からやっと外国為替取扱銀行に指定されたんだ。華僑との取引も増えて、預金と貸付残高は急増し、昭和四十四年十一月末で預金は三億七〇〇〇万ルピア（日本円換算約一〇〇億円）、貸付は約二億ルピア（約六四億円）となり、インドネシアの市中銀行としては上位を占めるまでになったのだ」

廣一郎「それは本当によかった。儀三郎も大変だったな。これからも何が起こるか分からんが、引き続き銀行と力を合わせて面倒を見てやってくれ」

新三郎「ところで四日市喘息《ぜんそく》患者の裁判では、わが社は既に排気面で万全の対策を取っているが、もう聞いているかもしれんが、今年の三月、四日市地域の排水水質基準がｐＨ５～９に強化され、十月一日までに達成、維持せよとの命令が出ている。

この水質基準には従来の濁度に酸性度が加えられ、酸性度を弱めると濁度が増すため非常に困難な課題を克服しなければならない。しかもそれを九月三十日までに完成することを義務づけられている。大変な技術力、資金力、労働力を必要とするが、現場は今、『いまにみておれ、やったるぜ！』とすごく意気が上がっている。『９・３０運動』と名付けて不眠不休で巨大な排水・排気処理設備の建設を始めているんだ。

あんな張り詰めた、活気のある、士気の高い現場は見たことがない。兄貴も退院したら一度現場を見に行ってやると喜ぶぜ。健三社長も塩素法導入の交渉から帰ってからは、時間のある限り四日市で陣頭指揮している」

廣一郎「そうか。俺も行きたいなあ。ところで資金の方は？」

新三郎「一部はもう聞いているかもしれんが、今年実施のものだけで排水対策で三〇億円、排気対策で一六億円、合わせると四六億円はかかりそうだ。資本金四五億円を上回る大きな金額だが、大体メドがつき始めている。健三君も九月三十日に排水設備が完成したら、披露式に通産局長、知事、市長も呼んで排水設備から出た水がどれだけ安全か、飲んでみせると張り切っている」

廣一郎「それは心強い話だが、排水の中に綺麗な金魚か何かを泳がせてもいいんじゃないか。環境問題に対する要求はこれからもますます厳しくなるだろうから、いつまで経ってもこれで完璧という時代は来ないと覚悟しておいた方がよい。

いつも思うんだが、神様がこの地球を創られた時から、岩一つにしても、川や海の水にしてもいろんな物質が混ざり合った状態で、ある程度均衡を保って存在してきた。それを人間の都合で、銅鉱石なら銅だけを抜き出してあとは廃棄物として捨てているが、これは人間の驕りだ。神様の目から見れば廃棄物などあり得ない。この地球をいつまでも生物の棲《す》める状態に保つのが有用物質を利用させていただく人間の当然の義務だ。そのための費用は惜しんではならぬと思う」

新三郎「さすがはワンマン会長、いいことを言う。その考えはもう経済界でも主流になってきている。そのための法律・規則もどんどん増えて行くだろう。

……これは見舞いに来たのにすっかり話し込んでしまって悪かった。ワンマン会長もお疲れのようだ。儀三郎、そろそろ失礼しようか」

廣一郎「新三郎、お前までそれを言うか。お前のワンマンぶりも相当なものだと元の部下から聞いているぞ。儀三郎もプルダニアではワンマンと呼ばれていたとか、いないとか……」

儀三郎「それでは三人ともワンマンじゃないか。やはりどこか似たところがあるのかな」

廣一郎「しかし人間誰でも一つの組織を率いて大きな決断を迫られる時は、他人の意見もよく聞いた上で、全知全能を振り絞って、最後は自分で決断し、その結果に全責任を持つ。これをワンマンというなら、どの会社の会長も社長もワンマンではないか」

新三郎「そのとおりだ。ワンマンで思い出すのは、何といっても昭和三十六年四月からのわが社の経営近代化をめぐる労使紛争だな。こじれにこじれてワンマン会長退陣要求にまで高まり、組合のデモ隊が取引銀行の店の前まで押し寄せるという騒ぎにまでなったなあ。

五か月もの長期争議になってしまったが、さすがに八月頃になると労使双方に事態収拾の気運が生まれ、会長兼社長の兄貴は社長兼務を辞任し、新任の岩根社長と労組の間で『経営近代化推進および労使関係近代化に関する協定』が成立し、無事争議に終止符を打ったんだなあ。驚いたのは二年後に兄貴が会長兼社長に復帰したとき、ほとんど何のしこりも残らず、労使相互の信頼関係が却って高まったことだ……。

さあ、こんな話をしていたら一晩中かかっても足りない。兄貴もかなりお疲れのようだから失礼するか」

廣一郎「そう言えば少し疲れたかな。でも昔のことを思い出して懐かしかった。思えば俺はお前たちがいてくれたおかげで四、五人分の人生を生きられたのかなと思う時がある。ほんとにありがたいことだ……二人とも来てくれてありがとう」

新三郎と儀三郎が立ち上がってから、廣一郎がふと呟くように言った。

「この頃いつも思うのだが、あの第二次世界大戦というのは一体何だったのだろうな」

二人の弟たちも一瞬答えられなかった。しばらくして新三郎が独り言のように言った。

「多分、誰にも止められない歴史の流れだったんじゃないかな」

儀三郎もうなずいた。

「それも世界中に広がった激流だったなあ。でもおかげで世界を支配していた欧米中心の植民地体制が崩れ始めたと言える」

新三郎と儀三郎は帰って行った。それが最後だった。

昭和四十五年（一九七〇）四月十六日午前九時二分、精密検査のため入院していた石原廣一郎は心臓発作のため急逝した。享年数え八十一歳で波乱に満ちた人生を閉じた。

同月二十四日午後二時から、大阪の東本願寺難波別院で社葬が行われた。

この年一月二十一日にご進講した皇太子殿下からはご弔電を頂き、総理大臣、通産大臣の弔電のほか、ジョホール王国の皇太子殿下、インドネシアのマリク外務大臣ほか内外の関係者から弔電が寄せられ、参列者約一六〇〇名が別れを惜しんだ。

石原廣一郎はわが国産業界の発展に貢献した功により正四位勲二等瑞宝章を贈られた。なおこれより先、昭和六年（一九三一）にはジョホール王国から同国の産業発展に多大の功績があったとして王冠二等勲章と「ダトウ」（爵位）の称号を受けていた。

同じ昭和四十五年（一九七〇）七月二十五日、三弟の高田儀三郎が兄の後を追うように世を去った。

昭和四十六年（一九七一）五月七日、次弟の石原新三郎が帰らぬ人となった。

三人は今、どこで、何を話しているのだろう。

（完）

本社社屋（大阪市）

石原廣一郎胸像

石原廣一郎　京都の自宅にて

あとがき

今年は八回目の年男で九六歳になった。妻の君子は三月に九二歳となる。三月八日には結婚七〇周年のプラチナ婚を迎える。プラチナ婚にはいつまでも輝く奇跡的な幸福を祈るならわしになっている。

この間、銀行で三〇年、化学会社で一八年、音楽と旅行と著作三昧で二四年、十分生きたようだが、もう少しだけまとめの時間がほしい。

ロンドンでは銀行の初めての海外支店の開設だったので業務は多忙を極め、家事や子供の面倒をみることもむつかしかった。小学校の高学年に入った息子、幼稚園の年中組に入った娘など、初めは言葉も通じず、さぞ困ったことだろう。妻は妻で幼稚園の送り迎えで半日は取られ、ポンド・シリング・ペンスなど、計算の面倒な通貨での買物に悩まされていた。みんな大変だったと思う。

しかし半年も過ぎると、誕生日会などで遊びに来た英国人の子たちと隣室で遊んでいるのを聞くと、うちの子供たちもいつの間にかきれいな英語を話すようになっていた。兄妹ゲンカも英語でするようになり、こちらがケンカ言葉を教えてもらった。

帰国の辞令が出て明日は英国を離れるという日、セントポールなどロンドンの街がよく見える部屋に集まって、長い、長い間夜景をみつめていた。誰も何も話さなかった。

息子も娘も大学で英語を教える仕事に就いた。

ニューヨークでは妻が自動車の運転免許を取り、読みにくい道路表示の道を走り回っていたのには感心した。二年目にニクソンショックにまともに引き込まれ、何日も家に帰れない日が続いた。それでも妻は不足を言わなかった。

結婚七〇周年といわれてもあまり実感が湧かない。単身赴任や出張が多かったからかもしれない。でも今は同じ施設の隣室にいて、コンコンとノックすればいつもいるのが不思議なような気がする。照れくさいので言えないがいつも感謝している。

第二の職場石原産業の創業者、石原廣一郎氏の五、六人分の人生を生きた姿には前から惹かれていた。長い間かかって資料を集めていたが、こちらが九〇代の半ばになってその人物像がやっとまとまってきた。本著の出版にあたっては石原産業株式会社の田中健一会長、高橋英雄社長、池田哲也前総務部長、そしてOB会長の藤村守会長にはご協力とご助言をいただき、心から深く感謝している。

なおこの原稿の整理については、息子の康宏と娘の松下宏子にいろいろ助けてもらって感謝している。

最後になったが、文芸社の出版企画部と編集部の担当者ほかスタッフの皆様に、筆者の勝手気儘な希望をすべて叶えて、こんな立派な本を完成させていただいたことは生涯最大の喜びである。謹んで御礼申し上げたい。

そして読者の皆様には、こんな激動の時代に必死で生きた人たちのことを時に思い出していただきたい。

令和六年三月

家木裕隆

参考文献

『創業三十五年を回顧して』石原廣一郎　石原産業株式会社　社史編纂委員会
（昭和三十一年十月一日）
『三十五周年史落穂集』石原産業株式会社　社史編纂委員会（昭和三十七年九月十日）
『世界への挑戦　八十五年の歩み　石原産業八十五年史』石原産業株式会社
社史編纂委員会（二〇〇五年九月三十日）
『石原産業一〇〇年のあゆみ』石原産業株式会社　創立百周年記念事業実行委員会
（二〇二〇年九月）
『石原廣一郎関係文書　上巻・回想録』石原廣一郎 著　柏書房（一九九四年十二月一日）
『石原廣一郎関係文書　下巻・資料集』石原廣一郎 著　赤澤史朗・粟屋憲太郎 編
立命館百年史編纂室（一九九四年十二月一日）
『八十年の思い出』石原廣一郎　石原産業株式会社（昭和四十五年九月十日）
『母の五十年の思い出』石原廣一郎（昭和四十三年十一月十八日）
『予感』石原廣一郎　新小説社（昭和三十七年十一月十日）
『紀和町史　上巻』（平成三年三月三十一日）＊
『紀和町史　下巻』（平成五年三月三十一日）＊

『紀和町史　別巻』（平成六年三月三十一日）＊
＊は紀和町史編さん委員会 編　紀和町（現、熊野市）教育委員会
『昭和維新の朝』工藤美代子　日本経済新聞出版社（二〇〇八年一月七日）
『落日燃ゆ』城山三郎　新潮社（昭和四十九年一月二十日）
『昭和史』（平凡社ライブラリー）半藤一利　平凡社（二〇〇九年六月十一日）
『坂の上の雲』司馬遼太郎　文藝春秋（昭和四十七年九月二十五日）
「金泉丸の最後」（雑誌『科学と日本』）（昭和八年七月号）
『三島由紀夫の世界』松村剛　新潮社（一九九〇年九月一日）
『世界の海戦』毎日新聞社（昭和四十五年十一月十五日）
『The Second World War』Winston Churchill　Cassell & Company Ltd.

「昭和維新への道」「二・二六事件」の章につきまして、齋藤瀏と史に関する叙述の多くは、工藤美代子氏の『昭和維新の朝』を参考としています。

著者プロフィール
家木 裕隆（いえき ひろたか）
1928年１月２日、大阪府生まれ。

大阪府立天王寺中学校、第三高等学校（いずれも旧制）を経て1951年、京都大学法学部卒業。1954年、大阪市立大学経済学部卒業。

大和銀行入行後1958年、海外派遣実習員として西ドイツで研修。1963年、ロンドン支店長代理。1970年、万国博（大阪）出張所長。同年、ニューヨーク支店次長。1973年、南森町支店長。1978年、国際部長兼外国業務部長。1981年、石原産業㈱取締役就任。農薬開発本部長委嘱を経て1991年、同社常務取締役就任。法務本部長・地球環境本部長委嘱を経て1999年、退任。

元日本植物調節剤研究協会理事、元日本ライセンス協会副会長。元大阪京大クラブ副会長。

著書に歴史小説『御影立つ』（2003年１月、東京経済）、エッセイ『八瀬童子の世界』（2005年３月、神陵文庫所載）、エッセイ『大和銀行が世界に雄飛したころ』（2006年４月、文芸社）がある。

◆作中で使用している写真の多くは、石原産業株式会社からの提供となります。転載に際し、特別なご配慮をいただきました。

終わりなき挑戦

2024年５月15日　初版第１刷発行

著　者　家木 裕隆
発行者　瓜谷 綱延
発行所　株式会社文芸社
〒160-0022　東京都新宿区新宿1－10－1
電話　03-5369-3060（代表）
03-5369-2299（販売）

印刷所　図書印刷株式会社

ISBN978-4-286-25240-7